百年剪影

党史中的一百个重要抉择

杨玉玲 刘志兵 编著

人民出版社

目　录

第二篇　实现中华民族从站起来到富起来的伟大飞跃

第三篇　中华民族迎来了从富起来到强起来的伟大飞跃

前　言

　　100 年前夏季的一个晚上，在上海法租界望志路 106 号一栋典型的上海里弄式小楼楼下客厅里，窗口透出的明亮灯光穿过漫漫长夜，十几名神态庄重的青年围坐在一张长方形餐桌周围，开始举行第一次秘密会议。这就是具有划时代意义的会议——中国共产党第一次全国代表大会。在历史的转瞬之间，成就了中国革命发展史上开天辟地的建党大业，树起中华民族发展历史上一个划时代的里程碑。

　　这一开天辟地的大事变，深刻改变了近代以来中华民族发展的方向和进程，深刻改变了中国人民和中华民族的前途和命运，深刻改变了世界发展的趋势和格局。

　　我们可以清晰地看到，以中国共产党成立为界，近代以来中华民族的历史经历了两个截然不同的阶段。在此之前，中国社会不断沉沦，国家景况一天一天坏下去，在此之后，中华民族复兴浪潮不断高涨，国家景况一天一天好起来；100 年前，中国人民面对的是一个满目疮痍、灾难深重的半殖民地半封建社会的旧中国，100 年后，中国人民拥有的是一个生机勃勃、走向繁荣昌盛的伟大社会主义祖国。

"作始也简，将毕也钜。"今天，中国共产党已经走过百年艰辛而又辉煌的历程，迎来自己的 100 年华诞。作为一名中国共产党党员，一名长期从事中共党史党建教学与研究的理论工作者，心中充溢着满满自豪和感慨。

回顾历史，在中国共产党成立后的 100 年中，中国先后出现过三个执政集团。第一个是帝国主义支持下、代表封建势力的北洋军阀集团。其间军阀混战，民不聊生，执政仅 10 余年即在国共合作的第一次大革命的洪流中走向覆灭。继之而起的第二个执政集团是代表大地主大资产阶级利益的中国国民党统治集团。从 1928 年算起，仅仅执政 21 年就为中国人民所抛弃，1949 年党部迁往台北，现为中国台湾一个地区性政党。第三个就是代表中国最广大人民和全民族利益的中国共产党。从 1949 年起执政至今已 70 多年，一直为中国人民所衷心拥护，一直站在时代前列，充满生机和活力。

为什么中国共产党能够在近代中国众多政党中脱颖而出，成为引领中国进步发展、领导中华民族复兴伟业无可替代的坚强领导核心？这是因为，中国共产党是一个严肃的、对人民负责任的马克思主义政党。在建党 100 年的奋斗历程中，不仅始终坚持先进理论的指导，坚守为中国人民谋幸福，为中华民族谋复兴的初心和使命，顺应历史潮流，勇担历史重任，而且拥有高超的政治智慧和领导才能，能够团结凝聚最广大的人民群众，有效应对危局和困境，在极端险恶和严峻考验面前，始终坚持共产主义的崇高理想和爱国主义的崇高情怀，表现出革命的乐观主义精神和不屈不挠的顽强斗志，战胜常人难以想象的艰难险阻，奇迹般的度过最黑暗的时刻，开创出中国革命、建设、改革的崭新局面。

在一百年波澜壮阔的历史进程中，中国共产党紧紧依靠人民，跨过一道又一道沟坎，取得一个又一个胜利，为中华民族作出了伟大历史贡献。这就是习近平总书记在纪念马克思诞辰 200 周年大会上的讲话中所指出的：

团结带领人民经过长期奋斗，完成新民主主义革命和社会主义革命，建立起中华人民共和国和社会主义基本制度，进行了社会主义建设的艰辛探索，实现了中华民族从"东亚病夫"到站起来的伟大飞跃；团结带领人民进行建设中国特色社会主义新的伟大实践，使中国大踏步赶上了时代，实现了中华民族从站起来到富起来的伟大飞跃；团结带领人民进行伟大斗争、建设伟大工程、推进伟大事业、实现伟大梦想，推动党和国家事业取得全方位、开创性历史成就，发生深层次、根本性历史变革，中华民族迎来了从富起来到强起来的伟大飞跃。中国共产党领导中国人民取得的伟大胜利，使具有 5000 多年文明历史的中华民族全面迈向现代化，让中华文明在现代化进程中焕发出新的蓬勃生机；使具有 500 年历史的社会主义主张在世界上人口最多的国家成功开辟出具有高度现实性和可行性的正确道路，让科学社会主义在 21 世纪焕发出新的蓬勃生机；使具有 70 多年历史的新中国建设取得举世瞩目的成就，中国这个世界上最大的发展中国家在短短 40 多年里摆脱贫困并跃升为世界第二大经济体，彻底摆脱被开除球籍的危险，创造了人类社会发展史上惊天动地的发展奇迹，使中华民族焕发出新的蓬勃生机。

这就是中国共产党由一个最初的 50 多人的小党仅仅过了 28 年就走向全国执政，成功执政 70 多年并将长期执政的原因，是历史与人民坚定不移地选择了中国共产党作为自己的领航者的原因。

多年的历史学习和研究，使我们深深感到，对于一个国家、一个民族的前途和命运而言，领导力量、执政集团的选择与作为尤为关键和重要。所谓历史的选择、人民的选择，绝不是一种自在的、自然的现象，而往往体现并决定于作为历史活动主体的人的主观的、主动的抉择。具体来讲，从宏观的历史发展来说，在一个民族、一个国家走什么道路的问题上，始终存在着一定的选择余地。这是由于在社会发展过程中，矛盾的复杂性和多样性以及各种错综复杂的关系，使事物的发展呈现多种可能性。尤其是当一个民族或国家处于历史的转折点时，社会发展往往显示出多种不同的途径。究竟哪一种可能会变为现实，哪一种选择能达到自己的预期目的而促成了社会的发展，这不仅取决于社会的客观条件和情形，也受这个民族的主观选择的影响。尤其是要看这种主观选择是否符合社会历史发展规律。如果逆历史潮流而动，违反社会规律，作出开历史倒车的选择，那他们的选择最终就不可能成功，就会被历史否定。在 20 世纪三四十年代的中国，国共两大政治力量政治命运的不同走向，以及各民主党派最终选择接受中国共产党的领导，就是典型例证。

历史的选择需要用选择的历史来诠释，才能使后人看得更为清楚，才能获得走向未来的信念与信心。

鉴此，本书聚焦"党的领导"这一主题,，以习近平总书记深刻阐述的"三个伟大历史性飞跃"为主线，重点选取百年党史上中国共产党在重大历史转折关头、重大历史关节点上的 100 个重大决策、重要抉择，进行历史的考察与深入剖析，以期充分展现一代又一代中国共产党人对国家、民族和人民前途命运的历史担当，面对复杂严峻挑战表现出的远见卓识、智慧和胆略，以及始终"不忘初心、牢记使命"、永远奋斗的旺盛革命精神，从中领略中国共产党的伟大、正确，深刻认识中国共产党的领导之于中华民族伟大复兴、人民幸福、世界和平的重大意义，增强读者对新时代坚持和加强党的全面领导的深刻历史认同和政治认同，从而更加信党、爱党，坚定不移跟党走，共同创造中华民族伟大复兴的灿烂明天。

这是作者的初衷与期待。

第一篇
实现中华民族从"东亚病夫"到站起来的伟大飞跃

1921 年，在中华民族内忧外患、社会危机空前深重的时代背景下，在马克思列宁主义同中国工人运动相结合的进程中，一个以马克思主义为指导、一个勇担民族复兴历史大任、一个必将带领中国人民创造人间奇迹的马克思主义政党——中国共产党应运而生。中国共产党是中国工人阶级的先锋队，也是中华民族的先锋队，肩负着领导中国人民完成民族独立、人民解放和实现国家富强、人民幸福的历史任务。自诞生之日起，经过半个多世纪的长期奋斗，中国共产党人把马克思主义基本原理同中国革命和建设的具体实际结合起来，团结带领人民经过长期奋斗，完成新民主主义革命和社会主义革命，建立起中华人民共和国和社会主义基本制度，进行了社会主义建设的艰辛探索，实现了中华民族从"东亚病夫"到站起来的伟大飞跃。

1. 坚定选择马克思主义，走十月社会主义革命道路

1949 年 6 月 30 日，新中国即将诞生，中国共产党迎来了 28 周岁生日。在即将发生的空前历史大巨变之际，作为中国共产党的重要创始人，中国新民主主义革命的重要领导者毛泽东写作了《论人民民主专政》一文，对胜利的足迹作了历史地回顾。

在文中，毛泽东指出："中国无产阶级的先锋队，在十月革命以后学了马克思列宁主义，建立了中国共产党。接着就进入政治斗争，经过曲折的道路，走了二十八年，方才取得了基本的胜利。""谢谢马克思、恩格斯、列宁和斯大林，他们给了我们以武器。这武器不是机关枪，而是马克思列宁主义。"①这就告诉人们，坚定选择马克思主义，走十月革命开辟的道路，是中国共产党百年历史第一个、也是最重要的历史性大抉择。

这是一个历史的必然抉择。

中国是一个有着数千年历史的东方大国。中华民族以自己的勤劳和智慧，曾经创造出世界上独领风骚的辉煌灿烂的古代文明。然而，到了近代，当欧美一些国家从 17 世纪中叶开始确立先进的资本主义生产方式，又从 18 世纪六十年代开始工业革命的时候，拥有 5000 年文明史、长期走在世界前列的中华民族，却陷入政治腐败、军备废弛、社会动荡、民不聊生、任人宰割的境地，遭到一场前所未有的危机。1840 年，西方头号资本主义强国英国，率先发动侵略中国的鸦片战争，清政府战败求和，签订丧权辱国的《南京条约》。自此，中国逐渐丧失独立的地

① 《毛泽东选集》第四卷，人民出版社 1991 年版，第 1472、1469 页。

位，成为从属于资本主义世界体系的半殖民地半封建国家。

"呜呼惨哉！方今强邻环列，虎视鹰瞵。久垂涎于中华五金之富、物产之饶。蚕食鲸吞，已效尤于接踵；瓜分豆剖，实堪虑于目前，呜呼危哉！"这是孙中山在 19 世纪末面对中国现状发出的悲怆而无奈的感慨。

面对严重的民族危机和深刻的社会危机，中国的出路何在？救亡图存的良方何在？

毛泽东回顾了中国社会各阶级艰辛抗争的历程："自从一八四〇年鸦片战争失败那时起，先进的中国人，经过千辛万苦，向西方国家寻找真理。洪秀全、康有为、严复和孙中山，代表了在中国共产党出世以前向西方寻找真理的一派人物。那时，求进步的中国人，只要是西方的新道理，什么书也看。向日本、英国、美国、法国、德国派遣留学生之多，达到了惊人的程度。"然而，"帝国主义的侵略打破了中国人学西方的迷梦。很奇怪，为什么先生老是侵略学生呢？中国人向西方学得很不少，但是行不通，理想总是不能实现。多次奋斗，包括辛亥革命那样全国规模的运动，都失败了"。[1] 这是鸦片战争以来各阶级一次次斗争结局的真实写照。尤其是辛亥革命"起共和而终帝制"，中国又陷入了封建军阀的专制统治和连年的内战动乱之中的残酷现实，无情地粉碎了人们企图经由资本主义道路走向民族振兴的梦想。同盟会元老蔡济民愤慨地说："无量头颅无量血，可怜购得假共和。"

辛亥革命的失败和北洋军阀统治的建立，使人们陷入了深深的绝望、苦闷和彷徨之中。"国家的情况一天一天坏，环境迫使人们活不下去。怀疑产生了，增长了，发展了。"[2] 中国的出路是什么？这个问题再

---

① 《毛泽东选集》第四卷，人民出版社 1991 年版，第 1469、1470 页。

② 《毛泽东选集》第四卷，人民出版社 1991 年版，第 1470 页。

一次被提到中国人民面前。

一些立志为中国的独立和富强而斗争的先进分子，通过对辛亥革命失败教训的思考，认为以往少数先觉者的救国斗争，之所以成效甚少，是因为中国国民对之"若观对岸之火，熟视而无所容心"。认为"欲图根本之救亡"必须改造中国的国民性，由此发动了一场新的启蒙运动——新文化运动。然而，初期的新文化运动所提倡的依然是资本主义方向，没能为中国指明一条可行的出路。其间，1914 年至 1918 年爆发的第一次世界大战，以极端的形式进一步暴露了资本主义制度固有的不可克服的矛盾，这使人们对资产阶级共和国方案在中国的可行性产生了更大的疑问。

就在这时，1917 年，俄国爆发十月社会主义革命，一个工人、农民当家作主的新国家诞生。由于十月革命发生在情况和中国相同（封建压迫严重）或近似（经济文化落后）的北方邻国，因而对中国人民有着特殊的吸引力，它给正在苦闷中摸索、在黑暗里苦斗的中国人民展示了一条新的出路和光明前景，给了正在苦思焦虑地探索中国问题、为民族独立和人民解放而苦斗的仁人志士提供了一种全新的选择。正如毛泽东所说："十月革命一声炮响，给我们送来了马克思列宁主义。十月革命帮助了全世界的也帮助了中国的先进分子，用无产阶级的宇宙观作为观察国家命运的工具，重新考虑自己的问题。走俄国人的路——这就是结论。"①

正是在这种情况下，中国出现了一批赞成十月革命、具有初步共产主义思想的知识分子。李大钊是在中国大地上举起十月社会主义革命旗帜的第一人。从 1918 年 7 月开始，李大钊先后发表《法俄革命之比较观》《庶民的胜利》《Bolshevism 的胜利》等文章，热情介绍和讴歌十月革命，

---

① 《毛泽东选集》第四卷，人民出版社 1991 年版，第 1471 页。

指出：十月革命是"立于社会主义上之革命"，十月革命的胜利乃是"劳工主义的战胜"，是"二十世纪中世界革命的先声"，是"世界人类全体的新曙光"。他预言，十月革命所掀动的潮流是不可阻挡的："试看将来的环球，必是赤旗的世界！"

这时，自 1848 年 2 月《共产党宣言》发表，马克思主义产生已经 70 多年了。为什么产生 70 多年后马克思主义才被中国人所接受呢？这就是毛泽东所讲到的，20 世纪初的世界和中国发生了两件大事：一件是俄国十月革命，一件是中国的五四运动。这样就使马克思主义走路的速度加快了！

这时，日本趁欧洲列强陷于第一次世界大战无暇东顾，乘机加强对中国的侵略，严重损害了中国的主权。中国人民的反日情绪日渐增长。1919 年巴黎和会上中国外交的失败，引发了伟大的五四运动。这场中国人民彻底的反对帝国主义、封建主义的爱国运动，极大地影响了中国先进分子的政治选择，极大地促进了马克思主义在中国的广泛传播。1919 年 9 月、11 月，李大钊在《新青年》第六卷第五号、第六号上连续发表《我的马克思主义观》一文，肯定马克思主义为"世界改造原动的学说"，对马克思主义作了比较全面、系统的介绍。在李大钊等人的影响和当时形势的推动下，一批爱国的进步青年，走上了马克思主义的道路。

中国早期信仰马克思主义的人物，主要有三种类型：

第一种，是"五四"以前的新文化运动的精神领袖。其代表除李大钊以外，就是陈独秀。1920 年 9 月，他发表《谈政治》一文，明确宣布："我承认用革命的手段建设劳动阶级（即生产阶级）的国家，创造那禁止对内对外一切掠夺的政治、法律，为现代社会第一需要。"这表明，陈独秀已站到马克思主义的立场上来了。他们是中国早期马克思主义者队伍中的先驱者和擎旗人。

　　第二种，是五四爱国运动中比较年轻的左翼骨干。其代表为毛泽东、蔡和森、邓中夏、瞿秋白、周恩来等。毛泽东是湖南学生运动的领导人之一。他曾回忆道："我第二次到北京期间，读了许多关于俄国情况的书。我热心地搜寻那时候能找到的为数不多的用中文写的共产主义书籍。有三本书特别深地铭刻在我的心中，建立起我对马克思主义的信仰。"这三本书是：《共产党宣言》（马克思、恩格斯著）、《阶级斗争》（考茨基著）和《社会主义史》（柯卡普著）。"1920年冬天，我第一次在政治上把工人们组织起来了，在这项工作中我开始受到马克思主义理论和俄国革命历史影响的指引"①。这部分是中国早期马克思主义者队伍中的主体部分。

　　第三种，是一部分原中国同盟会会员、辛亥革命时期的活动家。其代表为董必武、林伯渠、吴玉章等。董必武回忆说："我们过去和孙中山一起搞革命"，"革命发展了，孙中山掌握不住，结果叫别人搞去了"。读了许多关于十月革命的书籍后，才"逐渐了解俄国革命中列宁党的宗旨和工作方法与孙中山先生革命的宗旨和工作方法迥然不同"。于是就开始"想俄国与中国问题，开始谈马克思主义"。②1941年，林伯渠在延安回顾自己的思想历程时，也不无感慨地说："辛亥革命前觉得只要把帝制推翻便可以天下太平，革命以后经过多少挫折，自己所追求的民主还是那样的遥远，于是慢慢的从痛苦经验中，发现了此路不通，终于走上了共产主义的道路。这不仅是一个人的经验，在革命队伍里是不缺少这样的人的。"③

---

① ［美］埃德加·斯诺：《西行漫记》，董乐山译，生活·读书·新知三联书店1979年版，第131页。

② 《董必武谈中国共产党第一次全国代表大会和湖北共产主义小组》（1971年8月4日）；《董必武的回忆》（1961年）。

③ 林伯渠：《荏苒三十年》，《解放日报》1941年10月10日。

为什么五四运动后马克思主义能够在中国得到广泛传播并成为诸多有着不同经历的先进分子的共同选择？1949 年 9 月 16 日，毛泽东在《唯心史观的破产》中这样讲道："是因为中国的社会条件有了这种需要，是因为同中国人民革命的实践发生了联系"①。

这种殊途同归的共同选择意义非凡、影响深远。毛泽东说："这时，也只是在这时，中国人从思想到生活，才出现了一个崭新的时期。中国人找到了马克思列宁主义这个放之四海而皆准的普遍真理，中国的面目就起了变化了。"②

历史已经证明：坚定选择马克思主义，走十月社会主义革命道路，是根本改变近代中国悲惨命运，迈向中华民族复兴光明前途的伟大开端。中国先进分子选择马克思主义是完全正确的，中国共产党把马克思主义写在自己的旗帜上是完全正确的。

2. 勇担民族民主革命历史重任，开天辟地创建中国共产党

1921 年 7 月 23 日晚 8 时，在上海法租界望志路 106 号一栋典型的上海里弄式小楼楼下客厅里，具有划时代意义的会议——中国共产党第一次全国代表大会召开了，宣告了中国共产党的诞生。

20 世纪初的中国，为什么会建立共产党？毫无疑义，中国共产党

---

① 《毛泽东选集》第四卷，人民出版社 1991 年版，第 1515 页。
② 《毛泽东选集》第四卷，人民出版社 1991 年版，第 1470 页。

的诞生，是近代以来中国民族民主革命发展的客观要求。但是，任何客观需求，都不会自动转化为现实存在。所谓应运而生，起主导作用的是人的主观能动性。在这个意义上，中国共产党的诞生，与其说是近代以来中国民族民主革命发展的客观要求和必然产物，不如说是一代具有初步共产主义思想的中国先进分子以对民族复兴、人民解放的强烈历史担当自觉作为、积极推动的结果，是一代中国马克思主义者的郑重选择。

中国先进分子一旦选择了马克思主义作为观察国家命运和改造社会的武器，在中国建立工人阶级政党的任务就必然地被提上了日程。这是因为，把无产阶级团结起来，建立共产党的组织，是马克思主义学说的应有之义，也是俄国十月革命昭示的经验。加之，这时，曾经站在斗争前沿、中国革命中起着领导作用的国民党"正在堕落中死亡（孙中山语——引者注）"，进一步增加了成立新的革命政党来领导中国人民的斗争的紧迫性。蔡和森在1926年《中国共产党史的发展（提纲）》一文中曾回忆说：五四运动爆发时，当时，北京、上海的学生派代表找过国民党，它的领导人"竟以无力参加拒绝"。这个趋势很可以说明国民党已"不能领导革命了，客观的革命势力发展已超过他的主观力量了"。"故此次运动中的一般新领袖对于国民党均不满意"①。

在这种情况下，五四运动以后，具有初步共产主义思想的中国先进分子积极推动马克思主义在中国的广泛传播及其同中国工人运动的初步结合，积极创建共产党的早期组织，开展革命活动，在思想上、组织上、干部上为创建中国共产党做着充分准备。

1920年1月，有人在报刊上发表《劳动团体与政党》的文章，呼

---

① 中央档案馆编：《中共党史报告选编》，中共中央党校出版社1982年版，第17—18页。

吁"劳动团体应当自己起来做一个大政党"①。3 月，李大钊在北京大学组织了马克思学说研究会。这是中国最早的一个学习和研究马克思主义的团体。4 月，经共产国际批准，俄国共产党（布尔什维克）远东局海参崴(即符拉迪沃斯托克) 分局外国处派出全权代表维经斯基等来华(在华期间，维经斯基化名吴廷康)，了解五四运动后中国革命运动发展的情况。维经斯基一行先到北京，会见李大钊，然后又到上海会见陈独秀，共同商定在中国建立共产党组织问题。5 月，陈独秀在北京发起组织马克思主义研究会，探讨社会主义学说和中国社会改造问题。6 月，他同李汉俊、俞秀松、施存统等人开会商议，决定成立党组织，还起草了党的纲领。关于党的名称问题，陈独秀征求李大钊的意见。李大钊主张定名为"共产党"，陈独秀表示同意。

1920 年 8 月，中国共产党的早期组织在中国工人阶级最密集的中心城市上海首先建立，地点在上海法租界老渔阳里 2 号《新青年》编辑部，陈独秀担任书记。上海共产党早期组织实际上是中国共产党的发起组织，是各地共产主义者进行建党活动的联络中心。

1920 年 10 月，李大钊、张国焘等在北京成立共产党早期组织，当时称"共产党小组"，同年年底决定成立共产党北京支部，李大钊为书记。它曾帮助天津、唐山、太原、济南等地的共产主义者开展工作，对北方党团组织的建立起了促进作用。

在上海及北京党组织的联络和推动下，1920 年秋至 1921 年春，董必武、陈潭秋、包惠僧等在武汉，毛泽东、何叔衡等在长沙，王尽美、邓恩铭等在济南，谭平山、谭植棠等在广州，也成立了党的早期组织。

---

① 转引自中共中央党史研究室：《中国共产党的九十年（新民主主义革命时期）》，中共党史出版社、党建读物出版社 2016 年版，第 26 页。

在日本、法国也有由留学生和华侨中先进分子组成的共产党早期组织。

各地共产党早期组织成立以后，有计划、有组织地进行了以下活动：一是研究和宣传马克思主义，研究中国的实际问题；二是同反马克思主义的思想流派进行斗争；三是在工人中进行宣传和组织工作；四是成立社会主义青年团组织，为党造就一批后备力量。这些活动，有力地促进了马克思主义的进一步传播及其同中国工人运动的进一步结合，一批工人阶级的先进分子在这个过程中成长起来，在中国建立全国统一的共产党的条件基本具备。

1921 年 3 月，李大钊在《团体的训练与革新的事业》一文中公开呼吁创建工人阶级政党。他指出："中国现在既无一个真能表现民众势力的团体，C 派（指共产主义派——引者注）的朋友若能成立一个强固精密的组织，并注意促进其分子之团体的训练，那么中国彻底的大改革，或者有所附托！"①6 月初，共产国际代表马林和共产国际远东书记处代表尼克尔斯基先后到达上海，并与上海的共产党早期组织成员李达、李汉俊建立了联系。李达回忆说：经过交谈，他们建议我们应当及早召开全国代表大会，宣告党的成立。于是由我发信给各地党小组，各派代表一人到上海开会。据当时一份档案记载："代表大会定于六月二十日召开，可是来自北京、汉口、广州、长沙、济南和日本的代表，直到七月二十三日才到达上海，于是代表大会开幕了。"②

参加中共一大的代表有：李达、李汉俊、张国焘、刘仁静、毛泽东、何叔衡、董必武、陈潭秋、王尽美、邓恩铭、陈公博、周佛海，包惠僧受陈独秀派遣出席了会议。他们代表全国 50 多名党员。

---

① 《李大钊全集》第三卷，人民出版社 2013 年版，第 350 页。

② 中共中央文献研究室、中央档案馆编：《建党以来重要文献选编（1921—1949）》第
1 册，中央文献出版社 2011 年版，第 21 页。

后世很多人对与会者中居然缺少了两位应当到场的主角——陈独秀和李大钊感到遗憾与不解。对于陈独秀缺席的原因,一大代表包惠僧回忆说:有一天,陈独秀召集我们在谭植棠家开会,说接到上海李汉俊的来信,信上说第三国际和赤色职工国际派了两个代表到上海,要召开中国共产党的发起会,要陈独秀回上海……陈独秀说第一他不能去,至少现在不能去,因为他兼大学预科校长,正在争取一笔款子修建校舍,他一走款子就不好办了。第二可以派陈公博和包惠僧两个人去出席会议……陈独秀年长,我们又都是他的学生,他说了以后大家就没有什么好讲的了,同意了他的意见。至于李大钊未能出席的原因,一个主流的说法是,李大钊除任北京大学图书馆主任、教授外,还兼任北京国立大专院校教职员代表联席会议主席。1921年6月3日,李大钊同北京国立八所高校师生代表为教育经费到教育部请愿,因事务繁忙未能出席会议。

尽管如此,这次大会仍然圆满地承担起了建党的历史任务。大会通过了中国共产党的第一个纲领和决议。大会确定党的名称为"中国共产党"。党的纲领是"以无产阶级革命军队推翻资产阶级","采用无产阶级专政,以达到阶级斗争的目的——消灭阶级","废除资本私有制",以及联合第三国际。大会选举产生党的领导机构中央局,陈独秀为书记,张国焘负责组织,李达负责宣传。

关于中国共产党的成立,毛泽东有过许多精辟的论述,其中有三句话的影响最大,分别是:"其作始也简,其将毕也必巨"①;"自从有了中国共产党,中国革命的面目就焕然一新了"②;"中国产生了共产党,这是开天辟地的大事变"③。近代以来,中国人民的斗争之所以屡遭挫折和

① 《毛泽东文集》第三卷,人民出版社1996年版,第291页。
② 《毛泽东选集》第四卷,人民出版社1991年版,第1357页。
③ 《毛泽东选集》第四卷,人民出版社1991年版,第1514页。

失败，其最重要的原因，就是没有一个先进的坚强的政党作为凝聚自己力量的领导核心。中国共产党的诞生，则从根本上改变了这种局面。从此，中国共产党就站在中华民族救亡图存伟大斗争的最前列，中国革命有了坚强的领导核心，科学的指导思想、新的革命方法，中国革命的面目就焕然一新了。

3. 公开亮出斗争旗帜，破天荒第一次提出反帝反封建的民主革命纲领

人们也许不相信，早在 19 世纪 40 年代已经开始中国民主革命，在长达 80 多年的时间里，既没有弄清革命的对象和动力，也没有正面提出过反对帝国主义和封建势力的主张。这是在中国共产党成立以前的以往革命斗争的两个根本性弱点，也是其之所以成效甚少的两个主要原因。

中国共产党作为一个新兴的无产阶级政党，在国际形势变化、国内政局动荡、各种政治思潮迭起、对救国的道路和方式众说纷纭的情况下，有必要旗帜鲜明地表达自己的政见，为在黑暗中苦斗的中国人民带来希望，指出一条光明之路。这样，制定出一个适合中国国情的革命纲领，对新生的中国共产党来讲，既是必须承担的重大历史任务，也是一大政治考验。

一个令人惊讶的事实是，成立刚刚一年的中国共产党，就在斗争实践中对上述两个最重要的问题作出了正确的回答，在近代中国民主革命史上第一次提出了反帝反封建的民主革命纲领。

马克思主义理论武装显示出了它的巨大威力。中国共产党成立后，即以高度的政治自觉，努力运用马克思主义的观点分析中国的具体国情，寻求解决中国实际问题的方案。1922 年 1 月，中国共产党领导下的临时团中央创办的机关报《先驱》在发刊词中指出，必须把"努力研究中国的客观的实际情形，而求得一最合宜的实际的解决中国问题的方案"，当作"第一任务"。党的大多数成员都深入人民群众中，投入社会实践中，各项实际工作有了较快的发展。

这一时期，国际国内政治形势的急剧变动，为中国共产党观察和认识中国革命的对象、任务提供了实践条件。1921 年底至 1922 年初帝国主义列强召开华盛顿会议，通过《九国公约》，肯定了美国提出的"各国在华机会均等"和"中国门户开放"的原则，以遏制日本独占中国的势头，确认帝国主义列强协同侵略中国的局面。在帝国主义势力操纵下的中国各派军阀展开更为激烈的争夺，引发直皖、直奉等大规模战争，中国政局陷入极度混乱。这些事实，使中国共产党开始认识到：中国人民面临的敌人，不是一般的资本主义，而是帝国主义的压迫和封建军阀的统治。

1922 年 1 月，共产国际在莫斯科召开远东各国共产党及民族革命团体第一次代表会议，张国焘作为中国共产党代表出席了会议。会议阐释了列宁关于民族和殖民地问题的理论，并以此为依据，阐述了殖民地半殖民地国家的革命的性质、对象和任务，明确指出中国"当前的第一件事便是把中国从外国的羁轭下解放出来，把督军推倒"，建立一个民主主义共和国。这些思想，对于中国共产党制定当前阶段的革命纲领给予了直接的指导和帮助。6 月 15 日，经过充分的酝酿讨论，中共中央局拟就《中国共产党对于时局的主张》，6 月 17 日刊印单行本，6 月 20 日在《先驱》第 9 号上发表。

这是中国共产党第一次公开表明自己的政治主张。文章首先分析了近代中国的政治状况和社会性质，指出中国处于国际帝国主义和国内封建军阀的双重压迫之下，"名为共和国家，实际上仍旧由军阀掌权"，是"半独立的封建国家"。接着对当时甚为流行的"恢复国会""联省自治""好人政府"等论调，逐一进行了分析和评论，并且一针见血地指出：国际帝国主义及本国军阀的压迫，是中国内忧外患的根源，也是人民受痛苦的根源，不从根本上推倒旧制度，不论是"废督裁兵"还是"联省自治"，都是一句空话；"好人政府"的主张散布改良妥协的幻想，只会阻碍革命的发展。这些空想的改良，绝不是挽救时局的正确主张。文章提醒农民、工人、学生和小资产阶级，"万万不可听从资产阶级学者政客的妥协伪和平论"，明确指出：中国现阶段的革命对象是军阀，是侵略中国的列强，挽救中国时局的"唯一道路只有打倒军阀，建设民主政治"。① 这就鲜明地提出了自己对于目前政局的政治主张。

显然，与当时形形色色的政治主张相比，上述主张是独树一帜的，也是切合中国国情的。这表明，中国共产党人对现阶段中国革命的对象、任务、性质和应该采取的策略已经有了比较明确的认识，民主革命纲领的基本原则已初具轮廓。在这种情况下，1922 年 7 月 16 日，在距中共一大会址不远的霞飞路以北的公共租界，中国共产党第二次全国代表大会秘密召开，会议历史性地提出了反帝反封建的民主革命纲领。

大会讨论通过的《中国共产党第二次全国代表大会宣言》，在深入分析国际形势和国内的政治经济状况，社会各阶级的地位、特点和政治态度等情况的基础上，明确提出了党的最高纲领和最低纲领，以及革命

---

① 转引自邵维正主编：《日出东方——中国共产党创建纪实》，人民出版社 2011 年版，第 404、405 页。

分两步走的战略方针。

党的最高纲领，即："组织无产阶级，用阶级斗争的手段，建立劳农专政的政治，铲除私有财产制度，渐次达到一个共产主义的社会。"

党的最低纲领，即："消除内乱，打倒军阀，建立国内和平"；"推翻国际帝国主义的压迫，达到中华民族完全独立"；"统一中国本部（东三省在内）为真正民主共和国"。

《宣言》对党的最高纲领和最低纲领的关系作了初步的阐述，认为："我们无产阶级有我们自己阶级的利益，民主主义革命成功了，无产阶级不过得着一些自由与权利，还是不能完全解放。而且民主主义成功，幼稚的资产阶级便会迅速发展，与无产阶级处于对抗地位。因此无产阶级便须对付资产阶级，实行'与贫苦农民联合的无产阶级专政'的第二步奋斗。如果无产阶级的组织力和战斗力强固，这第二步奋斗是能跟着民主主义革命胜利以后即刻成功的。"

至此，中国共产党的民主革命纲领宣告形成，成为指导中国民主革命的行动指南。这说明，只有用马克思主义武装起来的中国共产党才能为中国革命指明方向。这个纲领很快传播开来，"打倒列强，除军阀"成为广大人民群众的共同呼声。

4. 共产党员以个人身份加入国民党，实现第一次国共合作

1922 年党的二大通过的《关于"民主的联合战线"的议决案》，一方面号召全国的工人、农民团结在共产党的旗帜下进行斗争；另一方面

提出联合全国一切的革命党派，联合资产阶级民主派，组织民主的联合战线，以扫清封建军阀和推翻帝国主义的压迫，建立真正民主政治的独立国家。依据这一指示精神，党的二大以后，中国共产党积极寻求与中国国民党合作，推动中国革命。

这是年轻的中国共产党基于对中国革命实际情况，尤其是国共双方现实需求的客观分析，经过慎重考虑，作出的重大抉择。

从中国共产党自身来看，1923 年 2 月京汉铁路工人大罢工的失败，标志着中国共产党领导下的工人运动第一次高潮的结束。反思京汉铁路工人大罢工的失败，党内大多数人认识到：在半殖民地半封建的中国，工人阶级虽然有坚强的革命性，但人数毕竟比较少，如果不团结一切可以团结的力量，结成最广泛的统一战线，仅凭自己孤军奋战，不可能战胜强大的敌人，不可能取得中国革命的胜利。正是从这种情况出发，中国共产党决定采取积极的步骤去联合孙中山领导的中国国民党，推动国共合作的建立。

从孙中山领导的中国国民党方面看，这时的国民党总体上是代表民族资产阶级和城市小资产阶级的政党，在几经挫折后并没有多少实力，而且成分复杂，严重地脱离群众。但它有几个不容忽视的优点：第一，这个党在中国社会上是有威信的。它的领导人孙中山在人们的心目中是中国民族民主革命的象征。第二，这个党已经在中国南方建立了一块革命根据地，拥有一支数万人的军队，并且允许各种革命力量公开进行活动。第三，孙中山在几经挫折后，深感国民党内许多人已经日趋腐败，中国革命必须改弦易辙。当时，孙中山夫人宋庆龄问孙中山："为什么需要共产党加入国民党？"他回答说："国民党正在堕落中死亡，因此要救活它就需要新血液。"因此，他真诚地欢迎共产党员同他合作，欢迎苏联对中国国民革命的援助，开始同共产党人建立联系。

这些表明，国共合作既有必要也有可能，是两党的共同要求。

至于两党合作的方式，1922 年 7 月党的二大提出的设想是：国民党和共产党各自单独存在，实行平等的"党外合作"。但共产国际驻华代表马林认为，国民党是各革命阶级联合的党，无产阶级应该加入并改造国民党，以推动民主革命，因而他提出应采取"党内合作"方式，即共产党员、青年团员加入国民党，把国民党改造成为各革命阶级的联盟。这一建议得到共产国际的赞同。同年 8 月，中共中央的一些领导人在杭州开会，马林提出了这个建议。据陈独秀随后在党的三大上的介绍：起初，大多数人都反对加入国民党，可是共产国际执行委员会的代表说服了与会者，我们决定劝说全体党员加入国民党。1923 年 1 月，共产国际执委会根据马林的提议作出《关于中国共产党与国民党的关系问题的决议》，确定了国共党内合作的方式。根据共产国际指示精神，1923 年 6 月党的三大对国共合作的方针和办法作出正式的决定，决定共产党员以个人身份加入国民党。

这是当时情况下能够达成两党合作的唯一方式。国民党是当时中国有影响力的大党，只有党内合作这种方式能为孙中山和国民党所接受。共产党员加入国民党，对于国共两党的发展，对于中国革命的前进，都是有利的。这样做，使中国共产党有可能更有力地影响国民党的政策，推动国民党的革新，推动在它影响下的资产阶级和小资产阶级群众投入革命；有利于共产党通过国民党的组织去发动工农群众，从而使国民党具有广泛的群众基础，获得新的生命；有利于共产党从比较狭小的圈子里走出来，在更广阔的革命斗争的天地中接受锻炼，迎接大革命高潮的到来。所以，党的三大的决定是正确的。

当然，应该看到，国共合作采取在国民党内部合作的方式，给中国共产党带来两种潜在的危险：一是忽视共产党自身的建设；二是被国民党同化，丧失自己的独立性。鉴此，党的三大规定：在共产党员加入国民党时，党必须在政治上、思想上、组织上保持自己的独立性；并且强调，拥护工人农民的自身利益是我们不能一刻遗忘的，"对于工人农民之宣传与组织，是我们特殊的责任；引导工人农民参加国民革命，更是我们的中心工作"。这些都是正确的。

但是，中共三大也有不足之处，那就是没有提出工人阶级应当努力争取对民主革命的领导权的问题，而这是在党内合作方式下保证革命发展正确方向的关键。大会认为："中国国民党应该是国民革命之中心势力，更应该立在国民革命之领袖地位。"李大钊在发言中虽曾提出无产阶级是"国民运动的领导因素"，但未能形成大会的共识。对国民党内的复杂情况和日后可能发生的变化估计不足，没有把坚持中国共产党对民主革命的领导权作为党的建设的根本任务，这就在某种程度上种下了后来犯右倾错误的根子。

中共三大以后，国共合作的步伐大大加快。1924 年 1 月，孙中山在广州主持举行中国国民党第一次全国代表大会，审议通过《中国国民党第一次全国代表大会宣言》，对三民主义作出顺应时代潮流的新解释，事实上确立了"联俄、联共、扶助农工"三大革命政策；否决了国民党右派分子提出的反对共产党员"跨党"的提案，确认了共产党员以个人身份加入国民党的原则。国民党一大的政治纲领同中国共产党在民主革命阶段的政治纲领的若干基本原则是一致的，因而成为第一次国共合作的政治基础。至此，第一次国共合作正式形成。

国共合作实现后，以广州为中心，汇集全国的革命力量，很快开创了一个反对帝国主义和封建军阀的革命新局面，中国共产党有了一个更为广阔的政治舞台。

5. 适时提出实现"从小团体过渡到集中的 群众政党"的转变

一个旨在领航中国革命的政党，组织建设与发展是头等重要的大事。在国共合作的大革命高潮到来之后，利用这一有利时机，推动党的建设和组织发展，就成为党的一项紧迫任务。

1925 年 10 月，中国共产党第四届中央执行委员会第一次扩大会议，明确提出要在极短时间内将党"从小团体过渡到集中的群众政党"的要求。这是一个极富战略眼光的重大决策。

辛亥革命的一个明显局限，就是既没有提出一个完整而彻底的反帝反封建的政治纲领，也没有形成一个能够胜利地领导这场革命进行到底的坚强有力的革命政党。当时，同盟会组织涣散，内部派系复杂，在革命胜利发展的时候，已经矛盾重重，各行其是，在与袁世凯的抗争中，也不能团结一致，甚至相互攻讦，一些革命党人甚至蜕化为新政客和新军阀。这是导致辛亥革命失败的一个重要原因。

中国共产党在筹建过程中，就非常重视按照马克思主义的建党原则进行思想理论和组织准备。1921 年 7 月，党的一大通过的第一个纲领，就明确了党的基本任务和奋斗目标，规定了党员的条件和入党手续，体现出鲜明的战斗性和高度的原则性，党的自身建设有了一个良好的开端。党的二大制定了党在民主革命的纲领和正式的党章，党的中央领导机构也完成了从临时机构到正式机构的过渡，正式组成了中央执行委员会。大会还指出："我们既然是为无产群众奋斗的政党，我们便要'到群众中去'，要组成一个大的'群众党'"。这个党不仅内部必须适应于革命的组织与训练，而且"党的一切运动都必须深入到广大的群众里面去"，都"必须是不离开群众的"。① 至此，圆满完成了中国共产党的创建工作。

此后，党的思想、组织和制度等各方面的建设虽不断发展，但仍有相当差距。就党员数量而言，中国共产党成立时仅有党员 58 名。一年后党的二大召开时增加到 195 名。1923 年党的三大时发展到 420 多名，1925 年 1 月党的四大时达到 994 名。这种状况，显然与党担负的使命任务和现实斗争的要求不相适应。

随着国共合作的进行，特别是大革命高潮的到来、北伐战争的胜利和工农运动的高涨，既为中国共产党的发展创造了有利条件，也对党的自身建设和组织的发展提出了新的需求。

这一时期，中国共产党一方面对民主革命的目标、领导权、动力和革命对象，以及土地革命、统一战线和武装斗争等重大问题进行理论和实践探索；另一方面，以极大精力大抓党的组织建设。1923 年党的三大在制定国共合作方针的同时，提出要"努力从各工人团体中，从国民党左派中，吸收真正有阶级觉悟的革命分子，渐渐扩大我们的组织，谨严我们的纪律，以立强大的群众共产党之基础"② 的任务。1924 年 5 月，中共中央通过《党内组织及宣传教育问题议决案》，指出"在大产业的工人里扩大我们的党，是现时的根本职任之一"。1925 年 1 月党的四大就党的建设作出了一系列重要规定：强调"组织问题为吾党生存和发展之一个最重要的问题"，决定设立中央组织部，作为"实

---

① 中共中央党史研究室：《中国共产党的九十年（新民主主义革命时期）》，中共党史出版社、党建读物出版社 2016 年版，第 46 页。

② 中共中央党史研究室：《中国共产党的九十年（新民主主义革命时期）》，中共党史出版社、党建读物出版社 2016 年版，第 80—81 页。

际上真能指导地方之党的组织"；决定党的组织体制是中央集权制，组织原则是民主集中制；对党员和党的各级组织提出明确的、严格的组织纪律要求；明确规定以支部作为党的基本组织，强调党支部建设应当引起全党的高度重视。党的四大之后，各地党的建设出现了一个新局面。

在大革命的高潮到来之后，1925 年 10 月，中国共产党第四届中央执行委员会第一次扩大会议进一步提出了在极短时间内将党"从小团体过渡到集中的群众政党"的要求，强调要"吸收无产阶级及先进的智识阶级中最革命的分子"入党；"对于革命的工人学生农民免除入党之手续上的繁杂形式"；还缩短了党员的候补期，规定工人、农民为一个月，知识分子为三个月。这些措施，使党的队伍在北伐胜利进军和工农运动高涨的形势下迅速壮大。全国除新疆、青海、贵州、西藏、台湾外，都建立了党的组织或有了党的活动。

据 1927 年 3 月统计，党员总数由 1925 年 1 月党的四大时的 994 人跃升到 57967 人，其中工人成分占 53.8%、农民占 18.7%、知识分子占 19.1%、军人为 3.1%、中小商人为 0.5%、其他成分为 4.2%。女党员占到党员总人数的 10%。[①] 这表明，中国共产党已经初步实现了"从小团体过渡到集中的群众政党"的转变，逐渐成为中国政治舞台上一支重要力量。这一重要转变，为党推进大革命运动的发展，特别是应对随后而来的国民党右派的打压和屠杀政策，坚持革命，奠定了重要基础。

---

① 　参见中共中央党史研究室：《中国共产党的九十年（新民主主义革命时期）》，中共党史出版社、党建读物出版社 2016 年版，第 81—82 页。

6. 大屠杀下共产党人的坚定抉择："砍头不要紧，只要主义真！"

自 1927 年蒋介石和汪精卫相继背叛革命后，国内政治局势陡然逆转，轰轰烈烈的中国大革命中途夭折，原来生机蓬勃的中国南部陷入一片腥风血雨、白色恐怖之中。无数共产党员倒在屠刀之下。革命的工会、农民协会等也到处被查禁或解散，工农运动走向低沉。

中国共产党遭到建党以来第一次沉重打击，革命力量损失惨重。国民党政府宣布中国共产党为"非法"，党的组织不断遭到破坏，面临着被敌人瓦解和消灭的严重危险。据 1928 年 6 月中共六大时的不完全统计，从 1927 年 3 月到 1928 年上半年，大江南北被屠杀的共产党员和革命群众达 31 万多人。其中，共产党员 2.6 万多人。

突变之际，在极其险恶的局势下，党内思想一时异常混乱。一些理想信念不坚定的分子迷惘悲观动摇了，纷纷登报声明脱离共产党和共青团，有的甚至公开向敌人"忏悔"，攻击共产主义和共产党，出卖党的组织和同志，成了可耻的叛徒。据 1927 年 11 月统计，全党党员人数由 1927 年 5 月中共五大时的 57900 多人锐减到 10000 多人。大革命时期受到群众尊敬和爱戴的党的著名活动家和领导人汪寿华、萧楚女、熊雄、陈延年、赵世炎、夏明翰、郭亮、罗亦农、向警予、陈乔年、周文雍等相继倒在敌人的屠刀之下。

敢不敢革命？怎样坚持革命？成为中国共产党人和革命群众必须回答的两个根本性问题。中国共产党到了生死抉择的危急关头。

在严峻的生死考验面前，在革命前途仿佛已变得十分暗淡的艰难时刻，要始终如一地对自己的信念毫不动摇，迎着狂风恶浪坚持战斗，并不是容易的事。然而，年轻的中国共产党表现出了这种可贵的大无畏品格，用鲜血谱写了一曲曲气壮山河的英雄之歌。

1921 年，共产党人夏明翰，经毛泽东、何叔衡介绍加入中国共产党。1928 年 1 月，在整个武汉都被笼罩在白色恐怖之中的情况下，夏明翰毅然奉命到湖北省委担任领导工作。临行前，夏明翰特意买来一颗红珠赠予妻子，并留下一首明志诗："我赠红珠如赠心，但愿君心似我心。善抚幼女继吾志，严峻考验不变心。"1928 年 3 月 18 日，夏明翰因叛徒出卖在汉口被捕，英勇不屈，3 月 20 日在汉口余记里为真理而凛然献身，年仅 28 岁。在就义前的绝命诗中，夏明翰气势昂扬地写道："砍头不要紧，只要主义真。杀了夏明翰，还有后来人！"用生命彰显了共产党员"永不变心"的铮铮铁骨。

同年 5 月 1 日，杰出的共产主义女战士、党的早期领导人向警予也在汉口余记里慷慨就义，年仅 33 岁。向警予 1922 年加入中国共产党。1928 年 3 月因叛徒出卖在法租界三德里被捕。在敌人严刑拷打面前，她大义凛然，严守党的秘密。就义之前，向警予为狱友留下遗言："人都应该珍惜自己的生命，然而到了不能珍惜的时候，只有勇敢地牺牲自己。人总是要死的，但要死得慷慷慨慨。"道出了一位女共产党员的浩然正气。

1928 年 2 月 6 日，在广州红花岗畔的刑场上，两个青年男女革命者，面对敌人的枪口，从容不迫地举行结婚典礼。他们就是广州起义行动委员会负责人之一周文雍和当时中共两广区委妇女委员陈铁军。在国民党反动派在广州发动"四一五"反革命大屠杀时，他们假扮夫妻继续为党工作。由于叛徒告密，他们于 1928 年 1 月 27 日同时被捕。敌人先是重金高官的利诱，再是惨无人道的酷刑，丝毫都没有动摇他们的革命意志。周文雍在狱中写下了著名的绝笔诗:"头可断,肢可折,革命精神不可灭。壮士头颅为党落,好汉身躯为群裂。"刑前,他们在狱中拍下了结婚照,在刑场上举行了一场鲜血染就的婚礼,谱写了一曲共产党人的爱情之歌。此时,周文雍年仅23岁,陈铁军年仅24岁。

无数个像夏明翰、向警予、周文雍、陈铁军一样的共产党人在危难时刻坚持斗争,用鲜血和生命诠释了中国共产党不屈不挠的斗争精神和对马克思主义的坚定信念。

更令人敬佩的是,在革命前途十分暗淡的危难时刻,党外一些矢志不渝为国家独立、民族解放不懈奋斗的进步人士,毅然作出了加入中国共产党的重大抉择。年逾半百的老教育家徐特立和在国民革命军中担任领导职务的贺龙、彭德怀等,都在这时加入了中国共产党。

十多年后,1945年4月24日,毛泽东在延安党的七大上作《论联合政府》报告。忆当年的情形,毛泽东充满激情地讲道:在北伐战争向前发展的紧要关头,革命"被国民党当局的叛卖性的反人民的'清党'政策和屠杀政策所破坏了……从此以后,内战代替了团结,独裁代替了民主,黑暗的中国代替了光明的中国。但是,中国共产党和中国人民并没有被吓倒,被征服,被杀绝,他们从地下爬起来,揩干净身上的血迹,掩埋好同伴的尸首,他们又继续战斗了。"①

在黑暗的中国,中国共产党独立高举起反帝反封建的革命旗帜,许多工农群众在党的旗帜下重新集合起来,投入了新的战斗,以实际行动挽救了中国革命。

---

① 《毛泽东选集》第三卷,人民出版社1991年版,第1035、1036页。

7. 实行土地革命和武装起义的总方针，独立扛起革命旗帜

1964 年 6 月 23 日，毛泽东曾对外国友人讲："我是一个知识分子，当一个小学教员，也没学过军事，怎么知道打仗呢？就是由于国民党搞白色恐怖，把工会、农会都打掉了，把五万共产党员杀了一大批，抓了一大批，我们才拿起枪来，上山打游击。"①这段话，真实描述了 1927 年大革命失败后共产党人在革命的方针和策略上的重大转变。

1927 年大革命的失败，使中国共产党遭到建党以来第一次沉重打击，革命力量损失惨重。然而，国民党反动派对革命者斩尽杀绝的屠杀政策，并没有使共产党人屈服，革命的火种没有熄灭。

在极端危急的情况下，1927 年 7 月中旬，中共中央临时政治局常委会断然决定了三件大事：一是将党所掌握和影响的部队向南昌集中，准备起义；二是组织湘鄂赣粤四省的农民，在秋收季节举行暴动；三是召集中央紧急会议，讨论和决定新时期的方针和政策。

为了挽救革命，1927 年 8 月 1 日，以周恩来为书记的前敌委员会及贺龙、叶挺、朱德、刘伯承等人，率领党掌握或影响下的军队 2 万多人在南昌举行起义，打响了武装反抗国民党反动派的第一枪，在全党和全国人民面前树立起一面革命武装斗争的旗帜，标志着中国共产党独立地领导革命战争、创建人民军队和武装夺取政权的开始。

紧接着，8 月 7 日，中共中央在湖北汉口原俄租界三教街 41 号（今

---

① 《毛泽东外交文选》，中央文献出版社、世界知识出版社 1994 年版，第 530 页。

鄱阳街 139 号）秘密召开了紧急会议，毫不含糊批评了大革命后期以陈独秀为首的中央所犯的右倾机会主义错误，如在同国民党的关系上，完全放弃了共产党自己的独立的政治立场，一味妥协退让，没有想着武装工农的必要，没有想着造成真正革命的工农军队，不能提出革命的行动政纲来解决土地问题。有感于大革命失败的惨痛教训，毛泽东在发言中说：蒋介石、唐生智都是拿枪杆子起家的，我们独不管，强调："以后要非常注意军事，须知政权是由枪杆子中取得的。"会议确定了土地革命和武装反抗国民党反动派的总方针，提出了整顿队伍、纠正错误而"找着新的道路"的任务。

这是一个及时而正确的新方针，是党在付出了大量鲜血的代价后换得的正确的结论。它使全党在精神上迅速振奋起来，开始了在指导思想上实行根本的转变。从此，中国革命开始由大革命失败到土地革命战争兴起的历史性转变。

八七会议后，党派出许多干部分赴各地，恢复和整顿党组织，发动武装起义。在黑暗中高举起革命的旗帜，以血与火的抗争回答国民党的屠杀政策。

1927 年 9 月 9 日，毛泽东等领导发动了湘赣边界秋收起义。鉴于国民党已经成为新军阀争权夺地和欺压民众的工具，起义不应再打国民党的旗帜，而必须公开打出共产党的旗帜。这样，秋收起义第一次公开打出"工农革命军"的旗号，表明了中国共产党独立领导革命战争的决心。

12 月 11 日，张太雷和叶挺、叶剑英等领导发动了广州起义，对国民党反动派屠杀政策发起又一次英勇的反击。起义军成立了以苏兆征为主席（由张太雷代理）的广州工农兵苏维埃政府，提出"打倒帝国主义""打倒军阀""镇压地主豪绅"的政治纲领，颁布了工人实行八小时工作制、一切土地归农民等法令。

到 1928 年年初，党还在一些省份领导了一系列武装起义，比较重要的有：海陆丰起义，琼崖起义，黄安、麻城起义，东固起义，弋阳、横峰起义，万安起义，湘南起义，桑植起义，闽西起义，确山起义，渭南、华县起义等。这些起义不少是在大革命风暴中受过锻炼并坚持革命信念的共产党员和革命人士，散回反动统治比较薄弱的家乡，利用原有的社会关系，继续发动受压迫的工农群众，逐步发展起来的。

"当年烽炬传千里，从此风雷遍九陔。正道沧桑凭掌握，新天日月费安排。"① 这些席卷各地、风起云涌的武装斗争，显示了共产党人百折不挠的革命精神，动摇了国民党的反动统治，扩大了共产党在民众中的影响。它表明革命的火种是反革命军事镇压扑灭不了的。

尽管这些起义大多由于敌我力量悬殊、领导者实行了错误的政策或客观条件不成熟而很快失败，但一些起义部队在数省边界地区的偏僻山区仍坚持了下来，在农村中从小到大地开展游击战争，实行土地革命，建立革命政权，为后来各地工农红军和农村革命根据地的大规模发展奠定了初步的基础。

8. 突破"城市中心论"和十月革命经验，创造性开辟农村革命根据地

"城市中心论"是对欧洲资本主义国家的无产阶级以城市为中心的

---

① 这是 1965 年夏天，郭沫若重访八一南昌起义南下部队指挥部军事决策会议旧址挥毫题写的《革命纪念馆》中的诗句。

革命道路理论的简称。按照这一理论，无产阶级及其政党要把自己的工作重心放在城市，以工人阶级为革命斗争的主要力量，和平时期在城市进行合法斗争，争取工人群众，积蓄革命力量；在革命时机成熟时，在城市中举行工人起义，先占领城市，后进攻乡村。这是一条欧洲资本主义国家无产阶级革命所经历的、被俄国十月革命证实的一条成功的道路。

尽管中国革命与欧洲资本主义国家无产阶级革命、俄国十月革命有着很大的不同。但是，由于在国际共产主义运动历史上，无产阶级及其政党还没有首先在农村建立根据地，在革命力量超过反革命力量时占领城市的经验。因此，中国共产党成立后，革命工作以城市为中心，武装起义首先是为了占领中心城市，这是一个时期内全党的共同认识。南昌起义、秋收起义、广州起义等一系列起义，均以攻打中心城市为目标。回过头来看，这种错误在幼年的中国共产党身上出现，是难以完全避免的。这些起义大都相继失败的结局表明，"城市中心论"在半殖民地半封建社会的中国是行不通的。后来，周恩来总结南昌起义教训时也指出：南昌起义军用国民革命"左"派政府名义，南下广东，想依赖外援，攻打大城市，而没有直接到农村中去发动和武装农民，实行土地革命，建立农村根据地，这是基本政策的错误。

遗憾的是，当时的中央并没有及时清醒过来。1927 年 11 月，中共中央临时政治局召开扩大会议，依然确定了以城市为中心的全国武装暴动计划。这种"左"倾盲动错误，使大革命失败后保存下来的有限的革命力量进一步蒙受重大损失。如何保存和发展革命力量，走出一条符合国情的革命道路，成为摆在中国共产党人面前的又一迫切而重大课题。

毛泽东是全党探索新道路的先驱和典范。他最先认识到，中国革命必须从中国的实际情况出发，制定符合的斗争策略和发展道路。1927

年 7 月 4 日的中央政治局扩大会议上，毛泽东就提出，党应当注意保存农民武装，"不保存武力，则将来一到事变，我们即无办法"，并且指出农民武装应当"上山"，"上山可造成军事势力的基础"。这种思想，显然是对"城市中心论"的突破。

1927 年 9 月，在湘赣边界秋收起义部队攻打中心城市长沙受挫、反动军队的力量远比起义军强大、原定夺取长沙的目标无法实现时，毛泽东便当机立断，改变原有部署，命令部队迅速撤到湖南浏阳县文家市。何去何从？成为摆在起义部队面前一个非常严峻的问题。

9 月 19 日晚，前敌委员会在文家市里仁学校的一间普通教室里举行前委会议，讨论部队的行动方向问题。

会上，争论十分激烈。毛泽东提出放弃进攻长沙的计划，以保存革命力量，现有部队应立即撤离敌人力量较强的湘东北，沿罗霄山脉南移，转进到敌人控制比较薄弱的湘南地区寻求发展。这一意见遭到师长余洒度的反对，他坚持"取浏阳直攻长沙"的计划，并强调这是中央的决定。经过激烈的辩论，毛泽东的意见得到总指挥卢德铭等大多数前委委员的支持。于是，前委决定迅速脱离平江、浏阳地区，沿罗霄山脉南移，在敌人控制比较薄弱的山区寻求立足地，以保存革命力量，再图发展。9 月 20 日，工农革命军开始向湘南进军。随后进行著名的三湾改编，将党的支部建在连上，部队内部实行民主管理。10 月上旬，毛泽东率起义军到达井冈山北麓的江西宁冈县茅坪，先后和当地农民武装袁文才（共产党员）、王佐两部建立联系，又派党员军事干部到袁文才部队中帮助进行政治、军事训练，开始了创建井冈山革命根据地的斗争。

秋收起义从进攻大城市转到向农村进军，这是人民革命史中具有决定意义的新起点，是在中国革命转入低潮形势下把战略进攻和战略退却相结合的典范。

井冈山地处湘赣边界的罗霄山脉中段。毛泽东选择在这里建立革命根据地,是因为:这个地区的群众基础比较好,大革命时期湘赣边界各县曾经建立过党的组织和农民协会;在这里的袁文才、王佐率领的部队虽然大体还属于旧式农民武装的性质,但愿意同工农革命军联合;这里地势险要,易守难攻;周围各县有自给自足的农业经济,便于部队筹款筹粮;地处湘赣边界,距离国民党统治的中心比较远,湘赣两省军阀之间又存在矛盾,对这个地区的控制力量比较薄弱。当毛泽东率部到达这里时,李宗仁部同唐生智部之间的战争正在进行,当地的军阀部队纷纷北调,湘赣边界空虚。毛泽东抓紧这个有利时机,全力进行边界党、军队和政权的建设。工农革命军成功粉碎了国民党军队的一次"进剿",先后攻克茶陵、遂川、宁冈三个县城,成立了县工农兵政府。这样,以宁冈为中心的湘赣边界革命根据地初步形成。1928 年 4 月下旬,朱德、陈毅率领的南昌起义军余部和湘南起义农民军一万余人陆续转移到井冈山地区,与毛泽东领导的部队在宁冈县砻市会师,合编为工农革命军第四军,朱德任军长,毛泽东任党代表和军委书记,王尔琢任参谋长。6月,工农革命军改称工农红军,从此有了"朱毛红军"称谓。井冈山革命根据地进入全盛时期。

井冈山根据地是中国共产党建立的第一个农村革命根据地。1928年 11 月 25 日,毛泽东在《井冈山的斗争》中指出:"边界红旗子始终不倒,不但表示了共产党的力量,而且表示了统治阶级的破产,在全国政治上有重大的意义。"①

井冈山革命根据地的创建,以及在武装斗争、土地革命和根据地建设等方面的成功实践,不仅使自己有了一个休养生息的战略基地,而

---

① 《毛泽东选集》第一卷,人民出版社 1991 年版,第 81 页。

且为各地起义部队实行"工农武装割据"新道路树立了榜样，提供了比较完整的经验，推动了革命形势的发展，代表着中国革命发展的正确方向。

9. 古田会议确立思想建党、政治建军，确保党对军队绝对领导

从辛亥革命的失败到大革命的失败，都给予了中国共产党人一个深刻教训和启示：必须建立一支听党指挥、英勇善战的新型人民军队。这是中国共产党的重大战略任务，是开创中国革命新道路的重要依托，攸关中国革命的成败。这一问题，随着农村革命根据地的开辟、游击战争的开展日益凸显出来，成为中国共产党必须解决的一个重大问题。

在农村游击战争环境中，红军是以农民为主体组织起来的，农民和其他小资产阶级出身的党员占多数。据 1928 年党的六大时统计，农民占党员总人数的 76.6%、士兵占 0.8%、知识分子占 6.9%，其他成分占 4.8%，工人只占 10.9%。农民是无产阶级的天然同盟军，与其他小资产阶级一起，有着强烈要求革命的一面，也有自私、保守、狭隘和落后的一面。大量农民和小资产阶级加入共产党的队伍，必然把各种非无产阶级思想带进党内军内，在一定程度上妨碍着人民军队的建设。在这种情况下，如何克服非无产阶级思想，把党建设成为无产阶级先锋队，把军队建设成为一支无产阶级领导的新型人民军队，成为革命发展亟待解决的根本性问题。

毛泽东十分重视党和军队建设，井冈山时期他就认识到"无产阶级

思想领导的问题，是一个非常重要的问题"。1929 年春，红四军出击赣南、闽西后，朱德、毛泽东率领红四军在创建农村根据地、实行党的绝对领导、坚持民主集中制等原则问题上，出现了不同认识和争论。有些人受旧军队习惯和极端民主化等错误思想影响，对红军建立实行的新制度和新规定缺乏正确认识，把对党对红军的领导和部队中实行的集权制说成是家长制，主张在党内实行"自下而上的民主集权制"，事无巨细都应交下级讨论；认为政治工作干部是"卖狗皮膏药的"、宣传兵是"吃闲饭的"等。毛泽东坚决主张加强党对军队的领导，加强部队的政治工作，实行民主集中制，深入发动群众创建农村根据地。于是，红四军党内围绕这些问题展开了争论。

这时，刚从苏联回国的刘安恭由中共中央派到红四军担任临时军委书记兼政治部主任，他提出实行"完全选举制度及党内负责同志轮流更换来解决纠纷"的错误主张，使争论更加激烈、复杂。1929 年 6 月 8 日，红四军前委召开扩大会议，决定撤销军委，免去刘安恭的军委书记兼政治部主任之职，改任第二纵队司令。刘安恭攻击毛泽东是"家长式"领导，红四军党内争论进一步扩大。

6 月 22 日，中国共产党红四军第七次代表大会在福建龙岩召开，毛泽东本想通过这次大会总结过去斗争的经验，纠正各种错误思想，解决红军建设中的主要问题。但他的正确主张未被多数人所认识和接受。会议缺乏正确的方向，号召"大家努力来争论"。与会代表围绕着要不要设立军委等问题展开了更加激烈的争论。最终，会议否定了毛泽东的正确主张，并给了毛泽东党内严重警告处分。同时未经中央许可改选了前委，使中央指定的前委书记毛泽东落选，这一职务改由陈毅担任。会后，毛泽东离开红四军领导岗位，到闽西特委所在地上杭县的蛟洋帮助指导地方工作。

中共红四军"七大"未能有效解决红四军党内在党和军队建设上的争论。时任红四军政治部秘书长的江华回忆道："要不要军委的争论虽然解决了，但是在这个问题背后的关于党和军队关系问题的争论，仍未得到完全解决。""在这场争论中，军内存在的单纯军事观点、流寇思想、极端民主化和军阀主义残余等非无产阶级思想有所抬头。"①9 月召开的中共红四军"八大"依然未能有效解决问题、统一党内思想。

鉴于这场争论问题重大，中共红四军"七大"后，陈毅即向中共中央报告了会议情况与决议，8 月又亲赴上海，向中央比较详细地汇报了红四军两年来的斗争情况和党内领导人之间的争论。中央政治局决定致信红四军前委统一认识，并指定陈毅代中央起草，由周恩来最后审定。此信即 9 月 28 日发出的《中共中央给红军第四军前委的指示信》，史称"中央九月来信"。中央指示信进一步阐述了红军建设和斗争的基本原则，指出：

（1）"先有农村红军，后有城市政权，这是中国革命的特征，这是中国经济基础的产物。如果有人怀疑红军的存在，他就是不懂得中国革命的实际，就是一种取消观念"，"应该坚决予以斗争，以教育的方法肃清"。

（2）红军的基本任务是："一，发动群众斗争，实行土地革命，建立苏维埃政权；二，实行游击战争，武装农民，并扩大本身组织；三，扩大游击区域及政治影响于全国。"

（3）绝对不能动摇红军中党的集权制领导原则，强调应将"党的一切权力集中于前委指导机关"，"不能机械地引用'家长制'这个名词来削弱指导机关的权力，来作为极端民主化的掩护"。同时，"前委对日常

---

① 江华：《关于红军建设问题的一场争论》，《党的文献》1989 年第 5 期，第 38、39 页。

行政事务不要去管理，应交由行政机关去办"。

（4）强调："只有加强无产阶级意识的领导，才可以使之减少农民意识"；"红军中右倾思想如取消观念、分家观念、离队观念与缩小团体倾向（即小团体主义——引者注），极端民主化，红军脱离生产即不能生存等观念，都非常错误，皆源于同志理论水平低，党的教育缺乏。这些观念不肃清，于红军前途有极大危险，前委应坚决以斗争的态度来肃清之。"

（5）红四军前委和全体指战员要维护朱德、毛泽东的领导，强调："经过前委会议，朱毛两同志诚恳接受中央指示后，毛同志仍任前委书记，并须使红军全体同志了解并接受。"

"中央九月来信"对红四军党内发生的争论问题作出了明确的结论，为红四军党内统一认识、纠正各种错误思想提供了依据。

1929年10月底，陈毅带着中共中央的"九月来信"回到红四军，向前委传达了中央指示精神，并派人前往闽西蛟洋请毛泽东回前委工作。11月28日，红四军前委扩大会议决议召开红四军第九次党代表大会。会前，毛泽东在朱德、陈毅的积极协助下，深入基层召开了各种类型的座谈会，调查研究部队存在的问题，听取各种不同意见。同时，还召集红四军各级党代表的联席会，发扬民主，揭露各种不良倾向，找出根源和解决方法。在占有第一手材料的基础上，根据中央九月来信精神，集中集体智慧，毛泽东起草了中共红四军"九大"的决议草案，为大会的召开做好了思想和组织上的准备。

1929年12月28日至29日，中国工农红军第四军第九次党代表大会在福建上杭县古田召开。会议通过了毛泽东主持起草的《中国共产党红军第四军第九次代表大会决议案》，即著名的古田会议决议。其中，最重要的是关于纠正党内的错误思想的决议案，中心思想就是要用无产阶级思想进行军队建设和党的建设。

在军队建设方面，决议明确"中国的红军是一个执行革命的政治任务的武装集团"，必须绝对服从党的领导，必须全心全意为党的纲领、路线和政策而奋斗，批评了那种认为军事和政治是对立的单纯军事观点；提出红军必须和人民群众相结合，必须担负起打仗、筹款和做群众工作这三位一体的任务，批评了只是走州过府、流动游击、不愿做建设政权的艰苦工作等思想倾向；强调要加强红军政治工作，特别是政治教育工作。

在党的建设方面，决议指出："红军第四军的共产党内存在着各种非无产阶级的思想，这对于执行党的正确路线，妨碍极大。"①"红军党内最迫切的问题，要算是教育的问题"②。继而分析了红四军党内各种非无产阶级思想的表现、来源及纠正办法，提出要加紧官兵的政治训练，"教育党员用马克思列宁主义的方法去作政治形势的分析和阶级形势的估量"③等；要"厉行集中指导下的民主生活"，④克服极端民主化现象和非组织观点，务使党的组织确实能担负党的政治任务；要求发展新党员要注重质量，明确党员的条件是：（1）政治观念没有错误的（包括阶级觉悟）。（2）忠实。（3）有牺牲精神，能积极工作。（4）没有发洋财的观念。（5）不吃鸦片，不赌博。会议根据中共中央的指示，选举产生了新的中共红四军前敌委员会，毛泽东当选为书记。

古田会议决议是中国共产党和红军建设的纲领性文献，它确立了思想建党原则，初步回答了在党员以农民为主要成分的情况下，如何从加

---

① 《毛泽东选集》第一卷，人民出版社1991年版，第85页。

② 《毛泽东文集》第一卷，人民出版社1993年版，第94页。

③ 《毛泽东文集》第一卷，人民出版社1993年版，第84—85页。

④ 《毛泽东文集》第一卷，人民出版社1993年版，第81页。

强党的思想建设着手，保持党的无产阶级先锋队性质问题；确立了政治建军原则，初步回答了在农村进行革命战争环境中，如何将以农民为主要成分的军队，建设成为无产阶级领导的新型人民军队的问题。

古田会议是党和人民军队建设史上的里程碑，具有十分重要的意义，产生了极其深远的影响。

10. 回答"红旗到底打得多久"的疑问，系统阐述农村包围城市、武装夺取政权道路新理论

应该肯定，大革命失败以后，中国革命所以能够坚持下来并走向复兴，关键在于找到了一条把立足点由城市转入农村、在农村建立根据地，开展土地革命和各项建设事业，开展以农民为主体的长期革命战争，发展和壮大革命力量，最后占领城市，夺取全国胜利的正确革命道路。但是，现实中，人们总是容易根据自己原有的经验来处理新遇到的问题，而忽视经验所具有时间性、条件性、环境性和参考性特征。对前人成功经验的崇敬，既限制了客观独立的思考和怀疑，也使对新经验的接纳变得非常不易。

在农村开展革命斗争，与俄国革命的城市起义模式迥然不同，这条前人没有走过的独创的道路，从一开始，就受到党内一些人的质疑。毛泽东率部上井冈山、创建农村革命根据地的行动，曾被一些人指责为"右倾逃跑"，毛泽东因此被解除临时中央政治局候补委员职务。这时，照搬俄国经验的"城市中心论"依然在中共中央占据主导地位，红军一再被命令远离根据地攻打中心城市，损失惨重。在根据地内部，面

对敌强我弱、战斗频繁、伤亡较大、物质匮乏等困难形势，一些人对于在四周白色政权的包围之中，小块红色政权的存在和发展缺乏信心，发出"红旗到底打得多久"的疑问，红军内部弥漫着一种浓浓的右倾悲观情绪。及时总结经验教训，从理论上回答红色政权的存在问题，统一认识，坚定斗争方向，是现实革命斗争发展的紧迫要求。

以毛泽东为代表的中国共产党人坚持从实际出发，以巨大的理论勇气和深远的战略眼光，对农村包围城市、武装夺取政权的新道路从理论上给予了深刻阐述和明确的说明。

1928 年 10 月至 11 月，毛泽东在总结井冈山斗争经验的基础上，先后撰写了《中国的红色政权为什么能够存在？》和《井冈山的斗争》等著作，论证了红色政权能够长期存在并发展的主客观条件，提出了工农武装割据的思想。毛泽东指出："一国之内，在四围白色政权的包围中，有一小块或若干小块红色政权的区域长期地存在，这是世界各国从来没有的事。这种奇事的发生，有其独特的原因。而其存在和发展，亦必有相当的条件。"这些条件主要是：

第一，"它的发生不能在任何帝国主义的国家，也不能在任何帝国主义直接统治的殖民地，必然是在帝国主义间接统治的经济落后的半殖民地的中国。因为这种奇怪现象必定伴着另外一件奇怪现象，那就是白色政权之间的战争。""因为有了白色政权间的长期的分裂和战争，便给了一种条件，使一小块或若干小块的共产党领导的红色区域，能够在四围白色政权包围的中间发生和坚持下来。湘赣边界的割据，就是这许多小块中间的一小块。"

第二，"中国红色政权首先发生和能够长期地存在的地方，不是那种并未经过民主革命影响的地方"，"而是在一九二六和一九二七两年资产阶级民主革命过程中工农兵士群众曾经大大地起来过的地方"。这些地方为建立革命军队和红色政权准备了良好的群众基础。

第三，"小地方民众政权之能否长期地存在，则决定于全国革命形势是否向前发展这一个条件"。"现在中国革命形势是跟着国内买办豪绅阶级和国际资产阶级的继续的分裂和战争，而继续地向前发展的。所以，不但小块红色区域的长期存在没有疑义，而且这些红色区域将继续发展，日渐接近于全国政权的取得。"这是小块红色区域的长期存在和发展的客观依据。

第四，"相当力量的正式红军的存在，是红色政权存在的必要条件。"因为，"虽有很好的工农群众，若没有相当力量的正式武装，便决然不能造成割据局面，更不能造成长期的和日益发展的割据局面。所以'工农武装割据'的思想，是共产党和割据地方的工农群众必须充分具备的一个重要的思想"。

第五，"红色政权的长期的存在并且发展，除了上述条件之外，还须有一个要紧的条件，就是共产党组织的有力量和它的政策的不错误。"① 这是红色政权长期存在和发展的关键条件。

上述思想，初步回答了"红旗到底打得多久"的疑问。不过，这时毛泽东还未形成全党应把工作中心放在农村的思想，这个思想是在稍后的继续探索中明确起来的。

1929 年 4 月，针对共产国际和中共党内某些人担心农村斗争超过城市斗争将不利于中国革命的观点，毛泽东指出："半殖民地中国的革命，只有农民斗争得不到工人的领导而失败，没有农民斗争的发展超过工人的势力而不利于革命本身的。"② 1930 年 1 月，在《星星之火，可以燎原》

---

① 《毛泽东选集》第一卷，人民出版社 1991 年版，第 48—50 页。
② 《毛泽东选集》第一卷，人民出版社 1991 年版，第 103 页。

一文中，毛泽东进一步指出："红军、游击队和红色区域的建立和发展，是半殖民地中国在无产阶级领导之下的农民斗争的最高形式，和半殖民地农民斗争发展的必然结果；并且无疑义地是促进全国革命高潮的最重要因素。"① 值得一提的是，1930 年 6 月 15 日，以毛泽东为书记的中共红四军前敌委员会还明确地提出了"农村工作是第一步，城市工作是第二步"② 的思想。这就明确提出全党应把工作中心放在农村的思想。

党内在革命道路问题上的分歧，本质上是把马克思主义教条化、把苏俄经验神圣化，是根本思想方法问题。鉴此，1930 年 5 月，毛泽东撰写《反对本本主义》一文，着重阐明了坚持马克思主义的思想路线、坚持理论与实际相结合原则的极端重要性，提出了"没有调查，就没有发言权"和"中国革命斗争的胜利要靠中国同志了解中国情况"的重要思想，表现了毛泽东开辟新道路、创造新理论的革命首创精神，为中国共产党正确解决中国革命道路问题奠定了思想方法论基础。

农村包围城市、武装夺取政权思想的提出，标志着中国化的马克思主义即毛泽东思想的初步形成。这是马克思主义在中国的创造性的运用和发展，毛泽东是马克思主义中国化的伟大开拓者。邓小平后来曾指出："回想在一九二七年革命失败以后，如果没有毛泽东同志的卓越领导，中国革命有极大的可能到现在还没有胜利，那样，中国各族人民就还处在帝国主义、封建主义、官僚资本主义的反动统治之下，我们党就还在黑暗中苦斗。"③

遗憾的是，毛泽东的伟大创造在党内并没有达成最大共识。把马克

---

① 《毛泽东选集》第一卷，人民出版社 1991 年版，第 98 页。

② 中共中央文献研究室、中央档案馆编：《建党以来重要文献选编（1921—1949）》第 7 册，中央文献出版社 2011 年版，第 276 页。

③ 《邓小平文选》第二卷，人民出版社 1994 年版，第 148 页。

思主义教条化、把苏联经验神圣化的"左"倾错误，一味听从外国顾问脱离中国国情的指挥，致使红军第五次反"围剿"失败，红军被迫进行艰苦卓绝的二万五千里长征，才使中国革命转危为安。

11. 开展土地革命，建造中国革命战略支点

大革命失败后，中国民主革命的中心由城市转到乡村，不是一个简单的地理空间的变动问题，而是如何结合中国革命实际，找准革命的立足点的战略问题。毛泽东的"工农武装割据"思想，就是在中国共产党领导之下，把武装斗争、土地革命、建立革命政权三者结合起来。显然，土地革命正是极其重要的一个战略支点。这是解决党和红军能否在农村革命根据地生存发展的紧迫需要，也是中国共产党人推进民族民主革命的既定目标和重大战略步骤。

封建的土地所有制和封建的剥削关系，阻碍着社会生产力的发展，是中国长期以来穷困和落后的根源。因此，解决农民的土地问题，是中国民主革命的基本内容之一。资产阶级革命派孙中山在三民主义中提出了"平均地权"、"耕者有其田"等进步内容，但始终没有制定出彻底的土地纲领而流于口号，使得革命缺乏坚实的群众基础。中国共产党诞生后，在实际斗争中逐渐认识到，在半殖民地半封建社会的中国，农民问题是中国革命的基本问题，其核心是解决农民土地问题。只有帮助贫苦农民解决土地问题，才能调动起浩浩荡荡的革命大军，夺取中国革命的胜利。

在这方面，中国共产党内以毛泽东为突出代表。在 1923 年 6 月中

共三大上，毛泽东就特别强调了农民问题对于革命的重要意义。曾是中共早期领导人的张国焘后来回忆说："会议讨论的问题，在会前多已经再三提到过的。只有农民运动，是一个新提出来的问题。在中共的历次讨论中，直到第三次代表大会，代表才注重这个问题，尤以毛泽东为然。"毛泽东"向大会指出，湖南工人数量很少，国民党员和共产党员更少，可是满山遍野都是农民，因而他得出结论，任何革命，农民问题都是最重要的。……这种看法，是毛泽东这个农家子对于中共极大的贡献。"后来，毛泽东在 1925 年 12 月的《中国社会各阶级的分析》一文中明确指出，农民是中国无产阶级的最广大和最忠实的同盟军。在1926 年 9 月的《农民问题丛刊》第 1 辑出版序言《国民革命与农民运动》中进一步指出，"农民问题乃国民革命的中心问题，农民不起来参加并拥护国民革命，国民革命不会成功"，"经济落后之半殖民地的农村封建阶级，乃其国内统治阶级国外帝国主义之唯一坚实的基础，不动摇这个基础，便万万不能动摇这个基础的上层建筑物。"① 这些，为他形成"工农武装割据"重要思想做了重要准备。

基于对中国民主革命特点规律的深刻认识，1927 年 8 月 7 日，中共中央紧急会议作出关于实行土地革命的决定，指出"土地革命问题是中国资产阶级民权革命中的中心问题"，② 是"中国革命中新阶段之主要的社会经济的内容"③。现时主要的是用"平民式"的革命手段，发动千百万农民自下而上地解决土地问题。1928 年六七月间召开的中共六

---

① 《毛泽东文集》第一卷，人民出版社 1993 年版，第 37 页。
② 中共中央文献研究室、中央档案馆编：《建党以来重要文献选编（1921—1949）》第四册，中央文献出版社 2011 年版，第 420 页。
③ 中共中央文献研究室、中央档案馆编：《建党以来重要文献选编（1921—1949）》第四册，中央文献出版社 2011 年版，第 347 页。

大通过《土地问题决议案》和《农民问题决议案》，进一步提出"彻底实行土地纲领"，"没收地主阶级的土地归农民"。

根据中央指示精神，毛泽东在创建井冈山革命根据地的过程中，就制定了"深入割据地区的土地革命"政策，并于 1928 年 12 月颁布了中国共产党历史上第一个土地法——《井冈山土地法》，首次肯定了广大农民以革命的手段获得土地的权利。这是中国共产党领导农民在根据地内，消灭封建地主土地所有制，实现"耕者有其田"制度的第一次尝试，有着重大的意义。分得土地的广大贫苦农民从事实中认识到红军是为他们的利益而奋斗的，因而从各方面全力地支持红军和根据地发展，保卫胜利果实。这是井冈山革命根据地能够生存和发展的重要社会基础。

毛泽东、朱德率领红四军主力进军赣南、闽西后，1929 年 4 月，毛泽东主持制定了兴国县《土地法》，将井冈山《土地法》中规定的"没收一切土地"改为"没收一切公共土地及地主阶级的土地"。同年 7 月，在毛泽东的指导下，闽西党的第一次代表大会通过的决议中也规定"自耕农的田地不没收"，并提出"抽多补少"的原则。会后，在闽西 300 多里的地区内进行了分田，60 多万贫苦农民得到了土地。与此同时，在赣东北、湘鄂西、鄂豫皖、湘鄂赣、广西右江、广东琼崖等革命根据地，土地革命也轰轰烈烈地开展起来。

在三年多的土地革命实践中，中国共产党基本上形成了一套比较切实可行的土地革命的路线、政策和方法。主要是：依靠贫农、雇农，联合中农，限制富农消灭地主阶级，变封建土地所有制为农民土地所有制；以乡为单位，按人口平均分配土地，在原耕地基础上，抽多补少，抽肥补瘦，等等。

土地革命的深入开展，使农村革命根据地的面貌发生了根本性变化。1930 年 10 月，毛泽东在《兴国调查》中列举了贫农在 12 个方面得到的利益：第一，分了田，这是根本利益。第二，分了山。第三，分了地主及反革命富农的谷子。第四，革命以前的债一概不还。第五，吃便宜米。第六，过去讨老婆非钱不行，现在完全没有这个困难了。第七，死了人不要用钱了。第八，牛价便宜了。第九，应酬废弃，迷信破除，两项的费用也不要了。第十，没有烟赌，也没有盗贼。第十一，自己可以吃肉了。第十二，这是最主要的，就是取得了政权。贫农是政权的主干，成了农村中的指导阶级。

这是中国共产党在农村进行的最重大的社会变革，对于中国革命意义重大。土地革命是中国新民主主义革命的基本内容之一。中国社会各阶级及其政治代表对土地问题的态度和解决方法是不同的。民族资产阶级、小资产阶级政党的土地纲领是不坚决、不彻底的。代表大地主大资产阶级利益的国民党有时口头也讲"耕者有其田"，但根本没有实行。只有中国共产党最坚决地领导广大贫苦农民，向统治了中国社会几千年的封建土地制度猛烈开火。

中国农民是最讲究实际的。中国共产党领导农民进行土地革命这个事实，使他们迅速地分清了国共两党和两个政权的优劣。广大农民在政治上、经济上翻身，极大地激发了其革命积极性。他们纷纷参加红军或支援前线。在江西兴国，23 岁至 50 岁的翻身农民基本上都参加了赤卫队；16 岁至 23 岁的参加少先队；8 岁至 15 岁的少年儿童参加劳动童子团，任务是"放哨"、"检查烟赌"、"破除迷信打菩萨"。翻身农民还经常以粮、肉、鸡、鸭、布草鞋、香烟等物品慰劳红军。这些，对巩固和扩大根据地起了巨大的作用。大革命失败后，中国革命得以坚持和发展，关键就在于党紧紧依靠占全国人口绝大多数的农民，在农村建立根据地，并在根据地内深入开展土地革命。正因为如此，中国共产党鲜明地把 1927 年至 1937 年这段历史，先后命名为"土地革命战争时期"、"掀起土地革命的风暴"。

1936 年，毛泽东在延安会见美国作家斯诺时说："谁赢得了农民，谁就会赢得中国，谁解决土地问题，谁就会赢得农民"。[①]1940 年，毛泽东在《新民主主义论》中进一步指出："中国的革命实质上是农民革命"，"农民问题，就成了中国革命的基本问题，农民的力量，是中国革命的主要力量。"[②]1947 年，毛泽东总结革命实践经验，更加清楚地指出："全党必须明白，土地制度的彻底改革，是现阶段中国革命的一项基本任务。如果我们能够普遍地彻底地解决土地问题，我们就获得了足以战胜一切敌人的最基本的条件。"[③]

12. 九一八事变后率先高举武装抗日旗帜，开启中国人民抗日战争的伟大起点

正当蒋介石调动兵力大规模"围剿"红军的时候，一直抱着独霸东亚野心的日本帝国主义发动了武装侵略中国东北的战争。

1931 年 9 月 18 日深夜，根据不平等条约驻扎在中国东北的日本关东军，按照预定计划，自行炸毁南满铁路沈阳北郊柳条湖的一小段路轨，反诬中国军队"破坏"铁路、"袭击"日本守备队。日军以此为借口，当即炮轰东北军驻地沈阳北大营和沈阳城。第二天，日本便占领沈阳。

---

① ［美］洛易斯·惠勒·斯诺：《斯诺眼中的中国》，中国学术出版社 1982 年版，第47 页。

② 《毛泽东选集》第二卷，人民出版社 1991 年版，第 692 页。

③ 《毛泽东选集》第四卷，人民出版社 1991 年版，第 1252 页。

这就是九一八事变。

九一八事变是日本企图变中国为其殖民地的重要步骤，也是日本争夺亚洲霸权和走向发动世界战争的起点。至1932年2月，在短短四个多月内，辽宁、吉林、黑龙江三省全部沦陷，日本侵占了山海关至黑龙江之间相当于日本本土3倍的110万平方公里的中国领土，东北人民陷入亡国惨痛之中。3月9日，日本在吉林长春成立了以溥仪为"执政"的伪满洲国傀儡政权，开始了对东北人民长达14年之久的奴役和殖民统治。

面对严重的民族危机，国共两党政治态度与实际表现迥然不同。执政的国民党政府顽固坚持"攘外必先安内"政策，集中力量消灭中共、"围剿"红军，对日本侵略东北的行动采取妥协退让的方针。九一八事变发生时，国民党政府电告东北军："日本此举不过寻常寻衅性质，为免除事件扩大起见，绝对抱不抵抗主义"[①]，一面把制止日本侵略的希望完全寄托在国际联盟的调停上，一面限制和破坏国民党内一些爱国将领的抗日行动，致使东三省全部沦陷，日本步步逼向关内。直到1934年7月，蒋介石在庐山对军官训练团的讲演中依然强调："安内是攘外的唯一前提和必要的准备工作"，称国民政府的"第一责任"是"剿匪来安内"，"第二个责任"才是"抗日来攘外"。

相反，依然遭受国民党重兵"围剿"的中国共产党，在困境中率先举起了抗日救国的旗帜，站在了抗日斗争的最前沿。

这是中国共产党以民族大义为重，在民族危难面前作出的重大政治抉择。

1931年9月19日，九一八事变发生的次日，中共满洲省委即发表《为日本帝国主义武装占领满洲宣言》，指出："只有工农兵劳苦群众自

---

① 《民国日报》1931年9月27日。

己的武装军队，只有在中国共产党领导下，才能将日本帝国主义驱逐出中国。"这是中国 14 年抗战史上，也是第二次世界大战史上受侵略国家向法西斯国家发出的第一个正义宣言。

随即，中共中央接连发表了一系列抗日宣言：

1931 年 9 月 20 日，中共中央发表《中国共产党为日本帝国主义强暴占领东三省事件宣言》，强烈谴责和揭露日本侵华的罪恶行径和国民党"不抵抗主义"的本质，表明了坚决反对日本帝国主义侵略的鲜明立场，响亮号召："反对日本帝国主义强占东三省！"同一天，在江西瑞金的中华苏维埃共和国临时中央政府发表《关于反对日本帝国主义强占满洲的宣言》，重申武装反抗日本帝国主义侵略的主张，庄严宣告了中国人民与日本帝国主义血战到底的意志和决心。

1931 年 9 月 22 日，中共中央作出《关于日本帝国主义强占满洲事变的决议》，指示中共满洲省委"加紧在满洲军队中的工作，组织它的兵变与游击战争，直接给日本帝国主义以严重打击"。10 月 12 日，中共中央在《关于满洲士兵工作的指示信》中明确提出，应直接在农民中组织游击队。根据中共中央的指示，1931 年底，中共满洲省委明确：东北党组织的中心任务，就是努力开展和领导人民用民族自卫战争反抗日本帝国主义的武装侵略，同时创建党领导的抗日武装。

1933 年 1 月，中国共产党在《为反对日本帝国主义侵入华北愿在三条件下与全国各抗日军队共同抗日宣言》中进一步提出：中共愿在立即停止进攻苏区、立即保证民众的民主权利和立即武装民众创立武装的义勇军等条件下，与全国各军队共同抗日。

1934 年 4 月 20 日，中共中央以"中华民族武装自卫委员会筹备会"的名义，发表《中国人民对日作战的基本纲领》。这些宣言和决定指示，在全国各阶层引起强烈反响，有力地推动了中国局部抗战热潮的兴起。

7月，在中央苏区第五次反"围剿"斗争中，为宣传和推动抗日民族运动，调动钳制国民党军，减轻对中央苏区的压力，中央曾派出一支部队（红七军团）组成中国工农红军北上抗日先遣队，举起北上抗日的旗帜。

与此同时，中国共产党还直接领导了东北人民的抗日武装斗争。中共中央先后派周保中、赵一曼等到东北，加强党组织的力量。中共满洲省委和东北各地党组织，派出许多优秀干部深入农村，展开了艰苦卓绝的发动群众、创建游击队的斗争。除原在抗日义勇军工作的周保中、李延禄等人外，还派出中共满洲省委军委书记杨林、杨靖宇到南满工作；大连市委书记童长荣到东满工作；中共满洲省委军委书记赵尚志到巴彦工作；中共满洲省委驻下江代表冯仲云到汤原工作。他们紧密依靠当地党组织，深入农村，发动农民开展反日斗争，培养抗日骨干，夺取敌人的武器，武装自己。经过两年多艰苦卓绝的努力，到1933年初，由共产党直接领导的巴彦、南满、海龙、东满、宁安、汤原、海伦等抗日游击队相继成立。1934年，各抗日游击队先后改编为东北人民革命军。1936年2月后又陆续改建为东北抗日联军。

东北抗日游击队建立后，在辽阔的东北大地上，与义勇军一起打击日本侵略军，开启了东北民众长达14年前仆后继、艰苦卓绝的抗日斗争。特别是在义勇军斗争失败后，中国共产党领导的抗日游击队逐渐成为东北抗日战场上的中坚力量。

13. 进行长征，胜利实现第二次伟大历史性转折

关于中国共产党和中国工农红军的长征，美国作家哈里森·索尔兹

伯说过这样一句话:"没有什么比长征更令人神往和更为深远地影响世界前途的事件了。"是的,中国共产党人把一次危难中的退却,奇迹般地转化成一次力挽狂澜的进军。然而,荣耀的背后是严重的失败和奋起的艰辛。

红军长征是第五次反"围剿"失败的严峻形势下,中国共产党被迫作出的一个重大决策,一次战略大转移。

1933年5月31日,奉行"攘外必先安内"方针的蒋介石与日军签署了限令中国军队撤退的《塘沽协定》。随即着手调集100万军队,自任总司令,准备发动对革命根据地的第五次"围剿"。这一次,他吸取过去失败的教训,强调实行所谓"三分军事,七分政治"的方针,对根据地实行经济上严密封锁,在军事上采取持久战和"堡垒主义"的新战略。蒋介石决定,9月下旬首先以50万兵力进攻中央根据地。

这时,中央根据地主力红军已有8万多人。然而,不幸的是,党内以王明为代表的"左"倾教条主义方针在红军和根据地内逐渐占据了主导地位。王明等人在反对国民党统治、主张土地革命和红军斗争这些中国革命的基本问题上的观点,同党的纲领是一致的。但是,他们所采取的政治策略、军事策略和干部政策在主要方面都是错误的。而以博古为首的中共临时中央未能适应形势发展需要,机械地照搬共产国际指示,继续推行冒险主义和关门主义的做法,并且在组织上搞宗派主义,把一些坚持正确意见、有实践经验的干部视为"机会主义者"而进行"残酷斗争"和"无情打击",不仅导致党在国统区的工作变得更加困难,而且直接导致红军第五次反"围剿"作战连遭严重失利。

在第五次反"围剿"中,临时中央负责人博古不懂军事,把红军指挥大权交给共产国际派来的德国人李德。李德不了解中国实际情况,只是搬用正规的阵地战经验。他们放弃过去几次反"围剿"行之有效的积极防御方针，实行军事冒险主义方针，主张"御敌于国门之外"。结果红军辗转于敌军的主力和堡垒之间，陷于被动。在进攻遭受挫折后，又采取消极防御的战略方针和"短促突击"的战术，强令装备很差的红军同装备优良的国民党军队打阵地战、堡垒战，同敌人死打硬拼。1934年4月中旬，国民党军队11个师集中优势兵力进攻中央根据地的北大门广昌。博古、李德命令中央红军主力9个师同敌人"决战"。经过十八天血战，广昌失守，还丢了建宁。彭德怀心痛地说："崽卖爷田心不痛！"

至10月初，国民党军推进到苏区腹地。中央苏区由原来纵横千里，最后只剩下瑞金、兴国、雩都间的狭小地区，红军内线作战已十分困难。生死存亡的紧急关头，中共中央、中革军委被迫决定，将红军主力撤离中央苏区，进行战略转移，前往湘西南与红二、六方面军团会合。1934年10月，中央红军从江西雩都一带出发，向西突围，踏上了漫漫长征之路。

中央根据地随着第五次反"围剿"的失利而丢失了。中国共产党再次遇到严重失败的考验。

但是，经过从大革命失败的锤炼、有着坚定信念的中国共产党是不为任何困难压垮的。国民党当局在红军西进的道路上布置了四道封锁线。英勇的红军浴血奋战，连续撕破三道封锁线。蒋介石将希望寄托于第四道封锁线，企图将红军消灭在湘江以东。1934年11月27日至12月1日的湘江之战，是中央红军长征以来打得最艰苦、最惨烈的一仗，也是关系中央红军生死存亡的大战。红军拼死血战七昼夜，再次撕破封锁线，渡过湘江。然而，中央红军也为此付出了惨重的代价，中央红军和中央机关人员已从出发时的8.6万人锐减至3万余人。担任后卫掩护的红五军团34师和红三军团18团被敌人阻于湘江以东，战至弹尽粮绝，大部壮烈牺牲。红34师师长陈树湘腹部中弹，在昏迷中被俘。押送途中，趁敌人不备，猛然间把自己的肠子拉出绞断，自尽身亡，年仅29岁。

危急时刻，毛泽东力主放弃北上湘西同红二、六军团会合的计划，改向敌军力量薄弱的贵州挺进，占领通道县城后，中央召开紧急会议，毛泽东的正确主张得到张闻天、王稼祥、周恩来等多数与会者的赞同，会议决定继续西进贵州，史称"通道转兵"。之后，红军顺利西进，黔军纷纷弃城而逃，红军的命运开始出现转机。

1935年1月，中共中央在遵义召开政治局扩大会议，集中全力解决当时具有决定意义的军事和组织问题，开始确立以毛泽东同志为主要代表的马克思主义正确路线在中共中央的领导地位，从而在极其危急的情况下挽救了党、挽救了红军、挽救了中国革命。

会后，中央红军在毛泽东等人的指挥下，根据实际情况，灵活机动变换作战方向，四渡赤水、巧过金沙江，摆脱了几十万国民党军的围追堵截，粉碎了蒋介石围歼红军于川黔滇边境的计划，取得了战略转移中具有决定意义的胜利。1935年5月下旬，中央红军强渡大渡河、飞夺泸定桥，翻越了长征途中第一座人迹罕至的大雪山夹金山，于6月18日到达懋功地区与红四方面军胜利会师，随后克服张国焘分裂党、分裂红军的严重危机，于9月17日一举突破甘南天险腊子口，占领哈达铺。

10月，回顾一年多来的艰苦征战，毛泽东挥笔写下《七律·长征》：

红军不怕远征难，万水千山只等闲。

五岭逶迤腾细浪，乌蒙磅礴走泥丸。

金沙水拍云崖暖，大渡桥横铁索寒。

更喜岷山千里雪，三军过后尽开颜。

1935年9月27日，中央政治局常委会议改变了1935年9月12日"俄界会议"和"北上到靠近苏联边界建立根据地"的决定，作出把中共中央和陕甘支队的落脚点放在陕北的决定，正式宣布以陕北苏区作为领导中国革命的大本营。

1935 年 10 月 19 日，陕甘支队到达陕北吴起镇（今吴旗）。至此，中央红军主力行程二万五千里、纵横十一省的长征结束，胜利实现了战略大转移。陕甘根据地成为中央红军主力长征的落脚点。一年后，1936 年 10 月，红四、红二方面军分别同红一方面军在甘肃会宁、将台堡会师，胜利结束长征。毛泽东自豪地说："长征是以我们胜利、敌人失败的结果而告结束。"①

红军长征的胜利，是中国革命转危为安的关键。长征宣告了国民党围追堵截的破产，实现了红军的战略大转移，宣传了中国共产党的政治主张，在沿途播下了革命的种子，鼓舞了广大人民群众。对此，毛泽东形象地说："长征是历史纪录上的第一次，长征是宣言书，长征是宣传队，长征是播种机。"②

长征保存和锻炼了革命力量。长征后保存下来的红军人数虽然不多，但这是党的极为宝贵的精华，构成以后领导抗日战争和解放战争的骨干。正如 1960 年 5 月毛泽东所说："我们的军事力量在长征前曾经达到过三十万人，因为犯错误，后来剩下不到三万人，不到十分之一。重要的是在困难的时候不要动摇。三万人比三十万人哪个更强大？因为得到了教训，不到三万人的队伍，要比三十万人更强大。"③

长征的胜利表明，中国共产党及其所领导的中国工农红军具有战胜任何困难的无比顽强的生命力，是一支不可战胜的力量。毛泽东深刻指出："谁使长征胜利的呢？是共产党。没有共产党，这样的长征是不可

① 《毛泽东选集》第一卷，人民出版社 1991 年版，第 150 页。
② 《毛泽东选集》第一卷，人民出版社 1991 年版，第 149—150 页。
③ 《毛泽东文集》第八卷，人民出版社 1999 年版，第 174 页。

能设想的。"①

1945 年 4 月，在党的七大预备会议上，毛泽东说："我说陕北有两点，一是落脚点，一是出发点。"由红军落脚到出发抗日，中国共产党实现了由第五次反"围剿"失败到全国抗战的兴起这一伟大历史性转变，在新历史起点上开启了革命的新征程。正如毛泽东在《论反对日本帝国主义的策略》中所指出的："长征一完结，新局面就开始"。

14. 遵义会议上生死攸关的独立抉择

1935 年 1 月，长征途中的中国共产党在黔北重镇遵义召开了中共中央政治局扩大会议，史称"遵义会议"。

对于这次会议的历史地位，党史上的两个历史决议都有明确的论断。1945 年 4 月，党的六届七中全会作出《关于若干历史问题的决议》，指出它"是中国党内最有历史意义的转变"。1981 年 6 月，党的十一届六中全会作出《关于建国以来党的若干历史问题的决议》，再次指出："这在党的历史上是一个生死攸关的转折点"。

历史上一次次的毁灭与重生的大转折，既有客观复杂的社会历史动因，又常常与人的主观选择密切相关。1956 年 9 月，刘少奇在中共八大的政治报告中指出："党在一九三五年的转变，基本上就是党的高级干部的多数从失败中得到了经验、提高了觉悟的结果。"

事实上，遵义会议之前的严重挫败，固然有敌强我弱等客观因素，

---

① 《毛泽东选集》第一卷，人民出版社 1991 年版，第 150 页。

在主观上主要是党内"左"倾错误发展造成的恶果。从 1931 年 9 月以博古为首的临时中央成立到 1935 年 1 月遵义会议前,是中国共产党历史上"左"倾错误路线时期,其显著特征是脱离中国实际,机械教条地执行共产国际指示,照抄照搬苏联经验,并且竭力排挤毛泽东的正确意见及其在党和红军中的领导地位。这样一来,长征以来红军虽连续冲破国民党军的四道封锁线,但自身也遭受重创。尤其是经过湘江战役,红军由 8 万多人锐减到 3 万多人,濒临绝境。党和红军又一次面临生死大抉择。

实际上,对于中央红军的前进方向,中央领导层在渡过湘江后一直进行着激烈的争论。血的教训面前,党和红军内部对错误指挥的怀疑和不满明显滋长,一些曾支持过"左"倾错误的领导人,也在逐步改变态度。这时,蒋介石察觉中央红军的前进方向是要到湘西同红二、六方面军团会合,立刻调兵遣将,等候红军到来。紧急关头,毛泽东急切地提出:仗不能再这样打下去了,要讨论失败的原因问题,并建议放弃同红二、六军团会合的计划,改向敌军力量薄弱的贵州挺进。毛泽东这一意见,遭到博古和军事顾问李德的拒绝。于是,毛泽东转而争取到了王稼祥、张闻天等人的支持。1934 年 12 月 18 日,在黎平召开中央政治局会议正式决定放弃向湘西前进的计划,改向贵州北部进军。1935 年 1 月 7 日,红军攻克黔北重镇遵义,中央红军取得了长征以来第一次短暂休整的机会。

1 月 15 日至 17 日,中共中央在遵义召开政治局扩大会议。出席会议的有:政治局委员毛泽东、洛甫(张闻天)、周恩来、朱德、陈云、博古,候补委员王稼祥、刘少奇、邓发、凯丰(何克全);红军总参谋长刘伯承,总政治部主任李富春,红一军团军团长林彪、政治委员聂荣臻,红三军团军团长彭德怀、政治委员杨尚昆,红五军团政治委员李卓然,中央秘书长邓小平。李德及担任翻译工作的伍修权列席了会议。会议共两项议程：（一）决定和审查黎平会议所决定的暂时以黔北为中心，建立苏区根据地问题。（二）检阅在第五次反"围剿"中与西征中军事指挥上的经验与教训。

会议认真总结了第五次反"围剿"失败和长征初期遭受严重损失的教训，集中讨论和解决当时具有决定意义的军事和组织问题。

作为党的总负责人和领导军事的主要成员，博古主持了会议，并在会上作了《关于反对敌人五次"围剿"的总结》的主报告。他检讨了军事指挥上的一些错误，但主要还是强调第五次反"围剿"失败的客观原因，将之主要归之于国民党军事力量的强大。

随后，周恩来就军事问题作了副报告，侧重检讨了军事方面的主观因素，指出第五次反"围剿"失利的主要原因是军事指挥上的错误，在指出军事领导的战略战术错误的同时，主动承担了责任，全力推举毛泽东参加中央领导。

按照会前商议，张闻天作了一个和博古题目一模一样但内容截然相反的报告。列举事实说明反"围剿"失败和长征初期遭受严重损失的主要原因，是博古、李德在军事上犯了一系列严重错误，史称"反报告"。

在中央会议上出现一正一反两个报告，这在党的历史上是第一次。

正反两个报告一出，立即引起激烈讨论。毛泽东作了长篇发言，直言不讳地系统批评了博古、李德在第五次反"围剿"中实行单纯防御、在战略转移中实行退却逃跑主义的错误，认为博古的总结报告是不正确的。王稼祥、周恩来、朱德、刘少奇等人也相继发言，明确支持了毛泽东的意见，提出让毛泽东出来领导红军。

经过激烈争辩，多数人同意张闻天、毛泽东等人的报告和意见，作出下列重要决定：

（一）增选毛泽东为中央政治局常委；

（二）指定洛甫（张闻天）起草会议决议，委托常委审查后，发到支部中去讨论；

（三）常委中再进行适当分工；

（四）由最高军事首长朱德、周恩来为军事指挥者，而周恩来对军事指挥下最后决心。

会后不久，在向云南扎西进军途中，政治局常委决定由张闻天代替博古负中央总的责任。3月中旬，成立由毛泽东、周恩来、王稼祥组成的新的"三人团"，以周恩来为首，负责全军的军事行动。

历史证明，遵义会议在极端危急的关头，挽救了党，挽救了红军，挽救了中国革命，成为中国共产党历史上一个生死攸关的转折点，有着极为丰富而深远的历史意义。

遵义会议结束了王明"左"倾教条主义在中央的统治，在实际上确立了毛泽东在中共中央和红军的领导地位，从而彻底改变了第五次反"围剿"以来红军屡屡失利的被动局面，为红军长征胜利奠定了重要基础。当时担任红军总参谋长的刘伯承回忆："遵义会议后，我军一反以前的情况，好像忽然获得了新的生命，迂回曲折，穿插于敌人之间，以为我向东却又向西，以为我渡江北上却又远途回击，处处主动，生龙活虎，左右敌人。"

遵义会议的一系列重大决策是中国共产党同共产国际中断联系的情况下独立自主作出的，标志着中国共产党在政治上开始走向成熟。1963年9月，毛泽东同外宾谈话时曾讲过这样一段话："从一九二一年党成立到一九三四年，我们就是吃了先生的亏，纲领由先生起草，中央全会的决议也由先生起草，特别是一九三四年，使我们遭到了很大的损失。从那之后，我们就懂得要自己想问题。我们认识中国，花了几十年的时间。中国人不懂中国情况，这怎么行？真正懂得独立自主是从遵义会议开始的"。①

遵义会议是中国共产党建设成熟中央领导集体的开始。会议之前，中国共产党处于幼年时期，对共产国际过度依赖、对中国国情和中国革命规律认识不深，没有形成坚强成熟的中央领导集体。遵义会议之后，毛泽东进入中共中央最高决策层，这为他从战略和全局高度，全面系统思考中国革命道路问题提供了可能性和现实性。当时，毛泽东的职务虽不是最高领导人，但在党和红军的决策中实际上处于领导核心地位。后来，邓小平指出："遵义会议之前，我们的党没有形成过一个成熟的党中央。从陈独秀、瞿秋白、向忠发、李立三到王明，都没有形成过有能力的中央。我们党的领导集体，是从遵义会议开始逐步形成的，也就是毛刘周朱和任弼时同志，弼时同志去世后，又加了陈云同志。"②

由遵义会议开始，中国共产党真正拨正了中国革命航向，开辟了中国革命的新局面，为中国革命胜利奠定了重要基础。14 年后，中国革命就取得了胜利。

15. 战胜张国焘分裂党和红军的图谋，确立"党指挥枪"的根本原则

革命的道路总是充满曲折困难和复杂严峻挑战。

美国作家斯诺曾问毛泽东："你一生中最黑暗的时刻是什么时候?"

---

① 《毛泽东文集》第八卷，人民出版社 1999 年版，第 338—339 页。
② 《邓小平文选》第三卷，人民出版社 1993 年版，第 309 页。

毛泽东回答:"在草地与张国焘之间的斗争","当时党内面临着分裂,甚至有可能发生前途未卜的内战。"

张国焘另立"中央",的确是长征途中极其艰险的一幕。

遵义会议后,中央红军摆脱了几十万国民党军的围追堵截,战胜了来自皑皑雪山、茫茫草地大自然的挑战,于1935年6月18日与红四方面军在四川懋功胜利会师。两大主力红军会师,使集结在这个地区的兵力达到十多万人,红军实力大大增强。

广大指战员们欣喜至极。总政治部发布命令,要求中央红军各部队"发动与四方面军联欢与慰问的盛大活动,号召每个战士准备娱乐,准备礼物,去会亲爱的弟兄"。《红星》报发表社论说,红军会师"是历史上空前伟大的事件,是决定中国苏维埃运动今后发展的事件","是五次战役以来最大的胜利","是中国苏维埃运动新的大开展的基点"。

然而,谁也没有想到,一场严重的政治危机在党和红军内部暗中滋长。

红一、四方面军会师后,中央全面分析形势,决定继续北上,建立川陕甘苏区根据地。1935年6月26日,中共中央在两河口召开政治局会议,决定红军集中主力向北进攻,以创造川陕甘革命根据地。中央政治局常委会会议决定增补张国焘为中革军委副主席。

对于两河口会议北上决定,领导红四方面军的张国焘口头上也表示同意。但他自恃枪多势众,个人野心膨胀,公然向党争权,借口"统一指挥"和"组织问题未解决",故意拖延红四方面军的行动,还策动一部分人向中央提出由他担任军委主席,给以"独断决行"的大权。中共中央坚决拒绝了张国焘等人的无理要求,但为了照顾红军的团结,还是任命张国焘为红军总政治委员,张国焘这才率红四方面军北上毛儿盖集中。但他随后却又提出南下四川、西康的方针,给两军会师后蒙上了阴影。

1935 年 8 月初，红一、四方面军混编为左、右两路军。右路军由徐向前、陈昌浩、叶剑英率领，经草地到班佑。左路军由朱德、张国焘、刘伯承率领经草地到阿坝，再到班佑与右路军会合。中共中央随右路军行动。

8 月 21 日，右路军开始过草地。大草地荒无人烟，到处是野草丛生的沼泽和散发出腐臭味的黑色淤泥潭，稍微不慎，踏进泥潭，就可能被吞没。广大干部和战士经过长途跋涉，体质十分虚弱，很多人在过草地时牺牲。右路军走了六天六夜，才走出草地，等待左路军前来会合。可张国焘提出种种借口，不愿北上，并要右路军南下。9 月 9 日，张国焘背着中共中央，密电陈昌浩率右路军南下，"彻底开展党内斗争"，企图分裂红军、危害党中央。担任右路军参谋长的叶剑英看到电报后，立即报告毛泽东。

毛泽东得知这一情况后，与张闻天、博古、周恩来、王稼祥紧急磋商，为了贯彻北上方针，并避免红军内部可能发生的冲突，决定连夜率红一、红三军和军委纵队先行北上。中共中央多次致电张国焘，要他立即率部北上，指出"向南则敌情、地形、居民、给养都对我极端不利，将使红军陷于空前未有之困难环境。"但张国焘置之不理。9 月 12 日，中央政治局在甘肃迭部县俄界（今高吉村）召开政治局扩大会议，通过关于张国焘错误的决定，并将北上红军改称陕甘支队。

9 月中旬，张国焘在阿坝召开活动分子会议，攻击中共中央北上的方针是"逃跑"，并以红军总政治部名义发布《大军南进政治保障计划》，声称其战略方针是"集中主力，大举向南进攻，消灭川敌残部"，称"这才是正确的进攻路线"。

9 月 17 日，陕甘支队先头部队一举突破川甘边界天险腊子口，第二天占领哈达铺。9 月 27 日，中共中央政治局常委在榜罗镇开会，正式决定前往陕北，保卫和扩大根据地。

10 月 5 日，坚持南下的张国焘公然在理番县卓木碉（今马尔康县脚木足）宣布另立"中央"，成立"中央委员会"、"中央政治局"、"中央书记处""中央军事委员会"等，公然走上了分裂党、分裂红军的道路。这在建党以来属首次。

与红四方面军一起行军的以朱德为代表的红一方面军将士，态度鲜明地支持中央。张国焘另立"中央"时，要朱德表态。朱德说："你这种做法我不赞成，我们不能反对中央，要接受中央领导。""大敌当前，要讲团结！天下红军是一家。中国工农红军在党中央统一领导下，是个整体。大家都知道，我们这个'朱毛'，在一起好多年，全国全世界都闻名。要我这个'朱'去反'毛'，我可做不到呀！不论发生多大的事，都是红军内部问题，大家要冷静，要找出解决办法来，可不能让蒋介石看我们的热闹！"张国焘不顾朱德的反对，宣布"中共中央"的名单，其中朱德为"中央委员"、"中央政治局委员"、"中央书记处书记"。朱德严正表示："我按党员规矩，保留意见，以个人名义做革命工作。"①

中共中央进行了坚决斗争。1936 年 1 月 22 日，中共中央政治局作出《关于张国焘成立第二"中央"的决定》，指出："张国焘同志这种成立第二党的倾向，无异于自绝于党，自绝于中国革命。"中共中央决定去电命令张国焘"立刻取消他的一切'中央'，放弃一切反党的倾向"。②

然而，张国焘仍然执迷不悟、一意孤行，率部不断西撤，沿途接连遭到国民党重兵"围剿"，损失惨重，到达甘孜、炉霍地区后，已由南下时的 8 万余人锐减至 4 万人。张国焘的南下方针在实践中宣告失败。

---

① 《朱德年谱（新编本）》（1886—1976）（上），中央文献出版社 2006 年版，第 540 页。
② 中共中央文献研究室、中央档案馆编：《建党以来重要文献选编》第十三册，中央文献出版社 2011 年版，第 8 页。

在这个过程中，中共中央一再电令红四方面军北上，从苏联归国的张浩也以共产国际代表的身份致电张国焘，明确表示"共产国际完全同意中国党中央的政治路线"，要他立即取消另立的"中央"。迫于压力，张国焘被迫于 1936 年 6 月 6 日宣布取消另立的"中央"，同意北上。

反对张国焘分裂主义的斗争，是长征途中坚持还是反对党的领导的一场严重斗争。总结这场斗争的经验教训，毛泽东提出一个著名论断："我们的原则是党指挥枪，而不是枪指挥党。"并指出："共产党员不争个人的兵权（决不能争，再也不要学张国焘），但要争党的兵权，要争人民的兵权。"①

为了避免发生类似张国焘事件，中共中央决定重申党的纪律，加强以民主集中制为核心的党内法规制度建设。1938 年 11 月 6 日，中共中央在扩大的六届六中全会的《政治决议案》中强调了党的民主集中制原则，并通过《关于中央委员会工作规则与纪律的决定》、《关于各级党部工作规则与纪律的决定》等文件，以法规形式确立了党中央的权威，重申党的组织纪律，提出了著名的"四个服从"，即个人服从组织，少数服从多数，下级服从上级，全党服从中央的民主集中制原则。

16. 瓦窑堡会议确立建立抗日民族统一战线新策略

在中共中央率红军北上到达陕甘地区前后，日本侵略者利用国民党

---

① 《毛泽东选集》第二卷，人民出版社 1991 年版，第 547、546 页。

全力"围剿"中国共产党及其工农红军之际，在占领东北三省之后，开始大规模越过长城南下，企图直接控制华北。

从1935年6月开始，日本侵略者在华北不断制造事端，迫使国民党中央军撤出平津和河北。接着，又积极策动"华北五省自治运动"，妄图吞并华北。平津上空乌云密布，整个华北危在旦夕。地处危局前沿的北平学生悲愤地喊出："华北之大，已经安放不得一张平静的课桌了！"12月9日，在中共北平临时工作委员会的领导下，北平学生高喊"反对日本帝国主义"、"停止内战一致对外"等口号，举行了声势浩大的抗日救亡运动，史称一二·九运动。这一运动迅速演变为汹涌澎湃的全国规模的群众运动，标志着中国人民抗日民主救亡运动新高潮的到来，中国已处于政治形势大变动的前夜，中国革命即将进入一个新阶段。形势的发展，迫切需要我们党对华北事变以来的政治形势作出科学的分析，制定出适应新情况的正确的政治路线。中国共产党面临新的重大政治抉择。

然而，政治路线的转变极其艰难。

1931年九一八事变后，中国共产党就率先举起武装抵抗日本侵略的旗帜。1935年8月1日，根据共产国际七大精神，中共驻共产国际代表草拟了《中国苏维埃政府、中国共产党中央为抗日救国告全体同胞书》（即"八一宣言"），号召一切愿意参加抗日救国的党派、团体、军队、政府和个人，共同组成"国防政府"和"抗日联军"，对日作战。10月1日，宣言在法国巴黎出版的《救国报》上发表。11月中旬，中共驻共产国际代表团派张浩由苏联回国到达陕北瓦窑堡，向中共中央传达了共产国际七大的精神和"八一宣言"的内容。

这时，党内存在着严重的"左"倾关门主义倾向。以王明为代表的"左"倾教条主义者，否认九一八事变后日寇妄图灭亡中国这个基本事实，鼓吹革命力量要"纯粹又纯粹"，革命道路要"笔直又笔直"；否认中间阶级、阶层的抗日要求，坚持认为"中间派是最危险的敌人"、民族资产阶级从1927年以来已是"全部永世反革命"，整个地主资产阶级是铁板一块，不会变化，坚持关门主义，继续主张"打倒一切"。这种错误倾向，阻碍了党的正确路线和策略的制定与执行。

为彻底纠正"左"倾关门主义错误，制定抗日民族统一战线的路线和策略，1935年12月17日至25日，长征到达陕北的中共中央在安定县（今子长县）瓦窑堡召开了政治局扩大会议，着重解决党的政治路线问题。

瓦窑堡是陕北比较繁华的城镇，是陕甘晋省委的驻地。镇周围有兵工厂、造币厂、弹药厂，离这里不远的清涧县还有机械修配厂、被服厂。开会的地点，就在半山坡上张闻天的窑洞里。刚从直罗镇前线回来的毛泽东、周恩来，以及张闻天、博古（秦邦宪）、王稼祥、刘少奇等十多人出席了会议。

在张闻天的主持下，会议讨论了"政治形势与策略"和"军事策略"两个主要问题。在讨论民族资产阶级能否参加抗日的可能时，会议产生了分歧。毛泽东在为会议作主题发言时指出：日本帝国主义进一步入侵华北，在中华民族面临危亡关头，不仅工人、小资产阶级要求抗日，民族资产阶级也有参加抗日的可能。但"左"倾教条主义者却对此表示怀疑，认为"资产阶级永远是反革命的，决没有可能再来参加革命，参加抗战"。这一分歧事涉党的政治路线，引起毛泽东的关注。

经过认真准备，毛泽东第二天再次发言，进一步阐述他的观点，指出：半殖民地中国的民族资产阶级不同于资本主义国家的资产阶级，它具有两重性，在亡国灭种关头有参加抗日的可能，甚至连大资产阶级营垒也有分化的可能；"福建事变"失策，就在于套用了"中间势力是危险的"这一理论。毛泽东说，我是根据马列主义基本原理和基本立场来分析中国问题，提出联合民族资产阶级抗日的，难道这样做，就是对马列祖宗不忠？对祖宗不孝吗？驳得"左"倾教条主义者哑口无言。会议最后统一了认识，于 1935 年 12 月 25 日通过了张闻天起草的《中共中央关于目前形势与党的任务的决议》。决议指出："目前政治形势已经起了一个基本上的变化"①，"党的策略路线，是在发动，团聚与组织全中国全民族一切革命力量去反对当前主要的敌人：日本帝国主义与卖国贼头子蒋介石"②，并且指出："关门主义是党内的主要危险"③。

时隔两天，中共中央在瓦窑堡西北办事处的礼堂召开了党的活动分子会议。根据会议精神，毛泽东在会上作了《论反对日本帝国主义的策略》的报告，以九一八事变以来民族资产阶级的政治代表人物政治态度的变化，进一步充分论证了民族资产阶级在抗日的条件下重新建立统一战线的可能性和重要性。

报告一开始，毛泽东就十分鲜明地指出，目前的政治形势已经发生了很大变化，其基本特点，就是日本帝国主义要变中国为它的殖民地，全国人民的生存已受到严重威胁。这种情况就给中国一切阶级和一切政治派别提出了"怎么办"的问题。反抗呢？还是投降呢？或者游移于两者之间呢？

接着，毛泽东分析了中国社会各阶级的现实状况，强调，目前是大

---

① 中共中央文献研究室、中央档案馆编：《建党以来重要文献选编（1921—1949）》第十二册，中央文献出版社 2011 年版，第 531 页。

② 中共中央文献研究室、中央档案馆编：《建党以来重要文献选编（1921—1949）》第十二册，中央文献出版社 2011 年版，第 536 页。

③ 中共中央文献研究室、中央档案馆编：《建党以来重要文献选编（1921—1949）》第十二册，中央文献出版社 2011 年版，第 547 页。

变动的前夜。当着革命的形势已经改变的时候，革命的策略，革命的领导方式，也必须跟着改变。我们要把敌人营垒中间的一切争斗、缺口、矛盾，统统收集起来，作为反对当前主要敌人之用。明确指出：新形势下党的基本的策略任务是什么呢？不是别的，就是建立广泛的民族革命统一战线。

毛泽东还用简单明了的语言对统一战线和关门主义两种不同的策略作了对比："一个要招收广大的人马，好把敌人包围而消灭之。一个则依靠单兵独马，去同强大的敌人打硬仗。"[①]究竟哪一种策略是正确的呢？毛泽东指出："组织千千万万的民众，调动浩浩荡荡的革命军，是今天的革命向反革命进攻的需要。只有这样的力量，才能把日本帝国主义和汉奸卖国贼打垮，这是有目共见的真理。因此，只有统一战线的策略才是马克思列宁主义的策略。关门主义的策略则是孤家寡人的策略。关门主义'为渊驱鱼，为丛驱雀'，把'千千万万'和'浩浩荡荡'都赶到敌人那一边去，只博得敌人的喝彩。关门主义在实际上是日本帝国主义和汉奸卖国贼的忠顺的奴仆。关门主义的所谓'纯粹'和'笔直'，是马克思列宁主义向之掌嘴，而日本帝国主义则向之嘉奖的东西。我们一定不要关门主义，我们要的是制日本帝国主义和汉奸卖国贼的死命的民族革命统一战线。"[②]

瓦窑堡会议和毛泽东的报告，表明中国共产党人已经克服了党内一度存在的"左"倾冒险主义、关门主义的错误思想，解决了遵义会议没有来得及解决的党的政治路线问题，明确提出了党的基本策略任务是建立广泛的抗日民族统一战线。

---

① 《毛泽东选集》第一卷，人民出版社1991年版，第154页。
② 《毛泽东选集》第一卷，人民出版社1991年版，第155页。

这是党从第五次反"围剿"失败到全民族抗战兴起过程中作出的一个重大政策转变。这一新策略，使党在新的历史时期将要到来之际，不失时机地掌握了政治上的主动权，有力地推动了全民族抗战的兴起。

17. 和平解决西安事变，打开时局转换枢纽

瓦窑堡会议后，党采取切实措施，积极开展反蒋的抗日统一战线工作，推进日益高涨的全国抗日救亡运动。

这一策略方针首先在西北地区取得成效。瓦窑堡会议结束不久，党中央就开始着手做驻扎在西北地区的东北军和以杨虎城为首的第十七路军的统一战线工作。由于东北军和西北军一向受到蒋介石的歧视，尤其是东北军背井离乡，流亡在外，田园庐舍和父母妻儿受到日寇铁蹄践踏蹂躏，对蒋介石的卖国政策日益不满。在对红军作战中，东北军和西北军又损兵折将，遭到沉重打击，这使他们深深感到继续"反共"绝无出路。这时，中共中央派联络局局长李克农两次去见张学良商谈合作抗日。1936年4月9日晚间，周恩来和张学良在延安一座教堂中秘密会见。双方一致同意停止内战、共同抗日。中共中央还先后派汪锋、王世英等去见第十七路军总指挥杨虎城，也同他达成合作的初步协议。到1936年上半年，红军和东北军、第十七路军之间，实际上已停止敌对行动。这就在西北基本形成了红军与东北军、西北军"三位一体"联合抗日的统一战线局面。

与此同时，根据国内阶级关系变化的实际状况，以及华北事变后蒋介石和国民党中央的对日政策的变化，中国共产党向国民党方面提出停止内战、一致抗日的主张，倡导国共两党重新合作。1936年5月5日，

毛泽东、朱德发出《停战议和一致抗日通电》，公开放弃反蒋口号。9月1日，中共中央发出党内指示，明确提出党的总方针应是逼蒋抗日。从抗日反蒋到逼蒋抗日，这是一个重大政策变化。

这时，蒋介石对日本的态度虽有变化，但其"攘外必先安内"的方针并没有根本改变。1936年12月4日，蒋介石亲赴西安，逼迫张学良、杨虎城率部"剿共"。张学良、杨虎城在向蒋介石要求抗日的"哭谏"遭到严厉训斥和拒绝后，决心采取"兵谏"，用武力扣留蒋介石，逼其答应抗日。12月12日凌晨，张学良、杨虎城联合行动，在西安附近的临潼扣留了蒋介石，并向全国发出停止内战、一致抗日的通电。这就是震惊中外的西安事变，也称"双十二"事变。

西安事变发生后，南京政府在如何对待事变上出现了两种主张。军政部部长何应钦等主张讨伐，调动军队准备进攻西安；以宋子文、宋美龄为首的一派主张和平解决，积极谋划营救蒋介石。

中国共产党在事变发生前没有与闻。事变发生后，张学良和杨虎城对于如何处置蒋介石并没有明确主张。事变一发生，张学良连夜电告中共中央，希望派代表赴西安，共商抗日救国大计。毛泽东和周恩来立即复电，表示拟派周恩来前往西安商量大计。13日，中共中央领导人举行政治局会议，商量对策。毛泽东在发言中认为，西安事变是有革命意义的，应该支持。张闻天在发言中主张"我们不采取与南京对立方针"，"尽量争取南京政府正统"。"我们的方针：把局部的抗日统一战线，转到全国性的抗日统一战线。"毛泽东在作结论时强调，不应把反蒋与抗日并立。[1]17日，应张学良邀请，周恩来作为中共中央代表到达西安。

---

[1] 中共中央党史研究室：《中国共产党的九十年》（新民主主义革命时期），中共党史出版社、党建读物出版社2016年版，第175页。

在弄清情况后，中共中央以中华民族利益的大局为重，独立自主地确定了用和平方式解决西安事变的方针。

和平解决西安事变，是中共中央在重大历史转折关头作出的重大决策。当时，延安一些干部战士对此很不理解。毛泽东专门到红军大学作了一次重要报告进行宣传解释。在报告中，毛泽东打了一个"赶毛驴上山"的生动比喻。他说，陕北毛驴很多，让毛驴上山有三个办法：一拉二推三打。蒋介石是不愿意抗战，我们就采取对付毛驴的办法，拉他推他，再不干就打他。西安事变就是采取了"赶毛驴上山"的办法。毛泽东指出，当前，日本帝国主义和中华民族的矛盾已上升为主要矛盾。我们党领导全国人民抗战是主要矛盾的主要方面，起决定作用的是我们，国共合作是大势所趋。但是，毛驴是会踢人的，我们还要提防它。这就是又联合又斗争。毛泽东的报告深入浅出、生动形象，使大家认识到了建立抗日民族统一战线的重大意义和我党和平解决西安事变方针的英明正确。

根据这一方针，周恩来与张学良、杨虎城共同努力，经过艰苦细致的工作，迫使蒋介石作出了"停止剿共，联红抗日"的承诺。西安事变终于和平解决，中共中央"逼蒋抗日"方针得以实现，并进一步转向联蒋抗日。

西安事变成为中国近现代历史上影响最为深远的事件之一。事件的主要发动者张学良说"我把天捅了个窟窿"。周恩来评价张学良："民族英雄、千古功臣"。

西安事变的和平解决，成为时局转换的枢纽。自此之后，十年内战的局面基本结束，国共两党第二次合作成为不可抗拒的历史潮流。

18. 推动国共两党重新合作，共赴国难

建立全民族抗日的统一战线，国共两党合作是关键。力主和平解决西安事变，充分表现了中国共产党对团结抗日的诚意，国共重新合作的客观形势渐次成熟。在这种形势下，中国共产党进一步将"逼蒋抗日"转变为"联蒋抗日"，积极推动两党重新合作，共赴国难。

为了展示中国共产党合作抗日的诚意，1937 年 2 月 10 日，中共中央致电国民党"五届三中全会"，提出了五项要求和四项保证。

五项要求是：（一）停止一切内战，集中国力，一致对外；（二）言论、集会、结社之自由，释放一切政治犯；（三）召集各党、各派、各界、各军的代表会议，集中全国人才，共同救国；（四）迅速完成对日抗战之一切准备工作；（五）改善人民的生活。这五项要求，是实现团结抗日的基本条件和保障。

电文明确表示，如果国民党"三中全会"将这五项要求定为国策，中国共产党为了达到全国一致抗日的目的，愿意作出如下四项保证：（一）在全国范围内停止推翻国民政府之武装暴动方针；（二）苏维埃政府改名为中华民国特区政府，红军改名为国民革命军，直接受南京中央政府与军事委员会之指导；（三）在特区政府区域内实行普选的彻底的民主制度；（四）停止没收地主土地之政策，坚决执行抗日民族统一战线之共同纲领。四项保证是对国民党的重大让步。毛泽东在政治局常委会讨论时说：让步是必要的，"因为这种让步是建立在一个更大更重要的原则上面，这就是抗日救亡的必要性和紧急性"。"此电发表，各方面看法是不同的：托派必说我们投降，左派怕我们上当。然而在政治上是

可以说明的，是可以表示我们真正抗日团结御侮决心的。"这样做，需要有很大的政治勇气。

为促进国共合作抗日的早日实现，从 1937 年 2 月中旬至 7 月中旬，中共中央先后派出周恩来、叶剑英、林伯渠、博古等同国民党代表在西安、杭州、庐山、南京等地，围绕国共合作、红军改编、陕甘宁边区的地位等问题，举行了多次谈判。但因国民党方面坚持取消共产党组织上的独立性，取消红军，取消革命根据地的主张，双方没有达成协议。但是，历史的潮流已经不可逆转地向着实行团结抗日的阶段过渡了。

1937 年 4 月 5 日，是中华民族传统的清明节。这一天，国共两党首次共派代表前往陕西省中部县（今黄陵县）城西北一公里的桥山之巅，共同祭奠中华民族的始祖——轩辕黄帝。

在经历十年内战之后，在国家民族危亡的紧急关头，国共两党首聚共祭民族始祖黄陵，表达停止内战、共御外侮的决心，意义非凡。

上午 10 时，中国国民党特派员张继、顾祝同，国民政府主席林森特派代表陕西省政府主席孙蔚如，中国共产党、中华苏维埃政府主席毛泽东、人民抗日红军总司令朱德特派代表林祖涵（林伯渠），各自携带祭文，同步来到桥山，列队鸣炮致祭，并各自宣读本党的祭文。

中国共产党的祭文由毛泽东在延安亲自拟定。全文是：

> 维中华民国二十六年四月五日，中华苏维埃政府主席毛泽东，人民抗日红军总司令朱德恭遣代表林祖涵，以鲜花束帛之仪致祭于我中华民族始祖轩辕黄帝之陵：赫赫始祖，吾华肇造，胄衍祀绵，岳峨河浩。聪明睿知，光被遐荒，建此伟业，雄立东方。世变沧桑，中更磋跌，越数千年，强邻蔑德。琉台不守，三韩为墟，辽海燕冀，汉奸何多！以地事敌，敌欲岂足？人执笞绳，我为奴辱。懿维我祖，命世之英，涿鹿奋战，区宇以宁。岂其苗裔，不武如斯，

泱泱大国，让其沦胥。东等不才，剑屦俱奋，万里崎岖，为国效命。频年苦斗，备历险夷，匈奴未灭，何以家为？各党各界，团结坚固，不论军民，不分贫富。民族阵线，救国良方，四万万众，坚决抵抗。民主共和，改革内政，亿兆一心，战则必胜。还我山河，卫我国权，此物此志，永矢勿谖。经武整军，昭告列祖，实鉴临之，皇天后土。尚飨！

次日，毛泽东的《祭黄帝陵文》刊登在延安苏维埃中央政府机关报《新中华报》上。编辑在"按语"中指出，中国共产党人"誓死为抗日救亡之前驱"。任弼时认真品味祭文后，曾言简意赅地指出："这是我们共产党人奔赴前线誓死抗日的'出师表'"。

1937 年 7 月 7 日夜，日本侵略者制造了震惊中外的卢沟桥事变，开始了全面侵华战争。中国驻军第二十九军奋起抵抗，全国性抗战爆发。

这时，日本自恃工业比较发达，军事实力远远超过中国，狂妄叫嚣两个月荡平北平一带的第二十九军，三个月击败国民党军队。亡国灭种的危险陡然空前上升。

卢沟桥事变发生后的第二天，中国共产党发出通电，向全国人民呼吁："平津危急！中华民族危急！只有实行全民族抗战，才是我们的出路！"号召"全中国同胞，政府，军队，团结起来，筑成民族统一战线的坚固长城，抵抗日寇侵掠！""国共两党亲密合作抵抗日寇的新进攻！"同日，毛泽东、朱德、彭德怀等红军领导人致电蒋介石，表示红军将士愿意"为国效命，与敌周旋，以达保土卫国之目的"。7 月 15 日，中共代表周恩来等将《中共中央为公布国共合作宣言》交给国民党。

这些都表明了中国共产党反对日本帝国主义侵略，推动国共合作的坚定立场、鲜明态度和迫切愿望。

8 月中旬，中共代表周恩来、朱德、叶剑英同蒋介石等就发表《中共中央为公布国共合作宣言》和改编红军问题，在南京举行第五次谈判。蒋介石最终同意将在陕甘地区的红军主力改编为国民革命军第八路军（简称八路军），南方八省的红军游击队，改编为国民革命军新编第四军（简称新四军）。

9 月 22 日，在中国共产党的催促下，国民党中央通讯社发表了《中共中央为公布国共合作宣言》。23 日，蒋介石发表谈话，事实上承认了共产党的合法地位。至此，国共两党第二次合作正式形成，抗日民族统一战线正式形成。

国共两党化敌为友，共同建立抗日民族统一战线，显示了中华民族的空前大团结，成为中华民族由涣散分裂到团结统一的转折点，成为引导全民族抗战的一面旗帜，具有十分重大的历史意义。毛泽东说：国共合作的抗日民族统一战线的建立，"这在中国革命史上开辟了一个新纪元。这将给予中国革命以广大的深刻的影响，将对于打倒日本帝国主义发生决定的作用。"[1] 历史的车轮将通过这个统一战线，"使中国走向一个光明的伟大的前途，就是日本帝国主义的打倒和中国统一的民主共和国的建立。"[2] 这一点已为中国革命的胜利所证明。

19. 制定全面抗战路线和持久战的战略总方针

抗日战争是一场关系民族存亡的殊死决战。要战胜日本帝国主义，

---

① 《毛泽东选集》第二卷，人民出版社 1991 年版，第 364 页。
② 《毛泽东选集》第二卷，人民出版社 1991 年版，第 365 页。

既要有全民族同仇敌忾、共赴国难的战斗气势，也要有正确的方针和策略。中国的抗日战争怎样才能走向胜利？这一问题成为全面抗战展开后必须明确的第一重要的问题。

但是，全面抗战开始后，在如何抗战这个问题上，实际上存在着两种不同的抗战路线。

中国共产党代表最广大人民群众的利益，从一开始就主张实行全面抗战路线，即广泛发动群众、武装群众、依靠群众的人民战争路线。只有动员和组织人民，才能抵御强敌，才能引导中国抗战取得最后胜利。而蒋介石从大地主大资产阶级的利益出发，他们害怕人民的广泛动员和组织将损害自身的统治地位，因而实行的是一条片面抗战路线，即坚持国民党一党专政，只是单纯依靠政府和军队的抗战，而不愿意实行民主、改善民生，不敢于发动和依靠人民大众。同时，在军事上采取消极防御的战略方针，并总是把抗战胜利的希望寄托在国际援助上。

在抗日民族统一战线内部，很多人对如何抗战还不清楚，对共产党一时缺乏了解。人数众多的中间力量，把抗战的希望寄托在掌握全国政权的国民党身上。

后来，毛泽东在党的七大上依然强调，"两条路线：国民党政府压迫中国人民实行消极抗战的路线和中国人民觉醒起来团结起来实行人民战争的路线，很久以来，就明显地在中国存在着。这就是一切中国问题的关键所在"。[①]

在全面抗战刚刚爆发的紧要关头，中国共产党有责任向全国人民指明并引向克敌制胜的正确道路。同时，也要正确解决中国共产党及其领

---

① 《毛泽东选集》第三卷，人民出版社 1991 年版，第 1034 页。

导下的人民军队如何抗战的问题，确定新路线和方针。这对于抗日战争的前途和人民军队的发展、巩固和壮大至关重要。

1937年8月22日至25日，中共中央在陕北洛川冯家村召开政治局扩大会议，讨论制定党在抗日战争时期的方针、任务和政策。毛泽东、张闻天、周恩来、朱德、任弼时等23人出席了会议。

毛泽东代表中央政治局作关于军事问题、国共两党关系问题的报告，明确指出：中国抗战存在着两种政策和两个前途，即我们的全面的全民族抗战的政策和国民党单纯政府抗战的政策，坚持抗战到胜利的前途和大分裂、大叛变的前途。我们的任务是动员一切力量争取抗战胜利，最基本的方针是持久战。

会议通过《中共中央关于目前形势与党的任务的决定》，指出：中国的抗战是一场艰苦的持久战。争取抗战胜利的关键，在于使已经发动的抗战发展为全面的全民族的抗战。"共产党员及其所领导的民众和武装力量，应该最积极的站在斗争的最前线，应该使自己成为全面抗战的核心，应该用极大力量发展抗日的群众运动"①。

会议制定了《中国共产党抗日救国十大纲领》，主要内容是：（一）打倒日本帝国主义；（二）全国军事的总动员；（三）全国人民的总动员；（四）改革政治机构；（五）抗日的外交政策；（六）战时的财政经济政策；（七）改良人民生活；（八）抗日的教育政策；（九）肃清汉奸卖国贼亲日派，巩固后方；（十）抗日的民族团结。这十大纲领是中国共产党全面抗战路线的具体体现，阐明了中国共产党在抗战时期的政治主张，它正确地反映了中国抗日战争的实际，指明了坚持长期抗战、争取

---

① 中共中央文献研究室、中央档案馆编：《建党以来重要文献选编（1921—1949）》第十四册，中央文献出版社2011年版，第474页。

最后胜利的具体方针和道路，在全国产生重大影响，成为引领全国人民坚持抗战、争取胜利的旗帜。中国共产党因而牢牢掌握了历史的主动权，成为团结全民族抗战的中坚力量。

洛川会议还讨论并制定了党在抗日战争时期的基本行动路线和工作方针，主要是：必须坚持统一战线中无产阶级的领导权；在敌后放手发动群众，开展独立自主的游击战争；在国民党统治区广泛发动群众性的抗日救亡运动；以减租减息作为抗日战争时期解决农民问题的基本政策；等等。这些，有力地保证了全党在历史重大转折关头沿着正确方向前进。

抗日战争毕竟是中日之间军事实力的较量。指导全面抗战，既需要正确的政治路线，也需要正确的战略总方针和军事战略方针。洛川会议明确指出：抗日战争是"艰苦的持久战"，确立了持久战的总方针。然而，随着战争的初步展开，对于全面抗战的进程和前途，国内许多人存在着"亡国论"和"速胜论"的错误观点。在国民党营垒中，有人说："中国武器不如人，战必败、再战必亡"；也有人说："只要打三个月，国际局势一定变化，最大的希望是苏联出兵，次之就是英美在上海干涉"。在共产党内，"亡国论"是没有的，但有些人有盲目轻敌的思想。这些论调也在共产党内和广大人民群众中造成了种种困惑。

那么，抗日战争将会面临怎样的命运？抗日战争的发展前途究竟如何？一时成了人们关注的焦点。为此，1938年五六月间，毛泽东总结全面抗战开始以来十个月的经验，在延安抗日战争研究会作了《论持久战》的长篇讲演，系统阐明了党的抗日持久战战略总方针，明确指出：抗日战争是持久的，最后胜利属于中国。

在讲演中，毛泽东指出，"中日战争不是任何别的战争，乃是半殖民地半封建的中国和帝国主义的日本之间在二十世纪三十年代进行的一个决死的战争"①，战争双方存在着互相矛盾的四个基本特点，即：日本是帝国主义强国，中国是半殖民地半封建弱国；日本的侵略战争是退步的、野蛮的，中国的反侵略战争是进步的、正义的；日本是个小国，经不起长期战争，中国是个大国，能够支持长期战争；日本的非正义战争失道寡助，中国的正义战争得道多助。进而指出：第一个特点决定了日本的进攻能在中国横行一时，中国不能速胜；后三个特点决定了中国不会亡国，经过长期抗战，最后胜利属于中国。

在这篇讲演中，毛泽东以惊人的精确性预见了抗日战争的前途和进程，指出抗日战争将经过战略防御、战略相持、战略反攻三个阶段。明确指出，通过三个阶段，在力量对比上，中国必将由劣势到平衡再到优势，而日本则必将由优势到平衡到劣势。其中，战略相持阶段的时间将相当长，遇到的困难也将最多，然而它是整个战争转变的枢纽。

毛泽东强调："兵民是胜利之本。"②"战争的伟力之最深厚的根源，存在于民众之中。"③争取抗战胜利的唯一正确道路是充分动员和依靠群众，实行人民战争。

《论持久战》是中国共产党领导抗日战争的纲领性文献，不仅指明了必须持久抗战才能取得最后胜利的前景，并且提出了一整套动员人民群众，在持久战争中不断削弱敌方的优势、生长自己的力量、以夺取最后胜利的切实可行的办法。一经刊出，就以强大的说服力及时回答了抗日军民头脑里的种种问题，大大增强了人们坚持抗战的决心和信心，对全国抗战的战略指导也产生了影响。据程师远回忆，毛泽东的《论持久战》

---

① 《毛泽东选集》第二卷，人民出版社 1991 年版，第 447 页。

② 《毛泽东选集》第二卷，人民出版社 1991 年版，第 477 页。

③ 《毛泽东选集》第二卷，人民出版社 1991 年版，第 511 页。

刚发表，周恩来就把它的基本精神向白崇禧作了介绍。白崇禧深为赞赏，认为这是克敌制胜的最高战略方针。后来，白崇禧又把它向蒋介石转述，蒋介石也十分赞成。在蒋介石的支持下，白崇禧把《论持久战》的精神归纳成两句话："积小胜为大胜，以空间换时间"，并取得了周恩来的同意，由国民政府军事委员会通令全国，作为抗日战争中的战略指导思想。

20. 人民军队深入敌后，开辟敌后抗日根据地

全面抗战开始后，日本侵略者把国民党作为主要作战对象。正面战场是抗击日军进攻的主要战场。那么，中国共产党及其领导下的人民军队在抗日战争中应发挥什么样的作用？采取什么样的军事战略方针？中共中央和毛泽东决定：人民军队执行独立自主的山地游击战的战略方针，深入敌后开展抗日游击战争，开辟敌后战场，在战略上配合国民党正面战场。

这是中国共产党适应从全面抗战形势和党的任务以及人民军队实际出发，适应全面抗战路线和持久战战略总方针要求作出的战略抉择，也是充分发挥自身优势的一种最佳选择。正如毛泽东在致彭德怀的电报中所说的："今日红军在决战问题上不起任何决定作用，而有一种自己的拿手好戏，在这种拿手戏中一定能起决定作用，这就是真正独立自主的山地游击战（不是运动战）。"①

1937年7月，在国共两党关于红军改编作战的谈判中，毛泽东等

---

① 《毛泽东军事文集》第二卷，军事科学出版社、中央文献出版社1993年版，第53页。

就致电在西安的叶剑英通过西安行营转告蒋介石："红军主力准备随时出动抗日"；红军特长在于运动战，防守非其所长，最特长于同防守之友军配合作战，并愿以一部"深入敌后方，打其后方"。8 月 13 日，日军在上海发动八一三事变，蒋介石急于调遣红军开赴华北对日作战，同意红军的作战任务是充任"战略游击队"，执行侧面作战，协助国民党军"骚扰与钳制日军大部并消灭其一部"。8 月下旬，毛泽东在洛川会议上进一步明确，在新的形势下，人民军队的基本任务是："创造抗日根据地；钳制和相机消灭敌人；配合友军作战（承担战略支队任务）；保存和扩大红军；争取民族革命战争的领导权。"[①] 会议同时确定，八路军的战略方针是独立自主的山地游击战争。

后来，毛泽东在《论持久战》和《抗日游击战争的战略问题》等讲演和文章中，一再强调抗日战争全过程中游击战争的重要战略地位。毛泽东指出，由于中国大而弱，但处于进步的时代；日本小而强，但兵力不足，其占领区必然有许多空虚的地方，因此抗日游击战争就主要地不是在内线配合正规军的战役作战，而是在外线即在敌后单独作战，从战略上配合友军的正面战场抗战。

在上述军事战略方针指导下，1937 年 8 月 31 日，八路军奔赴抗日前线。中共中央规定八路军的战略任务是：一方面配合国民党正面战场作战，从侧翼阻击进犯山西之敌，以打击日军的锐气并掩护友军退却；另一方面伺机深入敌人占领区，广泛开展抗日游击战争。这样，全国抗战从一开始就出现了战略上互相配合的两个战场，一个是主要由国民党军队担负的正面战场，一个是由共产党领导的人民军队为主担负的敌后战场。

在正面战场，国民党表现了一定的抗日积极性，国民党军队先后进

---

① 《毛泽东年谱（1893—1949）》（修订本）中卷，中央文献出版社 1993 年版，第 16 页。

行了平津、淞沪、忻口、徐州以及保卫武汉等战役，并取得台儿庄战役的胜利，粉碎了日本帝国主义"三个月灭亡中国"的计划。但是，由于敌强我弱，再加上国民党实行片面抗战路线和单纯防御方针，正面战场的战局非常不利。从 1937 年 7 月至 1938 年 10 月，在一年零三个月的时间里，日军攻占北平、天津、上海、南京、广州、武汉，侵占了中国人口稠密地区的大片领土。

在敌后，1937 年 11 月上旬太原失守前，八路军积极直接在战役上配合友军作战。9 月 25 日，八路军第一一五师主力在晋东北平型关附近伏击日军，歼敌 1000 余人，击毁汽车 100 余辆，史称"平型关大捷"，这是全面抗战爆发后中国军队主动寻歼日军的第一个大胜仗，打破了侵华日军所谓"不可战胜"的神话，极大地振奋了全国军民的抗战信心，提高了共产党和八路军的声望。接着，八路军三个师又配合友军进行忻口战役。第一一五师主力于晋东北袭击张家口至广灵、代县的交通线，并派独立团和骑兵营向察南、冀西出击。第一二〇师在雁门关以南伏击日军。第一二九师以主力兵力夜袭阳明堡日军飞机场，毁伤敌机 20 余架，消灭敌守备队 100 余人，削弱了敌人的空中突击和运输力量，有力地配合了友军在正面战场的作战。时任第二战区前敌总指挥的卫立煌对周恩来说："八路军把敌人几条后路都截断了，给我们忻口正面作战的军队帮了大忙。"

从 9 月下旬挺进敌后到 11 月上旬，八路军各师连续取得 100 余次战役战斗的胜利，有力配合了国民党军作战，提高了八路军指战员在对敌游击战争中敢打必胜的信心。

1937 年 11 月太原失守后，在华北，以国民党为主体的正规战争结束，以共产党为主体的游击战争上升到主要地位。根据洛川会议的决定，八路军三大主力和山西新军，按晋东北、晋西北、晋东南、晋西南四个地区在敌后实施战略展开，发动独立自主的敌后游击战争，先后开辟晋察冀、晋西北和大青山、晋冀豫、晋西南、山东等抗日根据地。新四军则开赴苏南、皖南、皖中地区，创建华中抗日根据地。到 1938 年 10 月，八路军和新四军同日、伪军作战 1600 多次，毙、伤、俘敌 5.4 万人。共产党领导的抗日武装发展到近 20 万人。抗日战争进入相持阶段后，广大的敌后战场牵制、消灭了大量日军，成为坚持中国长期抗战的中坚力量。1941 年至 1942 年，八路军、新四军和游击队、民兵共作战 4.2 万余人，毙、伤、俘日、伪 33.1 万人。

实践证明，洛川会议关于开辟敌后战场的战略决策是完全正确的。敌后战场与正面战场相互配合、相互支撑，成为中国夺取抗战最后胜利的重要条件。

在敌后战场，八路军和人民抗日武装物质条件困难万分，完全得不到一点接济，却能够发挥创造的天才，运用陈旧落后的武器，产生"麻雀战""地道战""吸弹巢战术""礌石滚木战术"等这样新奇的战术，消灭敌人。无数共产党人，为了救国救民，或沥血孤营，或横刀敌阵，或战死疆场，或宁死不屈。左权、彭雪枫、杨靖宇、赵一曼、赵尚志等一批共产党领导的抗日武装的将领为国捐躯，出现了八路军"狼牙山五壮士"、新四军"刘老庄连"、东北抗联八位女战士等忠烈群体，树起中国共产党人及其领导下人民军队是民族解放斗争先锋的光辉形象。

21. 坚持抗日民族统一战线中的独立自主原则，争取党对抗日战争的领导权

在新的历史条件下形成的第二次国共合作，是双方各有政权、军队的

合作，是具有广泛民族性、曲折复杂性的合作，是没有统一战线的组织形式和协商一致的共同纲领的合作，国共两党存在两条不同抗战指导路线。这些特点，表明了抗日民族统一战线有共同的民族敌人，又存在着复杂的阶级矛盾。这样，正确处理民族矛盾与阶级矛盾，确保抗日民族统一战线的巩固和发展，对于抗战成败和党的发展，均具有决定性意义。

中国共产党清醒地看到了这一点。1937 年 8 月 25 日，中共洛川会议通过的《中共中央关于目前形势与党的任务的决定》就指出："在今后的抗战过程中，可能发生许多挫败、退却，内部的分化、叛变，暂时的和局部的妥协等不利的情况。因此，应该看到这一抗战是艰苦的持久战。"[①] 接着，明确提出必须坚持统一战线中的独立自主原则，其基本思想是：在统一战线中，实行既统一又独立，对国民党采取有团结有斗争、以斗争求团结的方针；保持共产党在思想上、政治上和组织上的独立性，实行自己的政治路线；坚持共产党对八路军、新四军和其他人民军队的绝对领导，冲破国民党的限制和束缚，努力发展人民武装力量。这一原则和方针的实质，是力争中国共产党对抗日战争的领导权。

这是中共中央全面分析中国抗战面临的错综复杂形势，深刻汲取第一次国共合作破裂导致轰轰烈烈的第一次大革命失败的惨痛教训，从全国抗战的大局出发做出的正确决策，是坚持持久抗战、把抗日战争引向胜利之途的中心一环。

然而，独立自主原则最初并没有为全党所充分理解。抗日民族统一战线建立后，受当时国民党在实力上的优势，国民党所谓"停止阶级斗争""共产党投降"等反动宣传，以及共产党内小资产阶级成分的大量

---

① 中共中央文献研究室、中央档案馆编：《建党以来重要文献选编》（1921—1949）第十四册，中央文献出版社 2011 年版，第 474 页。

存在，不愿再过艰苦生活，党内理论水平不平衡，许多党员缺乏北伐战争时期国共合作的经验等因素的综合影响，党内迁就国民党的无原则倾向、议会主义倾向等右倾错误便开始出现。1937 年 11 月 12 日，毛泽东在延安党的活动分子会议上指出：在卢沟桥事变以前，党内主要危险是"左"倾关门主义。"在卢沟桥事变以后，党内的主要危险倾向，已经不是'左'倾关门主义，而转变到右倾机会主义，即投降主义方面了。"① 进而向全党提出一个问题：是"把国民党提高到共产党所主张的抗日救国十大纲领和全国抗战呢，还是把共产党降低到国民党的地主资产阶级专政和片面抗战？"毛泽东说："必须尖锐地提出谁领导谁的问题，必须坚决地反对投降主义。"强调统一战线中的独立自主原则"是把抗日民族革命战争引向胜利之途的中心一环。"

但是，1937 年 11 月底，中共驻共产国际代表、共产国际执委、主席团委员和候补书记王明偕同康生等人从苏联回到延安之后，问题变得严重起来，引发了党内一场新的争论。

1937 年 12 月，在中共中央政治局会议上，王明作了题为《如何继续全国抗战与争取抗战胜利呢？》的报告。他根据共产国际和苏联领导人关于中国抗战应该依靠国民党的指示，抹杀党的全面抗战路线同国民党的片面抗战路线的原则分歧，否认党在抗战中争取领导权的重要意义，否认抗日民族统一战线中的独立自主原则，对洛川会议以来中共中央在统一战线问题上的许多正确的观点和政策提出批评，主张"一切经过统一战线""一切服从抗日"，把共产党和人民军队的行动限制在国民党蒋介石所允许的范围内。这实质上是一条军事上的投降主义路线，正中蒋介石妄图"收编"共产党领导的军队的下怀。会议没有很好地解

---

① 《毛泽东选集》第二卷，人民出版社 1991 年版，第 391 页。

决这一问题，导致了对党的实际工作的危害，使党未能在 1937 年冬至 1938 年春在华中敌后更广泛地开展抗日游击战争和创造抗日根据地。

中共中央和毛泽东对王明右倾错误进行了坚决抵制和斗争。1938 年 3 月，中共中央派任弼时前往苏联，向共产国际交涉"军事、政治、经济、技术人才"等问题，同时如实说明中国抗战情况、国共两党关系及中国共产党所采取的路线和政策。7 月初，王稼祥回国前夕，共产国际领导人季米特洛夫在接见他和任弼时（已接替王稼祥担任中共驻共产国际代表的工作）时明确表示：（1）中共一年来建立了民族统一战线，政治路线是正确的；（2）毛泽东、朱德等人领导的八路军执行了党的新政策；（3）中共中央在复杂的环境和困难条件下，真正运用了马列主义理论；（4）中央领导机关要有亲密团结的空气，中共中央的政治路线是正确的，中共中央内部要以毛泽东为首来解决统一领导。王明缺乏实际工作经验，不应争当领袖。9 月 14 日至 27 日，王稼祥在中共中央政治局会议上作了传达，为较快纠正王明的右倾错误创造了有利条件，也为党的六届六中全会的顺利召开做了重要准备。

为总结抗战以来的经验教训，确定党在抗日战争相持阶段的基本方针和任务，1938 年 9 月 29 日至 11 月 6 日，中国共产党在延安举行了扩大的六届六中全会。这是自 1928 年在莫斯科召开的党的六大以来出席人数最多、会议时间最长、讨论问题最重要的一次中央全会。

毛泽东代表中央政治局在会上作了《论新阶段》的政治报告和会议总结。根据民族斗争和阶级斗争一致性的原理，毛泽东明确指出："用长期合作支持长期战争，就是说使阶级斗争服从于今天抗日的民族斗争，这是统一战线的根本原则。"[①]但他同时总结历史的经验教训，强

---

① 《毛泽东选集》第二卷，人民出版社 1991 年版，第 538 页。

调共产党员不争个人的兵权，要争党的兵权，要争人民的兵权。现在是民族抗战，还要争民族的兵权。"共产党员应该成为这个战争的最自觉的领导者。"① 重申："我们的方针是统一战线中的独立自主，既统一，又独立。"② 就是冲破国民党的一切限制，放手发展自己的力量，进行人民战争。因为现在中国的实际，国民党是当权的党，国民党的方针是限制我们发展，是国民党剥夺各党派平等权利，而王明"一切经过统一战线"的口号，"只是自己把自己的手脚束缚起来，是完全不应该的"③。党要根据具体情况，在策略上可以采取"先奏后斩""先斩后奏""斩而不奏""不斩不奏"等方式，既不可破裂统一战线，又不可自己束缚自己的手脚。

这次全会基本上纠正了王明的右倾错误，正确地规定了党在抗战新阶段的任务，进一步巩固了毛泽东在全党的领导地位，统一了全党的思想和步调，推动了各项工作的迅速发展。后来，毛泽东在党的七大上说："六中全会是决定中国之命运的。"④

在统一战线中的独立自主原则的指导下，中国共产党不仅正确地制定出第二次国共合作的路线和方针，适时地提出了许多处理合作中出现的问题的政策、策略，使统一战线能够得以坚持和巩固，赢得了抗日战争的胜利，而且使中国共产党的先进性在以民族斗争为主的条件下得以保持，党自身也获得大发展，使抗日战争胜利成为人民的胜利。

---

① 《毛泽东选集》第二卷，人民出版社 1991 年版，第 547 页。
② 《毛泽东选集》第二卷，人民出版社 1991 年版，第 540 页。
③ 《毛泽东选集》第二卷，人民出版社 1991 年版，第 540 页。
④ 中央档案馆编：《中共中央文件选集（一九四五）》第十五册，中共中央党校出版社 1991 年版，第 115 页。

22. 提出实施党的建设"伟大的工程"

1939 年 10 月 4 日，为积极应对全国抗战新阶段党所面临的任务与挑战，在思想上、政治上、组织上全面提高党的建设水平，中共中央机关刊物《共产党人》创刊，并请毛泽东为刊物撰写发刊词。毛泽东欣然提笔，写下了《〈共产党人〉发刊词》这篇名著。

在文中，毛泽东说："中央很早就计划出版一个党内的刊物，现在算是实现了。……这样一个刊物是必要的。"继而论述了《共产党人》刊物出版的主要任务，就是"帮助建设一个全国范围的、广大群众性的、思想上政治上组织上完全巩固的布尔什维克化的中国共产党。"强调："为了中国革命的胜利，迫切地需要建设这样一个党"，并且独具匠心地把一直"进行之中"的党的建设称为"伟大的工程"。①

以"伟大的工程"指喻党的建设，强调党的自身建设"需要一个长的努力过程"，具有艰巨性、复杂性、长期性、系统性。这是毛泽东总结建党十八年来的历史经验，在中国革命进程和国共关系发生重大变化的转折关头，提出的一个重大战略思想。在中国共产党历史上是首次，在马克思主义经典作家的著述中也是前所未有的。

中国共产党是在一个幅员辽阔、人口众多、情况复杂、经济文化落后的半殖民地半封建的东方大国进行革命，面对帝国主义和封建主义两个强大势力，革命任务艰巨而又复杂，迫切需要把马克思列宁主义的基本原理同中国革命的具体实践正确地结合起来，实施正确而坚强的领

① 《毛泽东选集》第二卷，人民出版社 1991 年版，第 602 页。

导。这是一项前人没有遇到过的缺乏现成经验的艰巨工程，需要有一个摸索的过程，一个在斗争中积累经验的过程。

回顾党的建设历程，建党初期，党的二大就提出要"到群众中去，组成一个大的'群众党'"。1925年10月，中国共产党第四届中央执行委员会第一次扩大会议明确提出要在极短时间内，将党"从小团体过渡到集中的群众政党"的要求，实际上已经蕴含着建设一个广大群众性的、马克思主义无产阶级政党的思想萌芽。

1929年的古田会议正确地分析了在半殖民地半封建中国尤其是长期的农村游击战争环境中保持党的先进性和纯洁性的重大问题，提出着重从思想上建设党的重要原则。

1935年12月，瓦窑堡会议明确了中国共产党"两个先锋队"的性质，指出："中国共产党是中国无产阶级的先锋队。他应该大量吸收先进的工人雇农入党，造成党内的工人骨干。同时中国共产党又是全民族的先锋队，因此一切愿意为着共产党的主张而奋斗的人，不问他们的阶级出身如何，都可以加入共产党。""应该使党变为一个共产主义的熔炉，把许多愿意为共产党主张而奋斗的新党员，锻炼成为有最高阶级觉悟的布尔什维克的战士"[1]。这就在党的历史上第一次破除了"唯成份论"，既为党的壮大发展创造了有利条件，也给党的建设带来新的问题。

全面抗战爆发后，中国共产党从各个方面加强了党的建设。1938年3月15日，中共中央作出《关于大量发展党员的决议》，指出"大量的十百倍的发展党员，成为党目前迫切与严重的任务"。1938年年底，全国党员人数就从全国抗战爆发时的4万多人增加到50多万人。为解

---

[1]　中共中央文献研究室、中央档案馆编：《建党以来重要文献选编（1921—1949）》第十二册，中央文献出版社2011年版，第549页。

决党组织和党员队伍迅速发展中出现的一些新问题，1939 年 8 月，中共中央政治局作出《关于巩固党的决定》，提出"以整理、紧缩、严密和巩固党的组织工作为今后一定时期的中心任务"。[①] 随后召开的扩大的六届六中全会强调党的组织工作也要中国化；制定了"任人唯贤"的党的干部路线和政策；提出发展党组织的方针是"大胆发展而又不让一个坏分子侵入"。此外，还强调加强对党员尤其是在职干部进行以理想信念、遵守纪律和团结精神为主要内容的思想政治教育，强调加强对党员的培训教育，提高党员素质，是巩固党的中心一环。

在《〈共产党人〉发刊词》中，毛泽东总结建党十八年来的经验，不仅把党的建设称之为"伟大的工程"，提到一个新的战略高度，而且借用中国民族语言"法宝"[②] 定位党的自身建设，进一步深刻揭示了重视党的建设的极端重要性。

毛泽东指出："十八年的经验，已使我们懂得：统一战线，武装斗争，党的建设，是中国共产党在中国革命中战胜敌人的三个法宝，三个主要的法宝。"[③] 对于这三者的关系，毛泽东指出："十八年的经验告诉我们，统一战线和武装斗争，是战胜敌人的两个基本武器。统一战线，是实行武装斗争的统一战线。而党的组织，则是掌握统一战线和武装斗争这两个武器以实行对敌冲锋陷阵的英勇战士。"[④]

所有这些，都表明了党对加强自身建设重要性的认识更加自觉和

---

① 中共中央文献研究室、中央档案馆编：《建党以来重要文献选编（1921—1949）》第十六册，中央文献出版社 2011 年版，第 580 页。

② 法，佛教意为心法、规则、智慧和修行解脱法门，道教意为长生法门。宝，佛教意为智慧的结晶，道教意为诀窍。后来，法宝演变成了神话传说中能降妖伏魔的宝贝。

③ 《毛泽东选集》第二卷，人民出版社 1991 年版，第 606 页。

④ 《毛泽东选集》第二卷，人民出版社 1991 年版，第 613 页。

深刻。

《〈共产党人〉发刊词》是毛泽东关于党的建设的一篇重要文献，是党的建设伟大工程的奠基之作。而党的建设伟大工程的有力实施，为党在抗日战争中发挥中流砥柱作用提供了强有力的政治保证和组织保证。

80 年后，在庆祝新中国成立 70 周年之际，《求是》杂志发表习近平总书记的重要文章《推进党的建设新的伟大工程要一以贯之》，文章明确指出："把党的建设作为一项伟大工程来推进，是我们党的一大创举，是我们党领导人民进行伟大社会革命的重要法宝。"

23. 创办窑洞大学，造就一代救国英才

1936 年 6 月至 10 月，美国著名记者埃德加·斯诺在对西北革命根据地进行实地采访后，写作了《红星照耀中国》（*Red Star Over China*，又名《西行漫记》）一书。书中讲道："以窑洞为教室，石头砖块为桌椅，石灰泥土糊的墙为黑板，校舍完全不怕轰炸的高等学府，全世界恐怕就只有这么一家。"

这里所讲的"高等学府"，就是位于陕北志丹县城东南前桥半山腰的中国人民抗日红军大学。它的前身是 1931 年 11 月中国共产党在江西瑞金创办的中央军事政治学校，1932 年改称中国工农红军学校，后随红军长征到达陕北。1936 年 6 月，改为中国人民抗日红军大学，简称"红大"。

创办窑洞大学，培育民族解放英才，这是延安时期中国共产党人的一个伟大创举和战略决策。

中国共产党历来重视干部培养。早在 1931 年 11 月，中共中央就在江西瑞金创办了中央军事政治学校。1935 年 10 月，红军长征到达陕北时，中国政治形势处于由国内革命战争向抗日民族解放战争转变的重要关头。适应新的形势和任务的要求，大量吸收新鲜血液，培养造就大批治党、治军、治国人才，是党能否成功实现革命转变并转危为安的重要一环，也关系全国抗战的前途和命运。

在这种情况下，1935 年 12 月，瓦窑堡会议作出"必须大数量的培养干部"的决定。1936 年 5 月 8 日，毛泽东在中央政治局扩大会议上进一步指出：我们党"要弄西北局面及全国大局面，没有大批干部是不行的，现在不解决这个问题，将来会犯罪。办一所红军大学来培养大批干部，以适应形势发展的需要。"① 会后不久，"中国人民抗日红军大学"正式成立。1937 年 1 月 20 日，学校随中共中央进驻延安，更名为"中国人民抗日军事政治大学"。

全国抗战爆发后，敌强我弱的严峻形势，使党中央更加深刻地认识到了干部培养的极端重要性和紧迫性。这一时期，基于对抗战不同的指导思想和目标任务，国民党为了限制共产党力量在抗战时期的发展，与中国共产党展开了激烈的人才竞争，阻挠、拦截出入陕甘宁边区的革命青年。针对这种情况，1939 年 6 月，毛泽东在延安高级干部会议上指出："没有革命知识分子革命不能胜利。国民党和我们力争青年，军队一定要收容大批革命知识分子。""工农没有革命知识分子帮忙，不会提高自己。工作没有知识分子，不能治国、治党、治军。"② 12月，时任中央组织部部长的陈云在《关于干部队伍建设的几个问题》

① 《毛泽东年谱（1893—1949）》（修订本）上卷，中央文献出版社 1993 年版，第 540 页。
② 《毛泽东文集》第二卷，人民出版社 1993 年版，第 233 页。

中也指出："现在各方面都在抢知识分子，国民党在抢，我们也要抢，抢得慢就没有了。日本帝国主义也在收买中国的知识分子为它服务。如果把广大知识分子都争取到我们这里来，充分发挥他们的作用，那末，我们虽不能说天下完全是我们的，但是至少也有三分之一是我们的了。"①

基于这样的战略考虑，中国共产党在陕北黄土高原上先后开办了20多所"窑洞大学"，这些学校有：中央研究院、中共中央党校、中国人民抗日军政大学、鲁迅艺术文学院、军政学院、军事学院、马列学院、中国女子大学、泽东青年干部学校、陕北公学、行政学院、延安大学、自然科学院、日本工农学校、西北工学、民族学院、中国医科大学、部队艺术学校、八路军抗日军人家属学校、陕甘宁边区师范等。在陕北，共产党人把一幢幢简陋的土窑洞变成一座座革命的大熔炉，培育出一大批救国英才，从而撑起了民族解放事业的大厦。

以抗大为例。建校之初，毛泽东就亲任抗大教育委员会主席，并且为抗大制定"坚定正确的政治方向，艰苦奋斗的工作作风，灵活机动的战略战术"的教育方针，以及"团结、紧张、严肃、活泼"的校训。1938年4月9日，毛泽东在抗大第4期3大队作《在抗大应当学什么》的开学训词中指出："你们在这里学习的时间很短，只有几个月，学不到很多的东西……但你们可以学一样东西，一样很重要的东西，就是学一个宗旨，这个宗旨也就是全国的全中华民族的宗旨——抗日救国。这是我们学校的总的方针，也是全国人民的要求。"在抗大毕业证书上写着毛泽东的题词："勇敢、坚定、沉着，向斗争中学习，为民族解放事业随时准备牺牲自己的一切。"

---

① 《陈云文选》第一卷，人民出版社1995年版，第181页。

抗大师生用自己的鲜血和生命，实践着党的上述要求，创造了许许多多可歌可泣的英雄事迹。毛泽东说："抗大为什么全国闻名、全世界闻名，就是因为它比较其他的军事学校最革命最进步，最能为民族解放与社会解放而斗争。"

当时，为了迅速培养大批抗战急需的干部，抗大始终坚持一切为着战争，从课程设置、教学方法到教材、学制等，都以充分的备战姿态进行。在教育方法上，突出强调实事求是，引导学生紧密结合中国革命的实际，研究中国革命的逻辑，中国经济的特点，中国革命的策略，适合中国特点的战略、战术，教育的时代感、使命感非常强。为了更好地培养和锻炼干部，直接地为前线输送干部，1938 年党的六届六中全会决定抗大改变建制，设立分校，挺进敌后办学，在战争中学习战争，站在民族解放事业的最前列。

抗大创办三周年时，毛泽东十分自豪地说："昔日之黄埔，今日之抗大，是先后辉映，彼此竞美的。"1941 年 6 月，邓小平也盛赞抗大："几万个革命青年，经过抗大火炉的锻炼，一批一批地输送到抗日战争的最前线，抗大的威力，已经在全国每个角落里显示出来。几万干部在各方面所起的作用，是不可估计的。"

抗大办学 9 年多，总校、分校培养了 10 万多名德才兼备的优秀军政干部，为夺取抗日战争和解放战争的胜利提供了可靠的人才保证。正如彭德怀在抗大第 6 期开学典礼上所指出的：抗大这个学校是创造铁军骨干的学校，没有这样的学校来创造铁军骨干，就不能把八路军、新四军的游击队变为正规军，把正规军变为抗日铁军，就不能战胜日寇。

据不完全统计，中国共产党在延安时期创办的各类学校先后培养出20 余万名干部，这些干部不仅成为中国革命的骨干和先锋，而且为新中国成立后中国共产党全面执政储备了大批栋梁之材。这一伟大的战略性决策，充分体现了党中央和毛泽东远大深邃的战略眼光。

24. 开展大生产运动，克服严重经济困难

1945年4月27日，毛泽东在为延安《解放日报》撰写的一篇社论中指出："一九四二年和一九四三年两年先后开始的带普遍性的整风运动和生产运动，曾经分别地在精神生活方面和物质生活方面起了和正在起着决定性作用。这两个环子，如果不在适当的时机抓住它们，我们就无法抓住整个的革命链条，而我们的斗争也就不能继续前进。"①

这段话里所讲的生产运动，就是在全国抗战进入相持阶段后，为克服抗日根据地面临的严重经济困难，中国共产党领导抗日根据地军民开展的以自给自足为目标的大规模生产自救运动。这是中国共产党应对困难挑战的一个伟大创举。

全国抗战进入相持阶段以后，敌后战场斗争形势日益严峻。日本帝国主义改变对华策略，对国民党采取政治诱降为主、军事打击为辅的方针，而将其主要兵力用于进攻共产党领导下的敌后抗日力量，对敌后抗日根据地发动了大规模的扫荡，实行极其野蛮凶残的烧光、杀光、抢光的"三光"政策。日寇铁蹄所到之处，人畜不留，庐舍为墟。在日本帝国主义诱降面前，国民党顽固派消极抗日，积极"反共"。1939年1月的国民党五届五中全会公然制定了"溶共、防共、限共、反共"的反动

① 《毛泽东选集》第三卷，人民出版社1991年版，第1107—1108页。

方针，掀起新的"反共"高潮。加上华北各地连年遭受自然灾害，使共产党领导下的敌后抗战出现了严重困难的局面。到1942年年底，八路军、新四军由50万人减少到40万人，根据地总人口由1亿人减为5000万人以下。

陕甘宁边区作为敌后抗战的指挥中枢和战略总后方，更是困难重重。边区素来土地贫瘠，人口稀少，自然灾害频繁。抗战初期，边区政府一直采取"力争外援，休养民力，积蓄力量，以支持长期抗战"的方针。在1937年到1940年的财政收入中，外援所占比重依次为：72%、56.69%、85.79%和70.54%。但是，从1940年起，蒋介石对陕甘宁边区实行军事包围、经济封锁，先后调集了50万军队，在西起宁夏，南沿泾水，东迄黄河，绵延千余里的地带，设置了五道封锁线，构筑了9200多个碉堡，把陕甘宁边区像铁筒一样严密封锁起来，严禁国统区物资特别是布匹、棉花、药品、电讯器材粮食等军需品流入边区，叫嚣"不准一斤棉花、一粒粮食、一尺布"进边区，使边区对外贸易几乎断绝。1940年10月，国民党方面又停发八路军军饷，对边区实行断邮，致使整个外援全部无法汇兑，企图用这种办法削弱共产党和八路军的力量，把解放区军民困死、饿死。

毛泽东曾这样描述当时的困难情景："我们曾经弄到几乎没有衣穿，没有油吃，没有纸，没有菜，战士没有鞋袜，工作人员在冬天没有被盖。国民党用停发经费与经济封锁来对待我们，企图把我们困死，我们的困难真是大极了。""如果不解决这个困难，不解决这个矛盾，不抓住这个环节，我们的抗日斗争还能前进吗？显然是不能的！"

怎么办？从血泊中站起来的共产党人，从雪山草地走过来的红军将士，是绝不会屈服的。

1939年2月，中共中央在延安召开生产动员大会。面对党、政、军、民、各界团体七百多位代表，毛泽东做了一场深刻而生动的动员报告。他从抗日战争的形势和陕甘宁边区的环境条件，讲到摆在面前的巨大困难，向人们尖锐地提出了"饿死呢？解散呢？还是自己动手呢？"这一严峻课题。

毛泽东说："今天，我们陕甘宁边区的党政军民在经济上遇到严重困难，吃不饱，穿不暖，生活用品奇缺，大家都有切身的感受，喝小米稀饭，盐水泡野菜，都难以维持。"

"怎么办呢？"毛泽东诙谐而风趣地说："现在和大家商量，究竟如何是好。摆在我们面前的有三条道路，应该选择哪一条？第一条是把革命队伍解散，都回家当老百姓"。

话音刚落，就引得整个会场哄堂大笑。大家心里明白，当时，全国人民抗战热情很高，"母亲叫儿打东洋，妻子送郎上战场"，在这种情况下，提出把革命队伍解散，肯定是毛泽东的激将法，所以大家都会心地大笑起来。

毛泽东也哈哈大笑："看来，你们不同意把革命队伍解散。好吧，那么我提出第二条道路，叫做束手待毙，就是坐着不动，等候饿死。"讲到这里，他双臂交叉，向胸前一抱，做出个束手无策的样子。动作十分自然逼真，严肃而幽默，再次逗得大家捧腹大笑。

毛泽东继续讲："看来第二条路大家也不愿意走，你们既不想解散回家，又不想坐着等死，那就只剩下第三条路了，叫做自力更生，自己动手，全边区各行各业一齐行动起来参加农业生产。人人都有两只手，劳动起来样样有，用我们的劳动，战胜经济困难，不但要完成自己本身的学习和业务工作还要改善生活。丰衣足食，吃得饱，穿得暖，要满面红光，兵强马壮，只有这样，才能打倒日本帝国主义。"

毛泽东满怀信心地说："总之，我们是确信我们能够解决困难的，我们对于在这方面的一切问题的回答，就是'自己动手'四个字。"

会后，一场旨在拯救自己、拯救革命乃至拯救民族的大生产运动，在陕甘宁边区，在华北、华中各抗日根据地，蓬蓬勃勃地开展起来了。

陕甘宁边区党政机关、部队、学校和群众积极响应党中央号召，首先开展起大规模的生产运动。毛泽东、朱德、周恩来、任弼时等中央领导人亲自动手，种菜纺纱。毛泽东在杨家岭窑洞对面的山沟里，开垦了一块长方形的地，种上蔬菜，一有空就去浇水、拔草，朱德组织一个生产小组开垦菜地三亩；1943年，中央直属机关和中央警卫团举行纺线比赛，任弼时夺得第一名，周恩来被评为纺线能手。在他们的带动下，延安党政军学各界数万人投入大生产运动。

在大生产运动中，军队走在了前列。1940年2月，中共中央军委向全军发出《关于开展生产运动的指示》，要求各部队"一面战斗，一面生产，一面学习"。1941年春，当时担负保卫党中央和保卫边区任务的八路军第三五九旅在旅长王震率领下，开进荒无人烟的南泥湾实行军垦屯田，经过几年艰苦奋斗，昔日荒凉的南泥湾变成了"粮食堆满仓，麦田翻金浪，猪牛羊肥壮"的"陕北的好江南"，成为全军大生产运动的旗帜。

为指导大生产运动顺利开展，1942年12月，毛泽东发表《经济问题与财政问题》，提出"发展经济，保障供给"的总方针。此后，又发表了《开展根据地的减租、生产和拥政爱民运动》《组织起来》《必须学会做经济工作》《游击区也能够进行生产》等文章和讲话，成为抗日根据地生产运动的基本纲领。

在中国共产党的领导下，大生产运动取得了巨大成绩。1942年到1944年的三年中，陕甘宁边区共开垦荒地200多万亩。从1943年起，敌后各根据地的机关一般能自给两三个月甚至半年的粮食和蔬菜，人民负担也只占总收入的 14% 左右，按当时的生活水平，实现了"自己动手""丰衣足食"的要求。

大生产运动是中国共产党人自力更生的一曲凯歌。它不仅粉碎了敌、伪、顽的封锁，支持了敌后的艰苦抗战，而且密切了党政军民关系，培养了广大干部与群众同甘共苦、艰苦奋斗的优良作风，积累了经济建设的经验，培养了经济工作干部，为争取抗战胜利奠定了物质基础。毛泽东形象地把大生产运动与整风运动一起称为当时整个革命链条中起决定性作用的两个环子，并且指出："这是中国历史上从来未有的奇迹，这是我们不可征服的物质基础。"

25. 开展整风运动，提高全党马克思主义思想理论水平

在 20 世纪 40 年代前期，中国共产党以延安为中心，在全党范围内开展了一场以整风命名的马克思主义思想教育运动。这是被毛泽东称为当时整个革命链条中在精神生活方面起决定性作用的两个环子之一。

开展整风，是延安时期加强中国共产党自身建设特别是思想建党的一个伟大创举，是实施党的建设"伟大的工程"的重大战略步骤，旨在彻底清理党内存在的主观主义、教条主义，端正党的思想路线。

思想路线正确与否，是关系革命政党及其所领导的革命事业兴衰成败的根本问题，历经磨难的中国共产党人，对此有着深刻的体会。

人们不会忘记，土地革命战争时期，王明"左"倾教条主义在党内

长达四年（1931—1934 年）的统治，使党遭受到前所未有的惨重损失：丧失了除陕甘根据地以外的一切根据地；南昌起义以来历经艰难困苦创建起来的红军，由 30 多万人减为 3 万人左右，共产党员人数由 30 万人减少到 4 万人，在国民党统治区的党组织几乎全部丧失。党和红军几近毁灭边缘，中国革命再度陷入严重困境，被迫长征。

但是，血的教训，并没有使党内所有人都清醒过来。1935 年 1 月的遵义会议和 12 月的瓦窑堡会议，虽然在组织上、军事上、政治上清算了以王明为代表的"左"倾教条主义错误，但还没有来得及从思想上清除其恶劣影响，以主观主义、宗派主义、党八股为主要表现形式的教条主义在党内仍有较大影响，尤其是不少干部包括一些高级干部对王明错误的性质缺乏应有的认识，其直接后果，就是导致抗战初期党内又一次发生了以教条主义为特征的王明右倾投降主义错误。

一次又一次的沉痛教训使毛泽东痛切地感到：教条主义真是害死人！必须予以彻底清算，中国革命才能继续前进。

同时，全国抗战爆发以来，中国共产党的组织得到很大的发展。从 1937 年 7 月到 1940 年 7 月，党员由 4 万人激增到 80 万人。在这些新党员中，有近 90% 是小资产阶级或半无产阶级（知识分子、中农、贫农）出身，他们当中有许多人只是在组织上入了党，思想上并没有完全入党，身上存在着各种非无产阶级思想，成为党内主观主义、宗派主义滋生的土壤，亟须对广大新党员进行马克思主义思想教育。

这些因素，使得中共中央和毛泽东感到有必要集中开展一场普遍的马克思主义思想教育运动，总结和吸取历史上的经验教训，提高广大党员、干部尤其是党的高级干部的思想理论水平，彻底清除给党的事业造成严重危害的主观主义、教条主义，把党的思想路线转到马克思主义的正确轨道上来。其重要性和紧迫性正如毛泽东所说的："如果不在适当的时机抓住它们，我们就无法抓住整个的革命链条，而我们的斗争也就不能继续前进。"①

这场全党范围内的整风运动，以整顿思想方法和思想作风为主，主要任务就是：反对主观主义以整顿学风，反对宗派主义以整顿党风，反对党八股以整顿文风。中心任务是反对主观主义。这是因为，在党的历史上反复出现的"左"、右倾错误，从思想根源来说都是主观主义，其主要表现形式是教条主义和经验主义。主观主义的实质是理论脱离实际，它颠倒了认识和实践的关系，是实际工作中的唯心主义。为此，必须在党内发动一个启蒙运动，使我们的同志从主观主义、教条主义的蒙蔽中间解放出来。

对此，中共中央和毛泽东的决心是坚定的。1942 年 4 月 20 日，毛泽东在中央学习组会议上作了《关于整顿三风》的报告。他指出："现在，国民党也利用我们反对主观主义、宗派主义、党八股来骂我们，在报上写文章骂我们。但我们还要继续反下去，当然我们所反对的主观主义等与他们所骂的完全不同。我们首先要使在座的同志，还要经过在座的同志使延安所有的干部都懂得，我们现在做的是一件有很大意义的事情，是做一件有全国性意义的工作，做一件建设党的事，使我们党的工作更完善更健全。现在中央已经下了决心反对主观主义，反对宗派主义，反对党八股，要把我们的学风、党风、文风改变，扩大正风，缩小和消灭歪风。"毛泽东再三强调："总而言之，要把反对主观主义这件事搞得彻底，一定要搞好，我们必须要下这样一个决心。如果搞得不好就再搞，再搞没有搞好还得重搞，要搞彻底。有人反对就要说服，说了不服，还要再说，一定要使其心悦诚服。总而言之，一定要干到底，一定

① 《毛泽东选集》第三卷，人民出版社 1991 年版，第 1107—1108 页。

要整顿三风，来一个彻底的思想转变。"①

整风运动分为两个层次进行：一是党的高级干部的整风，二是一般干部和广大党员的整风。重点是党的中高级干部特别是高级干部的整风。1941 年 5 月，毛泽东在延安高级干部会议上作《改造我们的学习》的报告。9 月 10 日至 10 月 22 日，中共中央在延安召开政治局扩大会议（即"九月会议"），党的高级干部开始学习和研究党的历史，总结党的历史经验，以求从政治路线上分清是非，达到基本一致的认识，为全党普遍整风做了准备。1942 年 2 月，毛泽东先后作《整顿党的作风》和《反对党八股》的讲演，整风运动在全党普遍展开。

针对理论和实践相脱离的教条主义思想方法，在 1938 年的中共六届六中全会上，毛泽东就强调：共产党员应是实事求是的模范，因为只有实事求是，才能完成确定的任务，明确提出要坚持"马克思主义的中国化，使之在其每一表现中带着中国的特性，即是说，按照中国的特点去应用它，成为全党亟待了解并亟须解决的问题"②。在整风运动中，毛泽东进一步严肃指出，我们为什么要学习马克思主义呢？我们的同志必须明白，我们学习马列主义不是为着好看，也不是因为它有什么神秘，只是因为它是领导无产阶级革命事业走向胜利的科学。在中国生活的共产党员，如果离开中国的实际需要来读马克思主义者，纵令你把马克思主义读一万本一千遍，也还是一个假马克思主义，这样的"马克思主义理论家"，也还是个"老鼠上秤钩——自己称自己"的理论家。

毛泽东讥讽主观主义、教条主义是"闭着眼睛捉麻雀""瞎子摸鱼"，

---

① 中共中央文献研究室、中央档案馆编：《建党以来重要文献选编（1921—1949）》第十九册，中央文献出版社 2011 年版，第 232、233 页。

② 中共中央文献研究室、中央档案馆编：《建党以来重要文献选编（一九二一——一九四九）》第十五册，中央文献出版社 2011 年版，第 65 页。

并给党内那些不注重研究现状、不注重研究历史、不注重研究马克思主义的应用，徒有虚名而无实学的人，画了一幅惟妙惟肖的像：

> 墙上芦苇，头重脚轻根底浅；
>
> 山间竹笋，嘴尖皮厚腹中空。

他严肃地向全党指出，这种坏作风是共产党的大敌，是民族的大敌，是党性不纯的一种表现。大敌当前，我们有打倒它的必要。只有打倒了主观主义，马克思列宁主义的真理才会抬头，党性才会巩固，革命才会胜利。

为了彻底揭穿教条主义的伪装，纠正脱离实际的倾向，毛泽东对什么是理论、什么是理论家、什么是理论联系实际等问题，作了精辟的论述。他指出：真正的理论在世界上只有一种，就是从客观实际抽象出来，又在客观实际中得到证明的理论，没有任何别的东西可以称得起我们所讲的理论。我们所说的理论家，不是光会背诵马克思主义词句的"书呆子"教条主义者，而是能够依据马克思主义的立场、观点和方法，正确地解释历史中和革命中所发生的实际问题，能够在中国的经济、政治、军事、文化种种问题上，给予科学的解释，给予理论的说明。

毛泽东用中国古语"有的放矢"，来说明对待马克思主义应有的科学态度，指出：马克思列宁主义和中国革命的关系，就是箭和靶的关系。教条主义者往往是"无的放矢"，乱放一通，这样的人就容易把革命弄坏。毛泽东强调："马克思列宁主义之箭，必须用了去射中国革命之的。这个问题不讲明白，我们党的理论水平永远不会提高，中国革命也永远不会胜利。"

为了正确地解决党内矛盾，毛泽东制定了"惩前毖后，治病救人""既弄清思想，又团结同志"的方针。参加整风的同志首先要学习马克思列宁主义的若干基本文件，然后根据文件精神，检查思想、工作和个人的历史，经过批评和自我批评，最后写出学习和思想总结。

这场全党范围内空前规模的马克思主义教育运动和思想解放运动历时 3 年之久。通过整风，大量非无产阶级出身的新党员转变了思想立场。党的领导机关和干部进一步掌握了马克思主义普遍真理同中国革命实践相结合的原则，树立了联系群众、调查研究、实事求是的优良作风。通过整风运动，实现了在以毛泽东同志为核心的中共中央领导下的全党新的团结和统一。所有这一切，都为夺取抗日战争的最后胜利和新民主主义革命在全国的胜利提供了思想政治基础和组织保证。

运动伊始，毛泽东曾对这场思想教育运动的意义作了如下展望："现在可以对付黑暗，将来可以迎接光明，创造新世界。这个意义非常之大，这是全国性的。"历史已经以无可辩驳的事实，印证了他的预言。

26. 创建模范抗日民主根据地，点亮中国希望之光

中国共产党是全民族抗战的坚定倡导者和实践者。而民主是调动全民族抗日积极性的重要一环。陕甘宁边区作为中共中央所在地，毛泽东多次指出：边区的作用，就在于做出一个榜样给全国人民看，使他们懂得这种制度是最于抗日救国有利的。他把边区的性质、特点、意义归结为一点，就是"把抗日战争与民主制度结合起来"。

这是在抗日的民族解放战争条件下，中国共产党坚持和巩固抗日民族统一战线的一个大方略。

民主政权建设，是抗日根据地建设首要的、根本的任务。为此，

1939 年 1 月，陕甘宁边区第一届参议会通过《陕甘宁边区选举条例》规定，"凡居住边区境内之人民，年满十八岁者，无阶级、职业、男女、宗教、民族、财产与文化程度之差别，经选举委员会登记，均有选举权和被选举权"①。这种普选制为根据地民主政权建设提供了重要条件。1941 年 5 月 1 日，中共中央批准颁布的《陕甘宁边区施政纲领》全面体现了共产党团结抗战的基本路线和根据地建设的基本方针，明确规定实行"三三制"的政治制度，郑重承诺："本党愿与各党各派及一切群众团体进行选举联盟，并在候选名单中确定共产党员只占三分之一，以便各党各派及无党无派人士均能参加边区民意机关之活动与边区行政之管理。在共产党员被选为某一行政机关之主管人员时，应保证该机关之职员有三分之二为党外人士充任，共产党员应与这些党外人士实行民主合作，不得一意孤行，把持包办。"

依据"三三制"这一政权构成，根据地政权是共产党领导的抗日民族统一战线性质的政权，是一切赞成抗日又赞成民主的人的政权，是几个革命阶级联合起来对于汉奸和反动派的民主专政。1946 年 12 月，周恩来在《一年来的谈判及前途》一文中充满自信地解释了"三三制"的特点："'三三制'有两个特点：一个就是共产党不一定要在数量上占多数，而争取其他民主人士与我们合作。任何一个大党不应以绝对多数去压倒人家，而要容纳各方，以自己的主张取得胜利。第二个特点就是要各方协商，一致协议，取得共同纲领，以作为施政的方针。这两个特点是毛泽东同志'三三制'的思想。"从 1941 年起，各根据地开始实行"三三制"的政治制度。在陕甘宁边区第二次民主普选中，当选的 30 名参议

---

① 陕西省档案馆、陕西省社会科学院合编：《陕甘宁边区政府文件选编》第一辑，档案出版社 1986 年版，第 160 页。

员中，共产党员 10 名，其他人士 20 名。8 月，边区召开第二届参议会，这次大会选出林伯渠、徐特立等 18 人为边区政府委员，其中共产党员 7 人，超出了"三三制"的规定。徐特立当即声明退出，党外人士递增。

实践证明，"三三制"打破了"一党专政"，不仅增强各阶层参政、议政和参加抗日的积极性，对于边区政府廉洁勤政也起到了积极的监督作用。

开明绅士代表李鼎铭起初对共产党采取敬而远之的态度，把自己放在"客位"，遇事不表态。后来，他被毛泽东、林伯渠等共产党人的真情实意所感动，由"你们党上"变为"我们党上"，真诚表示"情愿以衰朽残躯为国家民族竭尽绵薄"。在边区第二届一次参议会上，他联络其他 10 名参议员，提出《政府应彻底计划经济，实行精兵简政主义，避免入不敷出、经济紊乱之现象案》。毛泽东对这个提案十分重视，当即写了批语："这个办法很好，恰恰是改造我们的机关主义、官僚主义、形式主义的对症药。"在毛泽东的支持下，经过议员们充分讨论，最后通过了"精兵简政"的决议，李鼎铭还当选为陕甘宁边区政府副主席。"精兵简政"政策不但在陕甘宁边区实行，还推广到其他抗日根据地，对战胜困难、提高工作效率起了重要作用。

由于各级抗日民主政权实行的是真正的民主政治，从边区领导人到各级政府工作人员都是经过人民选举产生的，所以他们能够密切联系群众、廉洁奉公、艰苦奋斗；也正是由于在政权的产生和组成中摒弃了以权谋私、腐败贿选等种种弊病，才产生了真正为群众谋利，使"老百姓欢天喜地"，不遗余力"完成人民所给予的任务"的政权。正如朱德总司令所称："实行民主真行宪，只见公仆不见官。"

1940 年 2 月 1 日，毛泽东在延安民众大会的讲演中，十分自豪地说："陕甘宁边区是全国最进步的地方，这里是民主的抗日根据地。这里一没有贪官污吏，二没有土豪劣绅，三没有赌博，四没有娼妓，五没有小老婆，六没有叫花子，七没有结党营私之徒，八没有萎靡不振之风，九没有人吃摩擦饭，十没有人发国难财。"① 这同国民党统治区政治专制、吏治腐败、经济停滞的局面，形成了鲜明的对照，陕甘宁边区成为当时全中国众望所归的地方，成为全民族希望之所在。

这一点，赢得了一些参观过延安的西方人士的认同。美国外交官戴维斯断言："真正的中国——更民主、有朝气，并愿意同联合国合作战斗——只能在国民党领导层的小圈子以外找到……共产党人更像生气勃勃的'民主同盟'中的组成部分。"② 1944 年 7 月至 1945 年 4 月，访问延安的第一个美国官方代表团——中缅印战区美军司令部派驻延安的视察组（代号"迪克西使团"）在进行了大规模的考察访问后，确信："共产党得到当地百姓的完全支持"，"中国共产党人将在中国存在下去，中国的命运不是蒋的，而是他们自己的"。③

27. 确立毛泽东思想的指导地位，树起中国革命的伟大旗帜

1945 年 4 月 23 日至 6 月 11 日，党的七大在延安杨家岭中央大礼

---

① 《毛泽东选集》第二卷，人民出版社 1991 年版，第 718 页。

② 转引自 [美] 费正清编：《剑桥中华民国史》（下卷），中国社会科学出版社 1994 年版，第 610 页。

③ [美] 约瑟夫·W. 埃谢里克编著：《在中国失掉的机会——美国前驻华外交官约翰·S. 谢伟思》，国际文化出版公司 1989 年版，第 181 页。

堂召开。出席大会的正式代表 547 人、候补代表 208 人，代表着全国 121 万名党员。

会场布置庄严而凝重。主席台正中是毛泽东、朱德的巨幅画像；会场后面墙上悬挂着"同心同德"4 个大字；两侧墙上悬挂 4 幅"坚持真理""修正错误"等标语；靠墙边插着 24 面红旗，象征着中国共产党 24 年奋斗的历程；插红旗的"V"字形木座是革命胜利的标志；在主席台的正上方，悬挂着一条引人注目的横幅："在毛泽东的旗帜下胜利前进！"

这次大会距 1928 年在莫斯科召开的党的六大已有 17 年。这 17 年，是中国共产党在极端艰苦的环境中顽强坚持革命，经历了从大革命的失败到土地革命兴起、从红军第五次反"围剿"的失败到抗日兴起这样两个历史性转变，在政治上、思想上和组织上达到了空前的团结、统一和成熟的重要时期。最显著的标志，就是实现马克思主义中国化进程中的第一次历史性飞跃，形成了毛泽东思想，并在党的七大上确立为全党的指导思想，庄严地写入了党章。

这是中国革命的历史选择，是中国共产党自身发展的必然选择。

毛泽东思想是在中国革命实践中形成和发展起来的。自 1921 年成立到党的七大二十四年来，中国共产党先后经历了第一次大革命、土地革命和抗日战争三个时期的磨炼，自身不断成熟，但也经历了"一右三左"的巨大冲击，即陈独秀时期的右倾机会主义错误，瞿秋白、李立三和王明时期的先后三次"左"倾错误。尤其是王明等人把马克思主义教条化、把共产国际决议和苏联经验神圣化的错误倾向，直接导致了第五次反"围剿"的失败，使中国革命几乎陷入绝境，党几乎到了毁灭的边缘。在这个过程中，毛泽东却表现出独特的革命品格。他坚持以马克思列宁主义为指导，从中国革命的实际出发，探索中国革命的特点和规律，在中国社会性质以及中国革命性质、任务、对象、动力等一系列基本问题上进行了长期的理论思考和研究。

在大革命时期，毛泽东以独特的眼光高度重视农民问题和农民运动，先后发表《中国社会各阶级的分析》《湖南农民运动考察报告》等文章，深刻阐述中国革命的一系列重要问题，提出了新民主主义革命的基本思想，为毛泽东思想的初步形成奠定了基础。

在土地革命战争前期，面对大革命的失败和党在各地领导一系列武装起义大都失败的现实，当党内大多数人仍奉行当时从世界范围看是无产阶级夺取政权的唯一模式——城市武装起义时，毛泽东最先提出"上山"，把革命的重心放在农村，不仅在实践中开辟了一条不同于俄国十月革命的农村包围城市、武装夺取政权的中国革命新道路，而且善于把马克思主义基本原理与中国实际相结合进行理论创新，撰写了《中国的红色政权为什么能够存在》《关于纠正党内的错误思想》《反对本本主义》等一系列重要文章，从理论上阐述和论证了这条道路及与这条道路相关的一系列中国革命的基本问题，标志着毛泽东思想的形成。但是，由于当时党内"左"倾思想占统治地位，毛泽东不但本人受到排挤，其正确的思想也被贬为"狭隘的经验论"。

到了土地革命战争后期和抗日战争时期，毛泽东思想进一步走向成熟。特别是遵义会议事实上确立了毛泽东在全党的领导地位，为他能够更好地从全局和战略的高度来总结中国革命历史经验和进行理论思考提供了必要的政治条件；中国革命经历的两次成功与失败的历史性转折，使党对中国革命的规律有了更加清醒的认识；全国抗战爆发后中国革命面临的新形势新任务，特别是以国共合作为主的抗日民族统一战线内部尖锐复杂的斗争，对党的领导提出了更高的需求。在这种情况下，毛泽东利用中共中央到达陕北后的相对和平环境，集中精力总结党的历史经验，研究抗战以来的新情况新问题，对中国革命斗争进行深入的理论思考和理论概括。据统计，《毛泽东选集》第一至四卷收录的159篇文章中，写作于延安的有112篇。这一时期，他先后撰写了《论反对日本帝国主义的策略》《中国革命战争的战略问题》《实践论》《矛盾论》《〈共产党人〉发刊词》《中国革命和中国共产党》《新民主主义论》等重要著作，全面系统地总结了中国革命的历史进程和经验教训，深刻揭示了指导中国革命和革命战争的基本规律、基本战略和策略，阐明了党的思想路线、政治路线、组织路线和军事路线，使毛泽东思想得到系统总结和多方面展开并达到逐步成熟。

当然，毛泽东思想和理论被全党所认同和接受也经历了一个过程。其中，延安整风运动发挥了重要作用。它极大地推动了马克思列宁主义在全党的传播，有力批判和清算了"左"的和右的错误思想在党内的影响，极大地促进了毛泽东的正确思想和理论在党内得到普遍接受和广泛认同。党的许多领导人和理论工作者开始不约而同地思考着用毛泽东的名字来命名马克思主义中国化的理论成果。

1941年3月，党的理论工作者张如心在《共产党人》杂志上发表的《论布尔什维克的教育家》一文中，正式使用了"毛泽东同志的思想"的提法。1942年7月1日，中共中央晋察冀边区机关报《晋察冀日报》发表了由主编邓拓撰写的社论《全党学习和掌握毛泽东主义》。1943年7月6日，刘少奇在《清算党内的孟什维主义思想》一文中，明确提出了"毛泽东同志的思想"和"毛泽东同志的思想体系"的命题。1943年7月5日，王稼祥撰写的《中国共产党与中国民族解放的道路》文章，首次提出了"毛泽东思想"这一科学概念，很快就得到了全党同志的接受和赞同。

1945年4月20日召开的党的六届七中全会首次正式使用"毛泽东

思想"这一概念。会议通过的《关于若干历史问题的决议》明确指出:"党在奋斗的过程中产生了自己的领袖毛泽东同志,形成了中国化的马克思列宁主义的思想体系——毛泽东思想"。

在党的七大上,刘少奇代表党中央作了《关于修改党章的报告》,对毛泽东思想的科学内涵和基本内容进行了全面系统的概括,明确提出:毛泽东思想"就是马克思列宁主义的理论与中国革命的实践之统一的思想"的论断。党的七大通过的党章在"总纲"中明确规定:"中国共产党,以马克思列宁主义的理论与中国革命的实践之统一的思想——毛泽东思想作为自己一切工作的方针。"

从此,毛泽东思想便成为中国共产党和全国人民的一面旗帜,指导中国革命与建设事业不断从胜利走向胜利。

28. 重庆谈判,争取中国和平民主的光明前途

抗日战争的胜利洗雪了中华民族的百年耻辱,中国人民热切希望实现和平、民主,建设新中国。中国共产党反映人民的要求,为争取和平民主进行了种种努力。但是,在英美支持下的蒋介石和国民党政府的一系列言行却使人们陷入了深深的内战忧虑之中。

自抗战中、后期开始,蒋介石就处心积虑地避战、观战,以保存实力,为其发动"反共"内战做准备。他在 1945 年 5 月的国民党第六次全国代表大会上公然宣称:"今天的中心工作,在于消灭共产党!日本是我们国外的敌人,中共是我们国内敌人!只有消灭中共,才能达成我们的任务。"

　　对于蒋介石的内战阴谋，毛泽东早已看出端倪。1945 年 4 月，在中共七大的开幕词中，他郑重地向全党阐述了现阶段中国共产党面临的复杂局势和任务，明确指出："在中国人民面前摆着两条路，光明的路和黑暗的路。有两种中国之命运，光明的中国之命运和黑暗的中国之命运。或者是一个独立、自由、民主、统一、富强的中国，就是说，光明的中国，中国人民得到解放的新中国；或者是另一个中国，半殖民地半封建的、分裂的、贫弱的中国，就是说，一个老中国。"①

　　4 月 24 日，毛泽东在《论联合政府》的政治报告中，全面阐述了中国共产党的政治主张和建国方略，这就是："需要在广泛的民主基础之上，召开国民代表大会，成立包括更广大范围的各党各派和无党无派代表人物在内的同样是联合性质的民主的正式的政府，领导解放后的全国人民，将中国建设成为一个独立、自由、民主、统一和富强的新国家。一句话，走团结和民主的路线，打败侵略者，建设新中国。"② 同时告诫大家：世界将走向进步，这是历史的总趋势，但是，应该估计到历史的若干暂时的甚至严重的曲折可能还会发生。要有精神准备，准备应付大事变和大困难。

　　为了独占抗战胜利的果实，1945 年 8 月 11 日，国民党政府最高统帅部一面命令国民党军队"积极推进，勿稍松懈"，一面命令共产党领导的第十八集团军"应就原地驻防待命"。8 月 13 日，新华社发表评论，一针见血地揭露蒋介石的命令"从头到尾都是在挑拨内战"。

　　面对这种复杂的形势，中国共产党应采取什么方针呢？中国将走向何方？陈毅有感于时势，挥笔写道：

------

① 《毛泽东选集》第三卷，人民出版社 1991 年版，第 1025—1026 页。

② 《毛泽东选集》第三卷，人民出版社 1991 年版，第 1029—1030 页。

百年积弱叹华夏，八载干戈伏延安。

试问九州谁做主？万众瞩目清凉山。

在决定国家民族前途命运的紧要关头，中国共产党代表全国人民的意志和愿望，全力争取和平民主的光明前途。1945 年 8 月 24 日，毛泽东指出：抗战结束，和平建设阶段开始。中央正考虑同国民党进行谈判，避免内战，实现和平建国。

然而，代表大地主大资产阶级利益的蒋介石集团不能容忍，也经受不住任何民主改革。后来担任美国国务卿的艾奇逊在其回忆录中也承认：国民党"愈来愈流露出这样一种信念：追求统一的民主的中国，意味着他们将丧失一切"①。因此，国民党政府不顾人民要求，在美国支持下，采取反革命的两手：一面玩弄假和谈阴谋；一面厉兵秣马，磨刀霍霍，准备内战。一场新的较量骤然展开。

为了争取时间完成内战部署，1945 年 8 月中、下旬，蒋介石向延安接连发出三次电报，邀请毛泽东去重庆"共同商讨""目前各种重要问题"。其用意在于：如果毛泽东不去重庆谈判，他就可以蒙骗中外舆论，把内战的责任推到共产党身上；如果毛泽东去重庆谈判，他就可以利用谈判机会，对我党施加压力，逼我党交出军队和解放区，争取时间，调兵遣将，部署内战。如果谈判不成，即放手发动内战，并把战争责任强加给中共。

蒋介石这个如意算盘，并非异想天开。第二次世界大战后，饱尝战争之苦的世界人民一致反对战争，要求和平，欧洲的许多资产阶级政府正是利用这股和平潮流，兵不血刃，使一些国家的共产党和革命人民交

① ［美］迪安·艾奇逊：《艾奇逊回忆录》上册，上海《国际问题资料》编辑组、武协力合译，上海译文出版社 1978 年版，第 26 页。

出了武装，具有数十万军队和数十年革命历史的法国共产党、意大利共产党就是这样交出军队的。如果能逼迫中国共产党也走这样的路，何乐而不为呢?!

但是，中国共产党此时已经是一个思想上理论上和斗争艺术上日臻成熟的政党。对于蒋介石的阴谋，中国共产党是有充分警惕和准备的。考虑到国内外的和平呼声特别是中国人民的愿望，中共中央和毛泽东经过再三研究，认为和平谈判事关全局，我们应该去。如果在国内外的压力下，经过我党的斗争，能够使蒋介石接受和平条件，实行政治改革，或者通过谈判延缓内战爆发的时间，那是对人民有利的；即使和平不能实现，经过谈判斗争，也可揭露蒋介石的反动面目，团结和教育广大人民。

1945 年 8 月 25 日，为展示中国共产党谋求和平的真诚愿望，中共中央政治局决定派毛泽东、周恩来、王若飞赴重庆谈判，同时发表了《对目前时局的宣言》，提出了"和平、民主、团结"三大口号。8 月 28 日，毛泽东偕同周恩来、王若飞，在蒋介石代表张治中、美国驻华大使赫尔利陪同下，从延安乘专机赴重庆同国民党当局进行谈判。谈判从 8 月 29 日开始，到 10 月 10 日结束，前后历时 43 天。国共双方签署了会谈纪要，即"双十协定"。

经过谈判，国民党当局口头上表示承认"和平建国的基本方针"，同意"长期合作，坚决避免内战，建设独立、自由和富强的新中国"，同意结束国民党的"训政"，召开有各党派代表和社会贤达出席、讨论和平建国方案的政治协商会议等。但是，在军队和解放区政权问题这一双方谈判中争执的焦点上，尽管共产党方面作出同意撤退南方八个解放区的部队、大幅缩编人民军队等重大的让步，国民党当局在所谓"统一政令军令"旗号下仍执意要取消解放区的人民政权和人民军队，致使这两个问题无法达成协议，只得作为悬而未决的问题留待继续商谈。毛泽东本人于 10 月 11 日乘飞机返回延安。

在重庆谈判中，中国共产党主动出击，迫使国民党承认了和平团结的方针。尽管这种承认是口头上的，但这样一来它再要发动内战，就在全国和全世界面前输了理，在政治上陷入被动地位。

重庆谈判不仅是两党在政治上的较量，而且是两党领袖个人魅力的较量。10 月 7 日，毛泽东将他在 1936 年写的《沁园春·雪》书赠著名诗人柳亚子。诗中写道：

> 北国风光，千里冰封，万里雪飘。望长城内外，惟余莽莽；大河上下，顿失滔滔。山舞银蛇，原驰蜡象，欲与天公试比高。须晴日，看红装素裹，分外妖娆。

> 江山如此多娇，引无数英雄竞折腰。惜秦皇汉武，略输文采；唐宗宋祖，稍逊风骚。一代天骄，成吉思汗，只识弯弓射大雕。俱往矣，数风流人物，还看今朝。

这首词，借雪咏志，一气呵成，如行云流水，气吞山河，睥睨群雄。一经发表，即轰动了整个山城。

这首诗对国统区人民认识毛泽东和共产党发挥了特殊的作用。国统区人民尤其是知识分子，过去对毛泽东所知甚少加之国民党的歪曲宣传，大多以为他不过是个"草莽英雄"。现在，《沁园春·雪》所体现出来的胸怀、气魄、才思、文采，不能不令文化人震惊和敬佩。治国平天下不寄托于这样的"风流人物"，还去何求！当知识分子为毛泽东的文才武略所倾倒时，他们已经流露出了政治选择意向，从感情上逐渐向毛泽东和中国共产党发生了倾斜。

29. 进军东北，提出"向北发展，向南防御"战略方针

通过战争来消灭人民革命力量，是国民党当局的既定方针。其战略企图是：完全占领长江以南地区；着重夺取华北战略要地和交通线，以分割和压缩解放区，并打开进入东北的通道；然后利用 1945 年 8 月 14 日中苏条约中对它有利的条款，出兵占领整个东北。因此，《双十协定》刚刚签订，蒋介石就发布进攻解放区的密令，要求国民党军队将领遵照他于 1933 年手定的《剿匪手本》，"督励所属，努力进剿，迅速完成任务"。

庆幸的是，中国共产党并没有因为努力争取和平民主而对国民党当局寄予不切实际的幻想。全国抗战后期，党的战略方针主要是向南发展，开辟抗日根据地，创造抗日大反攻前更加有利的战略态势。现在，面对战后国民党的内战威胁，为了保卫人民抗战的胜利成果，中共中央根据全国斗争形势的发展和实现中共七大关于争取东北的任务，及时提出实行"向北发展，向南防御"的战略方针，建立巩固的东北根据地。

这是一次重要的战略转变，对于建立巩固的东北根据地，取得解放战争的胜利具有重要的作用。

东北北靠苏联，东南与朝鲜相邻，西南与冀辽热解放区接连，与山东解放区隔海相望，战略地位极为重要。东北拥有 130 多万平方公里的土地和 3800 余万人口，物产丰富，工业发达，交通便利。当时的东北煤产量占全国几近一半，生铁产量占全国 87％，钢产量则占全国 90％以上。东北还是一个大粮仓，粮谷年产量达 2000 多万吨。如果国民党

占领这一地区，那就能够利用东北雄厚的工业基础，同华东、华中相配合，南北夹击中国共产党领导的各根据地。反之，如果中国共产党控制东北，就可以依靠那里雄厚的经济实力和优越的地理位置，建立巩固的战略基地，并与华北根据地连成一片，对于支援与配合关内各个解放区的斗争具有深远战略意义。正因为如此，毛泽东在党的七大上强调："从我们党，从中国革命的最近将来的前途看，东北是特别重要的。如果我们把现有的一切根据地都丢了，只要我们有了东北，那么中国革命就有了巩固的基础。"① 一句话，先占据东北，就会取得战略上的主动权。

抗日战争胜利前后的东北形势也有利于我党我军先机进入东北。全国抗战时期，国民党在东北没有一兵一卒，抗战胜利时，其精锐主力远在西南、西北大后方，要很快控制东北比较困难，加之《中苏友好同盟条约》排除了美军在东北活动的可能性，也限制了国民党向东北的大规模运兵。相反，九一八事变后，中国共产党领导人民抗日武装在东北坚持了 14 年艰苦卓绝的抗日游击战，有着较为坚实的群众基础。党领导的华北、华中抗日根据地与东北相连、相望。这些都是我们进军东北，建立巩固的东北根据地的有利条件。

当然，我党我军进入东北也面临诸多不利因素。一是蒋介石也非常看重东北的战略地位，他曾在一次秘密军事会议上说："国民党命运在东北，盖东北之矿产、铁路、物产均甲冠全国，如东北为共产党所有，则华北亦不保"。② 因此，在日本投降前后，蒋介石就加紧策划向东北运兵，甚至不惜勾结日伪，令其"负责维持地方治安"待国民党前去"接收主权"，企图抢占先机。二是苏联迫于《中苏友好同盟条约》相关规定，不得不

---

① 《毛泽东文集》第三卷，人民出版社 1996 年版，第 426 页。

② 《中国人民解放军第四野战军战史》编写组：《中国人民解放军第四野战军战史》，解放军出版社 1998 年版，第 29 页。

把行政权交给国民党政府，国民党也趁机要求苏联对我军进入东北层层设障，不允许我军接收苏军撤退的城市和地方等。形势十分严峻，迫切要求我们党必须争取时间，尽快制定方针政策，抢夺战略先机。

1945年8月10日至11日，根据党中央的指示，朱德总司令连续发布七道命令。在第二号命令中，指示在华北的八路军中的原东北军将领万毅、吕正操、张学思等部和冀热辽军区李运昌部进军东北，准备接受日、伪军投降。8月22日，刘少奇为中共中央起草致晋察冀和山东分局的电报，指示：为迅速争取东北，应即抽调大批干部由一部武装掩护到苏军占领地区，建立党的组织，建立地方政权，发动与组织群众，建立地方武装。毛泽东赴重庆谈判后，主持中央工作的刘少奇于8月29日为中共中央起草《关于迅速进入东北控制广大乡村和中小城市的指示》，要求晋察冀和山东解放区，必须迅速派大批干部和部队到东北一切重要地区去工作，海陆并进，越快越好，不要声张，控制广大乡村和苏军未曾驻扎的中小城市，建立地方政权与地方部队，放手发展。

按照党中央的指示，八路军、新四军迅速调整部署，抽调大批干部和部队，日夜兼程，海陆并进，由华北、华中、山东等解放区挺进东北。冀热辽军区司令员李运昌首先率部分三路挺进热河和辽宁，8月30日从日、伪军手中解放山海关，控制了锦州和辽西地区。9月6日进驻沈阳，随即分兵赴辽南、辽东等地，迫使日、伪军投降，初步打开了局面。

9月14日，刘少奇主持召开政治局临时会议，决定成立东北局，以彭真、陈云、程子华、林枫、伍修权为委员，彭真为书记，统一领导党在东北的工作。同一天，驻东北苏军总司令马林诺夫斯基派密使乘飞机抵达延安，就进军东北问题与中国共产党交换意见。实际上，《中苏友好同盟条约》在表面上也是限制共产党进军东北的。斯大林虽然怀疑共产党能打赢国民党，但作为一个伟大的马克思主义者，他在总体上还是支持中国革命的，是愿意把东北交给共产党作为革命根据地的。苏联的态度进一步推动中国共产党加快进行战略调整。

9月17日，刘少奇致电在重庆的毛泽东、周恩来等就调整战略布局等问题进行磋商，提出全国战略应当确定向北推进、向南防御的方针，得到赞同。9月19日，刘少奇代表党中央起草了给各中央局的指示电《目前任务和战略部署》，正式提出"全国战略方针是向北发展，向南防御"，即：在南方作出让步，收缩南部防线；巩固华北以及华东、华中的解放区；控制热河、察哈尔两省，集中力量争取控制具有重要战略地位的东北地区。

这一战略方针的核心是控制东北。为此，中共中央从延安总部，以及晋冀鲁豫、晋察冀、晋绥、山东、华中等军区的八路军、新四军部队，陆续派遣10名中央委员（其中4名为中央政治局委员）、10名候补中央委员，以及2万名干部、11万部队迅速开往东北。

人民军队进入东北后，获得了很大发展，成功地取得了在东北的战略主动权，对夺取全国解放战争的胜利，最终取得民主革命的胜利奠定了坚实的基础。

30. 奋起自卫，指出"一切反动派都是纸老虎"

1946年6月26日，国民党军队22万人围攻鄂豫边境的中原解放区。中原解放区踞险地而扼要冲，是国民党进军华东、华北、东北的战略枢纽。蒋介石视中原解放区为心腹之患，欲除之而后快，遂调集大量兵力，实行包围和分割，企图消灭之。6 月 26 日晚，中原军区主力由司令员李先念、政治委员郑位三率领分两路突围。接着，国民党军队大举进攻华东、晋冀鲁豫、晋绥、东北以及海南岛等解放区。全面内战由此爆发。

对中国共产党来讲，战争初期的形势相当严峻。军事力量和经济力量的对比，国民党显然占据优势。1946 年 7 月，国民党军队的总兵力约 430 万人，其中正规军约 200 万人；人民解放军的总兵力只有约 127 万人，其中野战军 61 万人。双方总兵力之比为 34∶1。国民党军队拥有装备较好的陆、海、空军；人民解放军不仅没有海军和空军，而且装备基本上是缴自日、伪军的步兵武器，仅有少数火炮。国民党政府统治着约占全国 76％的面积、3.39 亿人口的地区，控制着几乎所有的大城市和绝大部分铁路交通线，拥有全国大部分近代工业和人力、物力资源；解放区的土地面积只约占全国的 24％，人口约 1.36 亿人，近代工业很少，基本上依靠传统的农业经济。因此，蒋介石声称，倚仗国民党的军事优势，"一定能速战速决"。国民党军队参谋总长陈诚甚至扬言，"也许三个月，至多五个月，即能整个解决"中共领导的人民军队。

面对国共如此悬殊的力量对比，国内外许多人对中国共产党能否顶住国民党军队的强大进攻并打赢这场战争，也持有怀疑态度。在美国加紧进行"冷战""美苏必战""第三次世界大战即将爆发"的声浪中，苏联领导人也对形势作了悲观的估计，认为中国如果打内战，美苏可能卷入，中国将成为世界大战的战场，中华民族有毁灭的危险，提出"不准革命"的错误主张。

中国革命又来到了一个紧要关头。敢不敢坚决自卫，以革命战争来反对反革命战争？中国共产党必须做出抉择。

毛泽东坚定地指出：我们必须打败蒋介石，因为蒋介石发动的战争，是一个在美帝国主义指挥之下的反对中国民族独立和中国人民解放的反革命的战争；我们能够打败蒋介石，因为人民解放军的战争所具有的爱国的正义的革命的性质，必然要获得全国人民的拥护。这就是战胜蒋介石的政治基础。

同年 8 月，毛泽东在同美国记者安娜·路易斯·斯特朗的谈话中，提出了"一切反动派都是纸老虎"的著名论断。放眼与黑暗的历史大决战前景，毛泽东自信地说："看起来，反动派的样子是可怕的，但是实际上并没有什么了不起的力量。从长远的观点看问题，真正强大的力量不是属于反动派，而是属于人民。"这既是对美蒋反动派的宣战书，又是对全国人民的一次精神动员和极大鼓舞，表明了中国共产党战胜一切敌人的勇气和坚强决心。

斯特朗后来回忆说："毛泽东一针见血的语句，渊博的知识，敏锐的分析和诗人的想象力，使他的谈话成为我一生中听到的最有启发性的语言。""这是一次划时代的谈话"，并且称毛泽东关于"一切反动派都是纸老虎"的论断是"一个划时代的伟大真理"，"照亮了世界大事的进程"。

这次谈话后仅仅一年稍多一点的时间，战争的发展就印证了毛泽东的论断。

为了打败蒋介石的进攻，中共中央制定了正确的政治方针和军事原则。在政治上，必须在党的领导下，放手发动群众，团结一切可能团结的力量，建立最广泛的人民民主统一战线。在军事上，必须实行"集中优势兵力，各个歼灭敌人"的作战原则和积极防御的方针，以歼灭敌人有生力量为主要目标，而不以保守或夺取城市和地方为主要目标。

在上述方针指导下，从 1946 年 6 月至 1947 年 6 月一年稍多一点的时间里，人民解放军英勇作战，在前八个月粉碎了国民党军队的全面进攻，顿挫了国民党军队进攻的锋芒，它企图以速战速决的方式消灭人民革命力量的计划宣告破产；后四个月则打破了国民党军队的重点进攻，彻底粉碎了国民党的全面进攻战略。1947 年 6 月，刘邓大军挺进大别山，揭开了人民解放军战略反攻的序幕。坚决的自卫战争，使国共两党的力量对比发生了戏剧性的变化。

31. 中共中央转战陕北，"拿一个延安换一个新中国"

　　1947 年春，国民党对解放区的全面进攻被粉碎后，转而对处于整个战线东西两翼的山东解放区和陕甘宁边区发动了重点进攻。蒋介石的企图是，将我山东解放军压迫到胶东半岛予以歼灭，在陕甘宁摧毁中国革命的首脑指挥中枢。两翼得手后，再调动兵力进攻华北解放区，以达到各个击破的目的。为此，3 月初，蒋介石调动了胡宗南等部 34 个旅 25 万人的兵力，集结在陕甘宁边区周围，伺机准备进攻。当时在陕北的西北野战兵团（后改为西北野战军）只有 6 个旅约 2 万人，兵力只有敌军的 1/10，处于绝对劣势。胡宗南对进攻陕北信心十足，宣称："三日之内占领延安！"

　　严峻的形势，迫切要求中共中央做出正确决策，彻底挫败国民党的战略企图。

　　沧海横流，方显英雄本色！毛泽东客观分析战略形势，以其高超的决策艺术和政治胆略，果断决定：放弃延安，拿一个延安换一个全中国！

可是，延安毕竟是中国革命的"心脏"，就这样轻而易举地让给胡宗南，不少干部和战士想不通，感情上更是难以接受。3月14日傍晚，毛泽东在王家坪接见了刚刚结束陇东战斗的西北野战军新四旅团以上干部。针对干部战士的疑虑，毛泽东对大家说："延安是党中央所在地，我们在这里住了10年，挖了窑洞，吃了小米，学习了马列主义，培养了干部，指导了全国革命，全中国、全世界都知道有个延安。现在我们要主动放弃它，战士们是会有些反应的。当然敌人更会有反应。中央搬了家，他们就会喊叫：共产党垮台了，解放军垮台了，去欺哄人民。一切反动派都喜欢造谣，喜欢无事生非。他们要是占了延安，更该吹牛了，蒋介石还会开一个庆祝大会，庆祝他们的胜利……"说到这里，毛泽东爽朗地大笑起来。

接着，他说："当然，这只是暂时的。将来人们会看到，蒋介石占领延安，决不是他的胜利，而是搬起石头砸自己的脚，他就要倒霉了。"

随后，毛泽东列举了战争史上的许多生动事例，说明党所领导的革命战争，历来是不计较一城一地的得失，而在于消灭敌人的有生力量，让大家明白"存人失地，人地皆存；存地失人，人地皆失"的道理，告诉大家："从全国战局的进展和敌我军事力量对比来看，暂时放弃延安无损于解放战争的整个大局。现在敌人拼命要我们的延安，可以，我们奉送几眼窑洞，只要我们大量消灭敌人的有生力量，就会收复失地，夺取新地方的。今天我们放弃延安，是暂时的，这意味着将来我们要解放西安，解放南京，解放全中国。"他充满信心地说："我们要拿一个延安换一个全中国。""少则半年，多则一年，我们还要回来的！"

这是一个英明的伟大预见。

3月18日，中共中央领导人毛泽东、周恩来等告别居住了10年的延安，开始转战陕北。不久，中共中央在陕北清涧枣林沟村召开会议。会上，很多人出于安全考虑，建议毛泽东不要留在陕北。但他坚持说："我不走，党中央最好也不走。我留在陕北，拖住胡宗南，别的地方能好好地打胜仗。"会议遂决定中央机关分为三路：一路由书记处书记刘少奇、朱德率领部分中央委员组成中央工委，前往华北进行中央委托的工作；一路由叶剑英、杨尚昆等组成中央后委，率领党中央及中央军委大部分工作人员，东渡黄河前往晋西北，统筹后方工作；剩下的组成中央前委，由毛泽东、周恩来、任弼时率领，在陕北与胡宗南的军队周旋。

为了保密，中央机关和部队领导都要用化名。毛泽东首先风趣地说："我看，我就叫李得胜吧！"李得胜隐喻"离得胜"，意为即使离开了，真理在手，革命一定会胜利。周恩来化名胡必成，取革命事业务必成功之意。任弼时化名史林，因他是中央直属队司令部的司令。政委陆定一就化名郑位。中央直属队也取代号为"昆仑纵队"。从此，这支几百人的队伍，牵着胡宗南部数十万人马，在陕北高原的沟壑山岭间周旋。

胡宗南占据延安后，得意忘形，大叫"共军不堪一击"，并谎报战果，吹嘘"俘敌五万余，缴获武器弹药无数"。一时间，国民党又是开"庆功"会，又是通电嘉勉。蒋介石还派飞机给胡宗南送来勋章，他甚至预言：占领延安后，"中共军队的首脑就无所寄托，只能随处流窜。如此就绝对不能建立中心的力量了。"

然而，就在敌人自我陶醉的时候，西北野战兵团在彭德怀、习仲勋指挥下，利用陕北群众基础好、地形险要、回旋余地大等有利条件，以运动战、蘑菇战等战术连续出击，在撤离延安后的45天内，在青化砭、羊马河、蟠龙镇三战三捷，歼敌1.4万余人。而后转战西北方向，并在沙家店战役中全歼胡宗南部整编第三十六师师部和两个旅。到 8 月间，国民党军队对陕北的重点进攻被粉碎，蒋介石妄图驱逐中共中央和解放军总部出西北的战略企图宣告彻底破产。

中国共产党人主动放弃延安、转战陕北的精彩战法，连外国人都极为惊叹。美国记者贝尔登在《中国震撼世界》一书中评价："蒋介石去拿延安，等于一个人花了一大部分财产去买一条钻石项链，它光辉灿烂，但一无用处。"

毛泽东和周恩来、任弼时率中央前委在陕北艰苦转战 370 个日日夜夜。为了调动敌人，寻机歼灭，他们跋山涉水，穿越了陕北 12 个县，行程 2000 多里，不但彻底粉碎了国民党对陕甘宁边区发动的重点进攻，而且成功地指导了全国解放区战场由战略防御向战略大反攻的转变，大大加速了人民解放战争胜利的进程。

1948 年 3 月 23 日，为了更好地指挥全国解放战争，他们告别陕北，东渡黄河，前往晋察冀解放区。

毛泽东的战略眼光和英明决策，很快为历史所印证。1948 年 4 月 21 日，被国民党军队侵占了一年又一个月零三天的延安，重新回到了人民的怀抱。一年半以后，1949 年 10 月 1 日，从延安的宝塔山下走出的中国共产党人登上了天安门城楼，庄严宣告了新中国的诞生。

32. 千里跃进大别山，人民解放军转入战略进攻

1946 年 6 月，中共中央作出一个出人意料的战略决策：千里跃进大

别山，转入全国性的反攻。

大别山区位于国民党政府首都南京和长江中游重镇武汉之间的鄂、豫、皖三省交界处，是战略上十分敏感的部位，又是过去红四方面军的老根据地，有较好的群众基础。当时，国民党正集中兵力于东西两翼战场，中央部分的兵力很薄弱。解放军只要能占据大别山区，就可以东慑南京，西逼武汉，南扼长江，钳制中原，迫使蒋介石调动进攻山东、陕北的部队回援，同解放军争夺这块战略要地，从根本上改变战局，达到将战争从解放区引向国民党统治区的战略目的。

然而，经过一年的作战，人民解放军面临的形势仍然相当严重。国民党军队在数量上由 430 万人下降为 373 万人，其中正规军由 200 万人下降到 150 万人；人民解放军的总兵力由 127 万人增加为 195 万人，其中正规军近 100 万人。显然，国民党军队仍居优势，在装备上的优势更明显。但是，国民党军由于战线延长，大部分兵力用于守备，战略性的机动兵力已大为减少，加之发动内战不得人心，又屡战屡败，士气急剧下降，后方极不稳固。而人民解放军由于不需分兵守卫后方供给线和城市，机动兵力大大增强。解放区内大部分地区进行了土地制度改革，广大农民的革命和生产积极性普遍高涨，人民解放军的后方已得到巩固。

为了摆脱困境，蒋介石于 1947 年 7 月 4 日颁布《全国总动员方案》，企图将战火继续烧向解放区，进一步破坏和消耗解放区的人力物力，使人民解放战争难以持久。毛泽东当机立断，提出："举行全国性的反攻，将战争引向国民党区域！"[①]他说："国民党军重兵云集山东和陕北，

---

① 《毛泽东军事文选》第四卷，军事科学出版社、中央文献出版社 1993 年版，第 226 页。

形成两头强、中间弱的哑铃状布局，中原地区兵力空虚，我们就拿它开刀。"

于是，中共中央决定，不待数量、装备上超过敌人，立刻由战略防御转入战略进攻，挺进中原地区，以主力打到外线去，将战争引向国民党区域，在外线大量歼敌，彻底破坏国民党将战争继续引向解放区、进一步破坏和消耗解放区的人力物力、使我军不能持久的反革命战略方针。

千里跃进大别山，这是中外战争史上少见的一种独特、大胆的进攻样式。毛泽东指出，到外线作战，可能有三个前途：一是付了代价站不住脚，转回来；二是付了代价站不稳脚，在周围打游击；三是付了代价站稳了脚。他告诉部队首长做好充分的思想准备，从最坏处着想，争取最好的前途。

为了实现这个战略计划，在中共中央的部署下，逐步形成三军配合、两翼牵制的作战格局。三军配合是以刘伯承、邓小平指挥的晋冀鲁豫野战军主力为中路，实施中央突破，直奔大别山；以陈毅、粟裕指挥的华东野战军主力为东路，挺进苏鲁豫皖地区；以陈赓、谢富治指挥的晋冀鲁豫野战军一部为西路，挺进豫西。三路大军，相互策应，机动歼敌。两翼牵制是以西北野战军出击榆林，吸引进攻陕北之敌北调以华东野战军山东兵团在胶东展开攻势，将进攻山东之敌牵向海边。

1947 年 6 月 30 日夜，刘伯承、邓小平率领的晋冀鲁豫野战军主力 12 万人突然发起鲁西南战役，一举突破黄河天险，长驱南征，开始了千里跃进的壮举，揭开战略进攻的序幕。

当时的美国驻华大使司徒雷登惊呼："这简直是惊人的事件！不亚于当年法国'马奇诺防线'被攻破！"

不久，刘、邓接到毛泽东电报：下决心不要后方，以半个月行程，直出大别山，占领以大别山为中心的数十县。

无后方依托，向敌人的心脏地区千里跃进，这的确是一步险棋。但是，为了解放战争的大局，刘、邓大军义无反顾，以坚强果敢的意志和英勇不屈的精神，从 8 月 7 日开始，兵分三路向南疾进，以锐不可当之势，跨越陇海路，涉过黄泛区，犹如一柄利剑，直插大别山这一国民党军的战略腹地。8 月末，部队胜利进入大别山区。到 11 月，共歼敌 3 万余人，建立 33 个县的民主政权，初步打开了大别山地区的局面。

消息传到陕北，毛泽东欣喜地说："我们总算熬出头了，二十多年以来，革命战争一直处于防御地位，自刘邓南征后，我们的革命战争，才在历史上第一次转为战略进攻。"

1948 年 2 月 25 日，解放区出版的《人民画报》用整整一期的篇幅报道了刘、邓大军的事迹，并刊发了中共中央的嘉奖令。

为策应刘、邓大军挺进大别山，1947 年 8 月下旬，陈（赓）谢（富治）率领的晋冀鲁豫野战军一部 8 万人在晋东南强渡黄河，挺进豫西。到月底，歼敌 5 万余人，建立 39 个县的民主政权，完成在豫陕边地区的战略展开。陈毅、粟裕率领的华东野战军主力，也在 9 月越过陇海铁路南下，进入豫皖苏平原，执行外线作战任务。到 1 月下旬，完成在豫皖苏边地区的战略展开。

至此，三路大军都打到外线，布成"品"字形阵势，纵横驰骋于黄河以南、长江以北、西起汉水、东迄大海的广大地区。它们互为犄角以鼎足之势，紧逼国民党的长江防线，直接威胁南京、武汉，把战线由黄河南北推进到长江北岸，使中原地区由国民党军队进攻解放区的重要后方，变成人民解放军夺取全国胜利的前进基地。刘、邓大军千里跃进大别山起了决定性的战略作用。

三路大军挺进中原是一次大胆而果断的战略行动，充分表现了中共中央和毛泽东的智慧和勇气。这一战略行动，把蒋军南线全部兵力 160 多个旅中约 90 个旅牢牢地吸引在中原战场，还创建了江汉、桐柏解放区，使豫陕鄂与豫皖苏两个解放区连成一片，彻底粉碎了国民党军在中原的防御体系。这就从根本上改变了全国战局，迫使蒋军处于被动地位，中国共产党开始牢牢地掌握了战争主动权。

这时，仍在内线作战的人民解放军也在各个战场上加紧发起攻势作战，并渐次转入战略反攻和战略进攻，构成了人民解放军全国规模的战略进攻的总形势。人民解放军转入战略进攻，具有伟大的历史意义。1947 年 12 月 25 日，中共中央在陕北米脂县杨家沟召开会议，毛泽东在会上指出："这是一个历史的转折点。这是蒋介石的二十年反革命统治由发展到消灭的转折点。这是一百多年以来帝国主义在中国的统治由发展到消灭的转折点。这是一个伟大的事变。""这个事变一经发生，它就将必然地走向全国的胜利。"[1]

33. 颁布《中国土地法大纲》，进行 彻底社会革命

在人民解放军转入战略进攻的新形势下，1947 年 10 月 10 日，中国共产党正式颁布了《中国土地法大纲》，明确规定："废除封建性及半封建性剥削的土地制度，实行耕者有其田的土地制度"。"废除一切地主

---

[1] 《毛泽东选集》第四卷，人民出版社 1991 年版，第 1244 页。

的土地所有权。"这就公开举起了废除封建土地所有制的革命旗帜，成为一个在全国彻底消灭封建制度的纲领性文件。

这是中国共产党争取中国革命胜利的一个重大步骤。中共中央在关于公布《中国土地法大纲》的决议中指出：封建土地所有制，是我们民族屡受侵略、压迫及贫困、落后的根源，亦是国家民主化、工业化、独立、统一及富强的基本障碍。为了废除封建及半封建剥削的土地制度，实现耕者有其田，中国共产党制定、公布了这一指导土地改革运动的法规。

1947 年 12 月，在陕北米脂县杨家沟召开的中央会议（即十二月会议）上，毛泽东对党的土地政策做了如下总结和说明："现在，比较十八个月以前，人民解放军的后方也巩固得多了。这是由于我党坚决地站在农民方面实行土地改革的结果。在抗日战争时期，为着同国民党建立抗日统一战线和团结当时尚能反对日本帝国主义的人们起见，我党主动地把抗日以前的没收地主土地分配给农民的政策，改变为减租减息的政策，这是完全必需的。日本投降以后，农民迫切地要求土地，我们就及时地作出决定，改变土地政策，由减租减息改为没收地主阶级的土地分配给农民。我党中央一九四六年五月四日发出的指示，就是表现这种改变。一九四七年九月，我党召集了全国土地会议，制定了中国土地法大纲，并立即在各地普遍实行。这个步骤，不但肯定了去年《五四指示》的方针，而且对于去年《五四指示》中的某些不彻底性作了明确的改正。中国土地法大纲规定，在消灭封建性和半封建性剥削的土地制度、实行耕者有其田的土地制度的原则下，按人口平均分配土地。这是最彻底的消灭封建制度的一种方法，这是完全适合于中国广大农民群众的要求的。"并且强调："全党必须明白，土地制度的彻底改革，是现阶段中国革命的一项基本任务。如果我们能够普遍地彻底地解决土地问题，我们就获得了足以战胜一切敌人的最基本的条件。"①

《中国土地法大纲》公布后，解放区各级党政领导机关派出大批土改工作队深入农村，开展发动农民群众、组织贫农团和农会、控诉地主、惩办恶霸、分配土地等工作。广大解放区农村迅速形成土地制度改革的热潮。

为保证土地改革中一切措施符合绝大多数人民的利益及意志，中共中央明确：农民大会及其选出的委员会为土改的合法执行机关；政府负责切实保障人民的民主权利，保障农民及其代表有全权在各种会议上自由批评及弹劾各方各级的一切干部，有权在各种相当会议上自由撤换及选举政府及农民团体中的一切干部；侵犯上述人民民主权利者，应受人民法庭的审判及处分。这样，就把放手发动农民群众自己起来打倒地主、取得土地，同由政府颁布法令、支持群众的斗争结合起来，从而保证土改运动得以彻底地进行。

经过土改运动，到 1948 年秋，中国共产党在一亿人口的解放区消灭了封建的生产关系。广大农民的政治觉悟和组织程度空前提高，在"参军保田"的口号下，大批青壮年农民潮水般涌入人民军队。各地农民不仅将粮食、被服等送上前线，而且组成运输队、担架队、破路队等随军组织，担负战地勤务，人民解放战争获得了足以保证夺取最后胜利的取之不竭的人力、物力的源泉。毛泽东说："有了土地改革这个胜利，才有了打倒蒋介石的胜利。"②曾经担任过北京大学校长、同美国和蒋介石关系密切的蒋梦麟后来对美国国务院人士说过：中国正在进行一场社会革命。共产党认识到了这一点，并且抓住了这场革命的领导权。所以他认为：

---

① 《毛泽东选集》第四卷，人民出版社 1991 年版，第 1252 页。

② 中共中央文献研究室编：《建国以来毛泽东文稿》第一册，中央文献出版社 1987 年版，第 397 页。

美国无论怎样做，最多能推迟国民党的失败，却不能改变其结果。[①]

解放区的土地改革的确是一场从根本上摧毁中国封建制度根基的社会大变革。不仅彻底消灭了在我国延续几千年的封建制度的基础——地主阶级的土地所有制，使农民在经济上获得利益，而且政治上获得翻身。一位美国学者韩丁[②]在《翻身——一个中国村庄的革命纪实》中评论说："新发布的《土地法大纲》在 1946 年至 1950 年中国内战期间，恰如林肯的《黑奴解放宣言》在 1861 年至 1865 年美国南北战争期间的作用。"这位美国人还特别分析了土改对农民的"翻身"意义："对于中国几亿无地和少地的农民来说，这意味着站起来，打碎地主的枷锁，获得土地、牲畜、农具和房屋。但它的意义远不止于此。它还意味着破除迷信，学习科学；意味着扫除文盲，读书识字；意味着不再把妇女视为男人的财产，而建立男女平等关系；意味着废除委派村吏，代之以选举产生的乡村政权机构。总之，它意味着进入一个新世界。"[③]这个分析富有深意。土地改革不同于中国历史上的"改朝换代"，不同于开明皇帝用恩赐办法，"均土地，抑豪强"，实行"让步政策"，而是通过推翻旧政权，代之以人民政权，彻底砸碎旧秩序，重构了中国几千年的农村社会结构，改变了"一盘散沙"的局面，实现了全国一盘棋，加强了中央政府的整合能力，对促进农村现代化具有重大作用。

---

① 参见中共中央党史研究室：《中国共产党的九十年（新民主主义革命时期）》，中共党史出版社、党建读物出版社 2016 年版，第 300 页。

② 韩丁，原名威廉·辛顿（Willam Hinton），美国宾夕法尼亚州雷丁镇人。1948 年，执教于北方大学的韩丁，以观察员身份随同学校土改工作队首次来到山西省潞城县张庄村（今属长治市郊区东厂镇）亲历半年土改，深入考察，写出了著名的《翻身——一个中国村庄的革命纪实》一书。

③ 韩丁：《翻身——一个中国村庄的革命纪实》，"关于'翻身'一词的说明"，韩倞等译，北京出版社 1980 年版。

34. 当机立断，发起解放战争的战略大决战

1948 年 5 月，毛泽东和周恩来、任弼时率中央前委来到河北省平山县西柏坡村，与先期到达的刘少奇、朱德等中央工委会合。这里便成了中国共产党指挥解放全中国的总司令部。这时，中国革命已到了最为关键的时刻。

1948 年秋，敌我力量对比进一步发生重大变化。人民解放军已由战争开始时的 127 万人发展到 280 万人，其中野战军 149 万人。在装备上已有很大改善，建立起强大的炮兵和工兵，提高了攻坚能力，取得了打阵地战的经验。经过用"诉苦"和"三查"（查阶级、查工作、查斗志）方法进行新式整军运动，部队指战员的政治觉悟和军事技术进一步提高。同时，各解放区相继连成一片，面积达 235.5 万平方公里，占全国总面积的 24.5%，人口有 1.68 亿人，占全国总人口的 35.3%。尤其是解放区内已基本上完成土地制度改革，广大农民的革命和生产的积极性空前高涨，解放军的后方进一步巩固。

与此相反，国民党军队已由战争开始时的 430 万人下降为 365 万人。虽然在总兵力上仍超过人民解放军，但它已经没有完整的战线，五大战略集团（即胡宗南集团、白崇禧集团、刘峙集团、傅作义集团和卫立煌集团）已被人民解放军分割在西北、中原、华东、华北、东北五个战场上，难以相互配合，主要担任战略要地和交通线的守备，能进行战略机动的兵力为数不多，可用于第一线的兵力仅 174 万人，且士气低落，战斗力不强。连蒋介石在 1948 年 8 月的南京"军事检讨会"上也不得不承认："就整个军事而言，则我们无可讳言地是处处受制，着着失败。"

为挽救颓势，国民党当局准备对战略部署进行重大变动，决定将作战重点置于黄河以南、长江以北地区；计划在东北"彻底集中兵力确保辽东、热河"，以利巩固华北，达到屏障黄河以南的作战目的；在西北，则力求确保关中、汉中，以掩护其对西南防线的经营。

这种情况表明，人民解放军同国民党军队进行战略决战的时机已经到来。敢不敢进行决战、打前所未有的大仗，敢不敢攻克敌人占领的重要城市、歼灭敌人的强大兵团，成了解放战争战略决策上的重大问题。

中国共产党人再次表现出非凡的胆略和气魄。中共中央科学地分析了战争形势，认为如果让国民党从容实施这种战略收缩的部署，必将增加解放军以后作战的困难。战机稍纵即逝，遂当机立断，决定抓住战略决战的有利时机，连续组织了辽沈、淮海、平津三大战役，并使三大战役之间和各战役的各个阶段之间有机地联系起来，一环扣一环、一个胜利接一个胜利地向前发展，向国民党军队发起空前规模的强大攻势。

1948年9月8日至13日，中共中央在西柏坡召开了东渡黄河后的第一次政治局会议，确定全党的战略任务是：建设500万人民解放军，在大约五年左右的时间内（从1946年7月算起）歼敌正规军500个旅（师）左右，从根本上打倒国民党的反动统治。

会议结束的第三天，华东野战军集中强大兵力，发起济南战役，激战8昼夜，全歼守敌11万人。从此，拉开了战略大决战的序幕。

1948年9月12日至11月2日，东北野战军集中70万兵力，在林彪、罗荣桓的指挥下，发动了声势浩大的辽沈战役，历时52天，歼敌47.2万人。东北全境获得解放。

辽沈战役硝烟未散，淮海战役炮声又响。1948年11月6日至1949年1月10日，华东野战军、中原野战军及部分地方武装共60万人，在以邓小平为书记的总前委的统一指挥下，在以徐州为中心，东起海州、西至商丘、北起临城（今薛城）、南达淮河的广大地区，对国民党刘峙、杜聿明指挥的 5 个兵团和 3 个"绥靖区"发起进攻。历时 66 天，歼敌 55.5 万人，基本上解放了长江以北的华东、中原地区，使国民党统治中心地区的南京、上海、武汉处于人民解放军的直接威胁之下。

在淮海战役鏖战正酣之际，1948 年 11 月 29 日，东北野战军和华北军区第二、三兵团及其地方部队约 100 万人，在由林彪、罗荣桓、聂荣臻组成的平津前线总前委领导下，发起了平津战役。1949 年 1 月 31 日，北平和平解放。整个战役历时 64 天，共歼灭和改编国民党军 52 万余人，基本解放了华北全境。

辽沈、淮海、平津三大战役，历时 142 天，共歼灭国民党正规军 144 个师、非正规军 29 个师共 154 万人。国民党赖以维持其反动统治的主要军事力量基本上被摧毁，中国人民革命的胜利和国民党反动统治的覆灭已成为不可逆转的定局。

三大战役环环相扣，步步得胜，描绘出了中国人民革命斗争史上一幅波澜壮阔的历史画卷。

令人不可思议的是，这幅壮美无比的历史画卷，却是毛泽东和他的战友们在西柏坡几个简陋的农家小院里精心绘制的。毛泽东在他住的隔壁小院里布置了一间作战室。这是一间普通的农家房舍，大约不到 30 平方米。里面摆着三张大桌子，分给作战科、情报科和资料科使用。当年，这间屋子里彻夜灯火通明，来自全国各战场的电报汇集到这里，参谋们紧张地分析、研究、报告。当时，很难买到红蓝铅笔，为了节省使用，参谋们就用红毛线、蓝毛线在地图上标识敌我态势。周恩来曾经说过，党中央、毛主席"是在世界上最小的司令部里，指挥了最大的人民解放战争"。三大战役期间，毛主席仅为前线起草的作战方针和各种重要文电就有 190 多封。

1975 年，在淮海战役中被俘的原国民党第十二兵团司令黄维获得特赦后，来到西柏坡。当他看了这间小平房后，无限感慨地说，毛主席真是英明伟大，在这间小平房里就把国民党的几百万军队打败了，国民党当败，蒋介石当败啊！

35. 将革命进行到底，创建人民民主的新中国

经过三大战役，国民党政府在长江以北的力量已全线崩溃，在长江以南也难组织起系统的防御。眼看国民党的失败已成定局，蒋介石先后请求美国"迅速给予并增加军事援助"甚至要求"美国军事顾问参加指挥作战"，并向美、英、法、苏四国提出"调解"中国内战的要求，均遭拒绝。这时，国民党内的桂系乘机打出"和谈"旗号，威逼蒋介石"毅然下野"。

1949 年元旦，日暮途穷的蒋介石在美国的授意下，在南京总统府邸举行了新年团拜会。在团拜会上，蒋介石宣读了一篇"求和"的《新年文告》："……和战问题盘旋于每一同胞的心胸之间，而政府为战为和亦更为每一同胞所关注。……但是今日时局为和为战，人民为祸为福，其关键不在政府，亦非我同胞对政府片面的希望所能达成，须知道这个问题的决定，全在于共党，国家能否转危为安，人民能否转祸为福，乃在于共党一转念之间……"[1] 继而提出保存国民党制造的从来不为人民

---

[1] 转引自林嚚主编：《世纪抉择：中国命运大论战》第四卷，时事出版社 1997 年版，第 2000 页。

承认的"宪法"，保存他的所谓"法统"，保存反动军队等条件，声称如不答应就要同共产党"周旋到底"。当天，《中央日报》的头版刊登了这篇文告。

关心时势的人们在读了此《新年文告》后，无不大失所望。洋洋洒洒数千言，无半分和谈之诚意，唯见推脱内战责任之用心，但也有少数人为蒋介石的虚假言辞所蒙蔽，不禁产生和平的幻想，曾经鼓噪"中间路线"的资产阶级右翼又死灰复燃，企望借机造成同国民党、共产党"三分天下"的局面。

中国革命又一次来到一个重要历史关节点上。

同样是 1949 年元旦的这个清晨，中国共产党通过架设在河北西柏坡这个小山村里的广播电台，向全世界播放了毛泽东亲笔起草的新年文告。这篇充满胜利信心的、大气磅礴的文章有一个响亮标题——《将革命进行到底》，鲜明地表达了中国共产党的态度：

"中国人民将要在伟大的解放战争中获得最后胜利，这一点，现在甚至连我们的敌人也不怀疑了。……一九四九年中国人民解放军将向长江以南进军，将要获得比一九四八年更加伟大的胜利。""现在摆在中国人民、各民主党派、各人民团体面前的问题，是将革命进行到底呢，还是使革命半途而废呢？……如果要使革命半途而废，那就是违背人民的意志，接受外国侵略者和中国反动派的意志，使国民党赢得养好创伤的机会，然后在一个早上猛扑过来，将革命扼死，使全国回到黑暗世界。现在的问题就是一个这样明白地这样尖锐地摆着的问题。"在文中，毛泽东用"农夫和蛇"的寓言，形象而生动地向全国人民说明决不能怜悯像蛇一样的恶人，100 多年来，中国革命在这个问题上留下的痛苦教训实在太多。号召全党、全军、全国人民坚决彻底干净全部地消灭一切反动势力，推翻国民党的反动统治，建立人民民主专政的共和国，绝不能使革命半途而废。

"将革命进行到底",是中国共产党在中国革命胜利的最后关头,为应对蒋介石假和谈阴谋作出的重大抉择。

为了以事实揭露国民党的"和谈"阴谋,1949年1月14日,毛泽东以中共中央主席的名义发表《关于时局的声明》,表示:"虽然中国人民解放军具有充足的力量和充足的理由,确有把握,在不要很久的时间之内,全部地消灭国民党反动政府残余军事力量;但是,为了迅速结束战争,实现真正的和平,减少人民的痛苦,中国共产党愿意和南京国民党反动政府及其他任何国民党地方政府和军事集团在下列条件的基础上进行和平谈判。这些条件是:(一)惩办战争罪犯;(二)废除伪宪法;(三)废除伪法统;(四)依据民主原则改编一切反动军队;(五)没收官僚资本;(六)改革土地制度;(七)废除卖国条约;(八)召开没有反动分子参加的政治协商会议,成立民主联合政府,接收南京国民党反动政府及所属各级政府的一切权力。"声明得到各民主党派、无党派民主人士和各阶层群众的热烈拥护。

在各方的压力下,蒋介石被迫于1月21日宣布下野,并由南京飞到家乡浙江奉化,退到幕后指挥。桂系首领李宗仁趁机代替了蒋的位置,并表示愿以中共所提八项条件为基础进行和平谈判。但是,无论是桂系还是蒋派,国民党"求和"的真正目的都是为了得到喘息机会,"确保长江以南若干省份的完整"①。企图守江谋和、"划江而治",重新部署兵力,以备卷土重来。这样的谈判结果可想而知。

从4月1日到20日,以周恩来为首席代表的中共代表团和以张治中为首席代表的国民政府代表团,在北平经历了20天的谈判,几经磋

————————

① 《张治中回忆录》(下册),文史资料出版社1985年版,第787页。

商达成了一份《国内和平协定》。但是，就在 4 月 21 日深夜，李宗仁、何应钦复电张治中并各代表，拒绝接受《国内和平协定》，和平大门至此彻底关死。

4 月 21 日，毛泽东主席和朱德总司令发布了《向全国进军的命令》。命令全体指战员："奋勇前进，坚决、彻底、干净、全部地歼灭中国境内一切敢于抵抗的国民党反动派，解放全国人民，保卫中国领土主权的独立完整。"

4 月 20 日晚和 21 日，由以邓小平为书记的总前委统一指挥，第二、三野战军（原中原野战军和华东野战军）在第四野战军先遣兵团和中原军区部队配合下，得到江北人民的支援和江南游击队的策应，发起渡江战役。在西起江西湖口、东至江苏江阴的千里战线上强渡长江，以横扫千军的席卷之势，迅速突破国民党军的江防，占领九江、安庆、贵池、铜陵、芜湖和常州、无锡、镇江等城，彻底摧毁了国民党军苦心经营三个半月的长江防线。

国民党军鉴于长江防线已全线被突破，于 22 日下午实行总退却。人民解放军随即发起追击，23 日，第三野战军一部解放了国民党 22 年来的统治中心——南京，24 日凌晨，一〇四师三一二团三营九连占领总统府，宣告了国民党反动统治的覆灭。就在这一天下午，在北平双清别墅的凉亭里，毛泽东从《人民日报》（号外）闻悉人民解放军占领南京后，感慨万千，欣然提笔，写下了《七律·人民解放军占领南京》一诗：

> 钟山风雨起苍黄，
>
> 百万雄师过大江。
>
> 虎踞龙盘今胜昔，
>
> 天翻地覆慨而慷。

宜将剩勇追穷寇，

不可沽名学霸王。

天若有情天亦老，

人间正道是沧桑。

南京解放后，人民解放军分路追击，中、东两路于 5 月 3 日解放杭州，27 日，攻占全国最大城市上海；西路直取九江、南昌；第四野战军在湖北境内强渡长江，解放武汉三镇。此后，各路野战军向东南、中南、西南、西北纵横驰骋，以摧枯拉朽之势，扫清残敌。到 1949 年 9 月，中国大陆除西南、两广等一小部分地区外，都已获得解放。蒋介石带着他的残兵败将退到台湾和澎湖列岛。中国大陆上数千年的封建压迫、一百多年的帝国主义压迫一齐灰飞烟灭。

中国历史打开了崭新的一页。

36. 确立人民民主专政新国体，创建中华人民共和国

1949 年 10 月 1 日下午，开国大典在天安门广场隆重举行，毛泽东庄严宣告了中华人民共和国中央人民政府的成立。

这一伟大事件，标志着中国人民革命的胜利，中国一百多年半殖民地半封建社会的终结，中华民族实现了梦寐以求的民族解放和国家独立，中国人民从此站起来了，中华民族重新以崭新的姿态屹立于世界民族之林，中国历史开启了新纪元。

最显著的标志，就是人民民主专政国体的确立。这是中国共产党顺

应时代潮流，遵从人民意愿作出的重大历史性抉择。

国体、政体是国之根本。无产阶级在取得政权后，采取什么样的国体（即国家政权的阶级性）和政体（即国家政权的构成形式）巩固自己的统治，管理国家和社会，这是无产阶级政党必须解决的问题。马克思、恩格斯都主张革命后建立无产阶级专政和人民代表大会制度这样一种议行合一的政权形式，不赞同资产阶级的议会制和三权分立。据此，列宁在苏联建立了苏维埃（即代表会议）及中央执行委员会的政权形式。辛亥革命后，中国曾一度效法欧美资产阶级国家实行所谓的议会共和制、三权分立，但事实证明，照搬西方政治体制的模式是一条走不通的路。要实现民族独立、人民解放和国家富强、人民幸福，就必须建立全新的、最广大人民当家作主的人民民主的政治制度。

中国共产党在领导革命的过程中，认真总结辛亥革命的经验教训，以俄为师，对建立新型人民民主政权及其组织形式进行了长期探索和实践。土地革命战争时期，在各革命根据地建立了工农兵代表苏维埃。1931 年 11 月在江西瑞金召开的中华苏维埃第一次全国代表大会通过的《中华苏维埃共和国宪法大纲》明确规定："中华苏维埃所建设的，是工人和农民的民主专政的国家"。"苏维埃共和国之最高政权为全国工农兵苏维埃代表大会。"抗日战争时期，为团结和动员社会各界群众参加抗战，党在各个抗日根据地设立各级各界人民代表的机构——参议会，建立抗日民主政府。从这一系列的政权实践中，党和毛泽东逐渐对革命胜利后将要建立什么样的新中国国体、政体形成了比较清楚的认识。

1940 年 1 月，毛泽东在《新民主主义论》中集中论述了新民主主义国家的国体和政体问题。他明确指出："现在所要建立的中华民主共和国，只能是在无产阶级领导下的一切反帝反封建的人们联合专政的民主共和国"，"中国现在可以采取全国人民代表大会、省人民代表大会、县人民代表大会、区人民代表大会直到乡人民代表大会的系统，并由各级代表大会选举政府"①。毛泽东还把民主集中制这一党的组织原则运用到国家政权机关建设中，作为国家的组织领导原则，强调指出：建立各革命阶级的联合专政，实行民主集中制的制度，这就是新民主主义的政治，"只有民主集中制的政府，才能充分地发挥一切革命人民的意志，也才能最有力量地去反对革命的敌人"，"如果没有真正的民主制度，就不能达到这个目的，就叫做政体和国体不相适应"②。毛泽东的新民主主义理论为新中国政权的建设、人民代表大会制度的确立奠定了理论基础。

随着解放战争的胜利发展，1948 年 9 月，在中央政治局扩大会议讨论即将成立的新中国采用什么样的国体和政体时，毛泽东明确指出："我们政权的阶级性是这样：无产阶级领导的，以工农联盟为基础，但不是仅仅工农，还有资产阶级民主分子参加的人民民主专政。"③毛泽东还特别强调：我们是人民民主专政，各级政府都要加上"人民"二字，各种政权机关都要加上"人民"二字，如法院叫人民法院，解放军叫人民解放军，以示和蒋介石政权不同。关于新中国的政体，毛泽东说："我们采用民主集中制，而不采用资产阶级议会制"，"不必搞资产阶级的议会制和三权鼎立等"④。因为"议会制，袁世凯、曹锟都搞过，已经臭了"，我们应当"建立民主集中制的各级人民代表会议制度"⑤。"只有这个制度，才既能表现广泛的民主，使各级人民

---

① 《毛泽东选集》第二卷，人民出版社 1991 年版，第 675、677 页。
② 《毛泽东选集》第二卷，人民出版社 1991 年版，第 677 页。
③ 《毛泽东文集》第五卷，人民出版社 1996 年版，第 135 页。
④ 《毛泽东文集》第五卷，人民出版社 1996 年版，第 136 页。
⑤ 《毛泽东文集》第五卷，人民出版社 1996 年版，第 136 页。

代表大会有高度的权力；又能集中处理国事，使各级政府能集中地处理被各级人民代表大会所委托的一切事务，并保障人民的一切必要的民主活动。"①

为了向全国人民公开阐明中国共产党在建立新中国问题上的主张，"人民民主专政的基础是工人阶级、农民阶级和城市小资产阶级的联盟，因为这两个阶级占了中国人口的百分之八十到九十。"并且强调："人民民主专政需要工人阶级的领导。因为只有工人阶级最有远见，大公无私，最富于革命的彻底性。"②至于这种政权的特点，早在1940年1月毛泽东在《新民主主义论》中就指出："新民主主义共和国，一方面和旧形式的、欧美式的、资产阶级专政的、资本主义的共和国相区别"；"另一方面，也和苏联式的、无产阶级专政的、社会主义的共和国相区别。"③在1949年3月的七届二中全会上，毛泽东在谈到人民代表会议制度时进一步指出，我们"采取无产阶级共和国的苏维埃制度。代表会议就是苏维埃。自然，在内容上我们和苏联的无产阶级专政的苏维埃是有区别的，我们是以工农联盟为基础的人民苏维埃"④。

毛泽东关于人民政权建设的思想得到了各民主党派、各民族代表的普遍赞同，写进了1949年的《中国人民政治协商会议共同纲领》（以下简称《共同纲领》）。《共同纲领》规定："中华人民共和国为新民主主义即人民民主主义的国家，实行工人阶级领导的，以工农联盟为基础的、团结各民主阶级和国内各民族的人民民主专政"，"中华人民共和国的国家政权属于人民。人民行使国家政权的机关为各级人民代表

---

① 《毛泽东选集》第三卷，人民出版社1991年版，第1057页。
② 《毛泽东选集》第四卷，人民出版社1991年版，第1478、1479页。
③ 《毛泽东选集》第二卷，人民出版社1991年版，第675页。
④ 《毛泽东文集》第五卷，人民出版社1996年版，第265页。

大会和各级人民政府。各级人民代表大会由人民用普选方法产生之。"①
这就确立了工人阶级领导的、以工农联盟为基础的人民民主专政的国
体，和实行民主集中制的人民代表大会制度的政体。

实践证明，新中国确立的国体、政体，既充分体现了国家的一切权
力属于人民，又保证了国家政权机关能够有效地领导和管理国家的各项
工作，是极富创造性的，是实现人民当家作主的根本制度保证。

1954 年 9 月，第一次全国人民代表大会通过的《中华人民共和国
宪法》体现了两大原则，即人民民主原则和社会主义原则，把中国人民
行使当家作主权利的政治制度用根本大法形式确定下来，并指明了为建
设社会主义社会继续奋斗的正确道路。

37. 创新政党制度，实行中国共产党领导的多党合作和政治协商制度

政党制度是现代国家政治制度的重要组成部分。新中国筹建之时，
世界各国的政党制度，有的是一党制，有的实行两党制或多党制。新中
国应该实行什么样的政党制度？如何处理与其他民主党派的关系？这是
中国共产党面临的重大问题，各民主党派也十分关注。

令人瞩目的是，中国共产党作为中国民主力量的代表，作为长期为
民主而奋斗的党，在战场上取得决定性优势的时候，并没有凭借枪杆子

---

① 中共中央文献研究室、中央档案馆编：《建国以来重要文献选编》第一册，中央文
献出版社 1992 年版，第 2、4 页。

的力量独霸政权，既不实行社会主义苏联的一党制，更不是资本主义国家的两党制或多党制，而是选择同各民主党派和无党派民主人士一起，采取民主的方式，共同建立和管理新中国，确立了中国特色的政党制度——中国共产党领导的多党合作与政治协商制度。

这是以毛泽东同志为代表的中国共产党人运用马克思主义政党学说，深刻总结国内外历史教训，探索建立中国特色的政党制度的一大创造。

按照马克思主义的基本原理，一个国家的政党制度，主要是由国家政治、经济制度决定的。社会主义国家的公有制或公有制为主体的经济制度，决定了在政党制度上只能是以坚持共产党的领导为前提，否则就会改变国家的性质。至于具体何种政党体制，要由各个国家的具体国情来决定。

新中国实行中国共产党领导的多党合作和政治协商制度，如周恩来所指出的，"是由历史发展而来的"[1]，是近代以来中国历史发展的必然结果。

众所周知，20 世纪以来的近代中国，1911 年的辛亥革命胜利后，孙中山曾仿效西方国家尝试过议会制和实行过多党制，但都以失败告终。1913 年 2 月，根据《中华民国临时约法》规定，中国进行首次国会选举，国民党所得议席最多，预备由宋教仁出任内阁总理。但袁世凯立即向资产阶级革命派开刀。宋教仁被暗杀后，袁世凯扑灭了"二次革命"，解散国民党和象征民主共和制的国会，所谓的议会制和多党政治刚一出世就被扼杀。中国共产党成立后，国共两党曾两度合作，但最终都因国民党顽固坚持其一党专政而走向破裂。同时，国民党也不能允许其他民主党派的合法存在，严厉予以打压。历史表明，在帝国主义时代，半殖民

---

① 《周恩来选集》下卷，人民出版社 1984 年版，第 95 页。

地半封建的中国，所谓的议会制、多党政治和一党制等资本主义的政党制度，在中国根本行不通。必须从中国实际出发，进行政治创造。

中国共产党坚持从中国的具体历史和社会条件出发，探索适合中国国情的政治制度和政党制度。1922年7月召开的党的二大即提出，为了实现反帝反封建的革命目标，必须联合全国一切的革命党派，联合资产阶级民主派，组成"民主主义的联合阵线"。在抗日根据地的政权建设中，毛泽东明确指出：中国共产党"既不赞成别的党派的一党专政，也不主张共产党的一党专政，而主张各党、各派、各界、各军的联合专政"①。抗日根据地实行的"共产党主导"和"多党派参与"的"三三制"政权形式，成为中国共产党领导的多党合作和政治协商的政党制度的雏形。抗战胜利后，中国共产党积极推动召开包括国共两党和其他党派参加的政治协商会议（史称"旧政协"），与民主党派和无党派民主人士通力合作，互相配合，为争取和平民主而共同奋斗。在蒋介石撕毁"双十协定"、建立独裁政府的情况下，中国共产党同各民主党派在反对蒋介石的独裁、内战政策，争取建立新中国的共同斗争中逐渐形成了风雨同舟、患难与共的合作关系。民主党派也通过对国共两党是非曲直的比较中，不断加深着对中国共产党的政治认同。

1947年10月10日，中国共产党提出"组成民族统一战线，打倒蒋介石独裁政府，成立民主联合政府"的主张。1948年4月30日，中共中央发布五一劳动节口号，正式向各民主党派、各人民团体、各社会贤达发出"迅速召开政治协商会议，讨论并实现召集人民代表大会，成立民主联合政府"的号召。②得到各民主党派代表人物的积极响应，他

---

① 《毛泽东选集》第二卷，人民出版社1991年版，第760页。
② 《毛泽东选集》第四卷，人民出版社1991年版，第1349页。

们纷纷热情参与新政权的筹备工作。1949 年 1 月 22 日，李济深等 55 位民主人士联合发表《对时局的意见》，第一次以共同声明的形式，公开而明确地表示愿意在中共领导下为独立、自由、和平、幸福的新中国之早日实现而奋斗。

在这种情况下，1949 年 3 月 5 日，毛泽东在中共七届二中全会的报告中明确提出："我党同党外民主人士长期合作的政策，必须在全党思想上和工作上确定下来。"①6 月，由 23 个单位的代表 134 人组成的新政协筹备会成立，毛泽东为筹备会常务委员会主任，中国共产党领导的多党合作制度开始运作起来。

这时，党内外有些人对于中国共产党的这种富有远见的政治设计，对于政协是否还有必要存在，及其性质、任务等一些重大问题有不同意见，有些民主党派还进行了合并或提出解散。毛泽东知道后，认为这种做法不妥。1949 年 9 月 22 日，周恩来在中国人民政治协商会议第一次全体会议上代表新政协筹委会作了题为《关于〈中国人民政治协商会议共同纲领〉草案的起草经过及其特点》的报告，专门明确：人民政协和民主党派将长期存在。周恩来说，关于这个问题"在讨论中曾出现过两种其他的想法：第一种以为等到人民代表大会召开之后，就再不需要人民政协这样的组织了；第二种以为由于各党派这样团结一致，推动新民主主义很快地发展，党派的存在就不会很久了。后来大家在讨论中认为这两种想法是不恰当的。因为他们不合于中国革命的发展和建设的需要。……这就是在普选的全国代表大会召开以后，政协会议还将对中央政府的工作起协商、参谋和推动作用。其次，新民主主义时代既有各阶级的存在，就会有各党派的存在。旧民主国家的统治者是资产阶级，其

---

① 《毛泽东选集》第四卷，人民出版社 1991 年版，第 1437 页。

所属各派必然是互相排挤，争权夺利。新民主主义国家的各阶级在工人阶级领导下……在主要政策问题上是能够求得一致的，筹备会通过的共同纲领草案就是一个最明显的证明。而人民民主统一战线内部的不同要求和矛盾，在反帝反封建残余的斗争面前，是可以而且应该得到调节的"。这样，中国共产党领导的多党合作和政治协商制度得到正式确立。

这一重大政治抉择，既是中国共产党准确把握中国革命规律自觉推动的结果，也是民主党派在历经坎坷之后的正确选择。

此后，中共中央和毛泽东一直坚持这一制度。1950 年 2 月，毛泽东仍明确表示，民主党派不能解散，不但要继续存在，而且要继续发展。[①] 针对当时党内部分同志认为民主党派和民主人士只不过是"一根头发的功劳"，毛泽东对中央统战部负责同志指出：要向大家说清楚，从长远和整体看，必须要民主党派。认为民主党派是"一根头发的功劳"、一根头发拔去拔不去都一样的说法是不对的。从他们背后联系的人们看，就不是一根头发而是一把头发，不可藐视。[②] 对于人民政协，毛泽东明确指出：人民政协是"团结全国各民族、各民主阶级、各民主党派、各人民团体及各界民主人士的伟大的统一战线的政治组织，在全国人民中有很高的威信。我们必须巩固这种团结，巩固我们的统一战线，领导全国人民稳步地达到自己的目的"。周恩来也指出：我们现在有党的系统，有政权的系统，再加上政协的系统，这就更能反映各方面的意见，并有利于决议的贯彻执行。直到 1956 年 4 月，毛泽东在《论十大关系》的讲话中仍然强调："究竟是一个党好，还是几个党好？现在看来，恐怕是几个党好。不但过去如此，而且将来也可以如此，就

---

① 《为了民主与科学：许德珩回忆录》，中国青年出版社 1987 年版，第 298 页。
② 《历次全国统战工作会议概况和文献》，档案出版社 1988 年版，第 6 页。

是长期共存，互相监督。"① 据此，中共八大政治报告第一次以党的文件形式，确定今后将"采取共产党和各民主党派长期共存、互相监督的方针"②。这一重要方针为共产党领导的多党合作和政治协商成为一项长期的基本制度奠定了理论和政策基础。

实践证明，中国共产党领导的多党合作和政治协商制度作为我国的一项基本政治制度，是中国共产党和中国人民的伟大政治创造，是从中国的社会土壤中生长出来的新型政党制度，必须长期坚持、不断发展。

2014 年 9 月 21 日，习近平在庆祝中国人民政治协商会议成立 65 周年大会上发表重要讲话，高度评价和肯定这一中国特色政党制度，指出：

"在中国共产党统一领导下，通过多种形式的协商，广泛听取意见和建议，广泛接受批评和监督，可以广泛达成决策和工作的最大共识，有效克服党派和利益集团为自己的利益相互竞争甚至相互倾轧的弊端；可以广泛畅通各种利益要求和诉求进入决策程序的渠道，有效克服不同政治力量为了维护和争取自己的利益固执己见、排斥异己的弊端；可以广泛形成发现和改正失误和错误的机制，有效克服决策中情况不明、自以为是的弊端；可以广泛形成人民群众参与各层次管理和治理的机制，有效克服人民群众在国家政治生活和社会治理中无法表达、难以参与的弊端；可以广泛凝聚全社会推进改革发展的智慧和力量，有效克服各项政策和工作共识不高、无以落实的弊端。这就是中国社会主义协商民主的独特优势所在。"③

"协商民主是中国社会主义民主政治中独特的、独有的、独到的民主形式，它源自中华民族长期形成的天下为公、兼容并蓄、求同存异等

---

① 中共中央文献研究室编：《建国以来毛泽东文稿》第六册，中央文献出版社 1992 年版，第 94 页。

② 《刘少奇选集》下卷，人民出版社 1985 年版，第 246 页。

③ 《习近平谈治国理政》第二卷，外文出版社 2017 年版，第 295—296 页。

优秀政治文化，源自近代以后中国政治发展的现实进程，源自中国共产党领导人民进行革命、建设、改革的长期实践，源自新中国成立后各党派、各团体、各民族、各阶层、各界人士在政治制度上共同实现的伟大创造，源自改革开放以来中国在政治体制上的不断创新，具有深厚的文化基础、理论基础、实践基础、制度基础。"[1]

38. 创新多民族国家政治制度，实行民族区域自治制度

中国自古以来就是一个多民族国家。正确解决民族问题，是中国革命的重要内容，也是新型人民政权建设的重大问题。

1949 年 9 月，《共同纲领》将民族区域自治制度纳入新中国政治制度框架之中，明确规定："各少数民族聚居的地区，实行民族区域自治，按照民族聚居的人口多少和区域大小，分别建立各种民族自治机关。"1952 年 8 月中央人民政府颁布的《中华人民共和国民族区域自治实施纲要》和 1954 年 9 月通过的《中华人民共和国宪法》，进一步予以确认，成为我国一项重要政治制度。

在第一个社会主义国家苏联已经实行共和国联邦制的情况下，《共同纲领》没有照搬苏联的经验，而是创造性地确立了民族区域自治制度，把新中国确定为一个统一的多民族的人民共和国，是中共中央和毛泽东根据中国民族关系实际，经过反复思考和比较，在总结实践经验的

---

[1] 《习近平谈治国理政》第二卷，外文出版社 2017 年版，第 293—294 页。

基础上作出的重大政治选择，是"史无前例的创举"①。

中国共产党成立后，就把解决民族问题、实现民族平等和团结作为中国新民主主义革命的一项重要内容，进行了长期的探索。1922 年 7 月，中共二大根据马克思主义关于民族问题的一般原理，提出"尊重边疆人民的自主，促成蒙古、西藏、回疆三自治邦，再联合成为中华联邦共和国"。②1931 年 11 月，中华苏维埃第一次全国代表大会通过的《中华苏维埃共和国宪法大纲》规定："中国苏维埃政权承认中国境内少数民族的民族自决权。"③ 随着中国共产党的日益成熟，对中国国情认识的不断深化，逐步明确提出了符合我国国情的民族区域自治制度，作为解决中国民族问题的基本政策。1938 年，毛泽东在《论新阶段》中从团结各民族共同抗日的目的出发，对中国共产党解决国内民族问题的基本纲领和政策作了详细论述，初步提出统一国家下少数民族的自治权。1941 年 5 月 1 日，陕甘宁边区政府颁布了《陕甘宁边区施政纲领》，其中规定："依据民族平等原则，实行蒙回民族与汉族在政治经济文化上的平等权利，建立蒙回民族的自治区。"④1945 年 10 月 23 日，中央在关于内蒙工作方针的指示中指出："对内蒙的基本方针，在目前是实行民族区域自治。"⑤1946 年 2 月 18 日，中共中央更加明确指出："根据和平

---

① 《周恩来选集》下卷，人民出版社 1984 年版，第 258 页。

② 中共中央文献研究室、中央档案馆编：《建党以来重要文献选编（1921 ～ 1949）》第一册，中央文献出版社 2011 年版，第 130 页。

③ 中共中央文献研究室、中央档案馆编：《建党以来重要文献选编（1921 ～ 1949）》第八册，中央文献出版社 2011 年版，第 652 页。

④ 中共中央文献研究室、中央档案馆编：《建党以来重要文献选编（1921 ～ 1949）》第十八册，中央文献出版社 2011 年版，第 243 页。

⑤ 中共中央文献研究室、中央档案馆编：《建党以来重要文献选编（1921 ～ 1949）》第二十二册，中央文献出版社 2011 年版，第 760 页。

建国纲领要求民族平等自治，但不应提出独立自治口号。"在这一方针指导下，1947 年 5 月 1 日，内蒙古自治政府成立。这是中国共产党领导建立的中国第一个省级自治区，从实践层面为民族区域自治提供了成功的范例，积累了宝贵的经验。

但是，当时提出的"民族区域自治"还比较笼统，革命根据地和解放区建立的少数民族自治政权基本上是联邦制思想框架下的民族区域自治，而不是后来意义上的统一国家内部地方性的民族区域自治。

在起草《共同纲领》的过程中，毛泽东曾就新中国是实行联邦制还是搞统一共和国、少数民族区域自治向党内征询意见。据长期主持党的民族工作、时任中共中央统战部部长的李维汉回忆，毛泽东曾就这个问题征询过他的意见，他向毛泽东提出不要搞联邦。李维汉认为，我国同苏联的国情不同不宜实行联邦制。其理由是：（一）苏联的少数民族约占全国总人口的 47%，而我国的少数民族人口只占 6%，并呈现出大分散小聚居的状态，汉族和少数民族之间以及几个少数民族之间往往互相杂居或交错聚居。（二）苏联实行联邦制是由十月革命后当时的形势决定的。在十月革命后的俄国，当时许多民族实际上已分离成为不同国家，苏俄政府不得不采取联邦制把按照苏维埃形式组成的各个国家联合起来，作为走向完全统一的过渡形式。而在中国，各民族在中国共产党的统一领导下由平等联合进行革命，平等联合建立人民共和国。因此，单一制的国家结构形式，更加符合中国的国情；在统一的国家内实行民族区域自治，更有利于实现民族平等原则。①

---

① 《中国共产党的九十年》（新民主主义革命时期），中共党史出版社、党建读物出版社 2016 年版，第 341 页。

这个看法同中共中央的意见是一致的。1949 年 9 月 7 日，周恩来向已到达北平的几百名政协代表作题为《关于人民政协的几个问题》的报告，其中专门说："关于国家制度方面，还有一个问题就是我们的国家是不是多民族联邦。现在可以把起草时的想法提出来，请大家考虑。……但是今天帝国主义者又想分裂我们的西藏、台湾甚至新疆，在这种情况下，我们希望各民族不要听帝国主义者的挑拨。为了这一点，我们国家的名称，叫中华人民共和国，而不叫联邦"。"我们虽然不是联邦，但却主张民族区域自治，行使民族自治的权力"。我们应该"把各民族团结成个大家庭"①。经过研究和论证，中共中央和毛泽东最终选择采取统一国家内部地方性的民族区域自治，建立一个统一的多民族的人民共和国。

经过深入的研究和论证，《共同纲领》最终确定新中国在统一的（单一制的）国家内实行民族区域自治制度。这样，民族区域自治制度作为新中国的基本政治制度之一明确下来。

实行民族区域自治，代表了中华民族的根本利益，是合乎中国国情的正确选择。中国自古以来就是一个多民族的统一国家，而且是幅员辽阔并基本保持统一的单一制国家；中华民族多元一体的发展，各民族之间在政治、经济和文化上存在着互相依存、共同发展的根本利益；国内民族分布形成了一种以汉族为主体的大杂居、小聚居的局面；汉族占全国人口绝大多数，绝大多数少数民族都是在一个或几个大小不一的聚居地与汉族交错杂处，各地区的资源条件和发展存在差距；各少数民族在民主革命时期就拥护和支持中国共产党的政治纲领，与中共建立了巩固的联盟，共同赢得了中国民主革命的胜利。统一多民族国家的国情为民族区域自治提供了历史依据、现实条件和政治基础。

---

① 《周恩来统一战线文选》，人民出版社 1984 年版，第 139—140 页。

从 1950 年开始,新中国在少数民族聚居区进行民族区域自治的试点。1952 年 8 月,中央人民政府颁布新中国第一部民族问题的法规《中华人民共和国民族区域自治实施纲要》,民族区域自治走向法律化、制度化。1954 年《宪法》对民族区域自治进一步作了全面细致的规定。1955 年 10 月,新疆维吾尔自治区成立;1958 年 3 月,广西壮族自治区成立;1958 年 10 月,宁夏回族自治区成立。至此,中国已成立 4 个自治区、29 个自治州和 54 个自治县。1965 年 9 月,西藏自治区成立,标志着全国范围内民族区域自治格局的形成。

经过 70 多年的历史检验,民族区域自治制度已经成为中国一项不可动摇的基本政治制度,它对于维护国家统一和社会稳定、加强民族团结和经济发展具有不可估量的意义和作用。我们之所以在民族问题上没有犯颠覆性错误,没有发生像苏联、东欧国家那样的民族冲突动荡,也没有发生像西方发达国家那样的民族分离主义危机,最关键的因素,就是我们始终坚持和完善民族区域自治制度。

2019 年,党的十九届四中全会高度肯定和评价了我国民族区域自治制度在坚持各民族一律平等,铸牢中华民族共同体意识,实现各民族共同团结奋斗、共同繁荣发展方面具有的显著优势,强调这一制度必须长期坚持和发展。

39. 郑重对待从新民主主义到社会主义的转变,《共同纲领》确定新中国的新民主主义国家性质

1949 年创建的新中国是一个什么性质的国家?是新民主主义共和

国，还是社会主义共和国？这个问题，一些人并不十分清楚。《共同纲领》作为中国人民革命建国的纲领，总纲开宗明义第一条规定："中华人民共和国为新民主主义即人民民主主义的国家"。

这就带来一个问题：实现社会主义、共产主义，是中国共产党建党之时就确立的奋斗目标。现在，中国新民主主义革命胜利了，中国共产党为什么主张建立新民主主义的共和国，而没有明确规定社会主义的前途？

这是中国共产党从中国革命的实际出发，经过与各民主党派和党外人士充分协商，慎重考虑作出的重大决策。

从历史上看，由半殖民地半封建的中国国情、中国民族资产阶级的双重性和十月社会主义革命的世界影响等因素所决定，中国民主革命呈现出新的时代特点，即中国共产党领导下的新式民主主义革命。中国共产党领导的中国革命，要分两步走，第一步，是进行新民主主义革命，即无产阶级领导的、人民大众的、反对帝国主义封建主义和官僚资本主义的革命，革命的目标是改变中国半殖民地半封建的社会形态，建立一个独立的新民主主义国家；第二步，使革命继续发展，开展社会主义革命，建立社会主义国家。这两个革命各有自己特定的任务，是性质不同的两个革命过程，但这两个革命又紧密联系不可分割，犹如文章的上篇和下篇的关系，只有上篇作好了，下篇才能作好。因此，民主主义革命是社会主义革命的必要准备，社会主义革命是民主主义革命的必然趋势。

这是中国革命特殊规律的体现，也是毛泽东新民主主义理论的基本观点，为中国共产党就一直所强调。从毛泽东的《新民主主义论》到党的七大《论联合政府》的政治报告、新通过的《党章》和七大确定的党的政治路线，到1949年的七届二中全会的决议，都贯穿着这一思想。

因此，首先建立起一个独立的新民主主义国家，是中国共产党的既定战略目标。

在讨论《共同纲领》草案时，许多代表也曾建议在总纲中明确地把社会主义前途规定出来。1949 年 9 月 22 日，在新政治协商会议筹备会第二次全体会议上，周恩来代表新政协筹委会专门就"在《共同纲领》中没有明确规定社会主义前途"这一问题作了解释。他说：在讨论中，曾有一种意见，以为我们既然承认新民主主义是一个过渡性质的阶段，一定要向更高级的社会主义和共产主义阶段发展，因此总纲中就应该明确地把这个前途规定出来。大家认为这个前途是肯定的，毫无疑问的，但应该通过解释、宣传特别是实践来证明给全国人民看。只有全国人民在自己的实践中认识到这是唯一的最好的前途，才会真正承认它，并愿意全心全意为它奋斗。所以，现在暂时不写出来，不是否定它，而是更加郑重地对待它。而在这个纲领中经济的部分里面，已经规定要在实际上保证向这个前途走去。按照《共同纲领》不折不扣地做下去，社会主义的条件就会逐步具备和成熟。会议代表一致同意这个意见。

这个认识与中国共产党的一贯思想和主张是一致的。《共同纲领》虽然没有明确规定社会主义前途，但在中国共产党看来，新民主主义本身有一个发展过程，新民主主义建设必然要走社会主义。1937 年 5 月 8 日，毛泽东在《为争取千百万群众进入抗日民族统一战线而斗争》这篇文章中就曾指出："我们是革命转变论者，主张民主革命转变到社会主义方向去。民主革命中将有几个发展阶段，都在民主共和国口号下面。从资产阶级占优势到无产阶级占优势，这是一个斗争的长过程……""我们主张经过民主共和国的一切必要的阶段，到达于社会主义。"[①] 同时，

---

① 《毛泽东选集》第一卷，人民出版社 1991 年版，第 276 页。

毛泽东还一再强调，中国革命分两步走和革命转变的根本点在于：无产阶级（通过中国共产党）牢牢地掌握中国革命的领导权。新民主主义革命和社会主义革命这两重任务的领导，都担负在中国无产阶级及其政党的双肩上，离开了中国共产党的领导，任何革命都不能成功。

事实上，到党的七届二中全会和起草《共同纲领》的时候，中国国内阶级力量对比已经发生了根本性的变化。经过三年解放战争，无产阶级在军事上、在政治上都占了绝对的优势。国民党军队全面崩溃，国民党政府即将和已经倒台，国共两党之间的诸多党派中，占大多数的各民主党派都站到拥护共产党的立场上来。在经济上，随着帝国主义、封建主义和官僚资本主义这三座大山被推翻，国民党政府二十年经营集中到它手中的经济力量，转到共产党领导的人民政府手中，这对于经济上由资产阶级占优势到无产阶级占优势，有决定性的意义。在这个意义上，这时的中国革命无疑已经发展到新民主主义的高级发展阶段。所谓高级阶段，就是新民主主义之"新"的成分、无产阶级和社会主义的成分更多，距离向社会主义转变更近的阶段。可以说，社会主义转变已经如桅在望了。正是在这种情况下，党的七届二中全会原则上规定了"要在实际上保证中国向社会主义前途走去"的方针政策。

但是，如桅在望毕竟不是船到码头。这个时候，更需要稳扎稳打地推进新民主主义的政治、经济、文化等各项建设，为向社会主义过渡创造更加充分、成熟的条件。所以，1950 年 6 月，毛泽东在全国政协一届二次会议上说："《共同纲领》必须充分地付之实行，这是我们国家现时的根本大法。"

这样，经过三年的发展，到 1953 年中国共产党才提出党在过渡时期的总路线，向全国人民正式提出向社会主义过渡的任务，又经过三年的社会主义革命，1956 年 9 月党的八大才正式宣布社会主义制度在中国基本确立，1956 年底领导人民有步骤地顺利实现了从新民主主义向社会主义转变。

实践证明，中国共产党在新民主主义向社会主义转变问题上的这种郑重的态度、稳妥的步骤是符合实际的正确选择。

40. 结束百年屈辱外交，提出"另起炉灶""打扫干净屋子再请客"和"一边倒"的基本外交方针

中国革命的胜利，中华人民共和国的成立，为结束百余年来旧中国的屈辱外交，在平等、互利和互相尊重领土主权完整的基础上同各国建立新型外交关系创造了前提。但是，新中国成立后能否立即同一些国家建立外交关系，以迅速获得国际承认？如何防止帝国主义武装干涉，保障国家的安全？怎样取得外国对我国经济恢复的必要的援助？特别是在第二次世界大战结束后，国际形势的演变，逐渐形成以美苏两大强国相互对峙为特征的两极格局，出现了美苏之间的矛盾同帝国主义与和平民主两大阵营、资本主义和社会主义两种社会制度的相互对抗交织在一起的局面。这种情况，一方面为新中国成立后同苏联和一批人民民主国家以及周边一些新兴民族独立国家建立新型关系提供了可能，另一方面，也意味着新中国同美、英等国之间必然存在深刻的矛盾。如何准确把握形势，正确制定新中国外交方针和指导原则，是摆在中国共产党面前的重大现实课题。

基于对中国革命胜利前夕所面临国际形势的清醒判断和现实考虑，

1949 年 3 月，党的七届二中全会确定，新中国在外交方面，必须坚持独立自主的外交政策。随后，毛泽东先后提出三条基本外交方针，并形象地概括为："另起炉灶""打扫干净屋子再请客"和"一边倒"。

"另起炉灶""打扫干净屋子再请客"，是毛泽东在 1949 年 3 月党的七届二中全会上提出来的。

毛泽东指出："不承认国民党时代的任何外国外交机关和外交人员的合法地位，不承认国民党时代的一切卖国条约的继续存在，取消一切帝国主义在中国开办的宣传机关，立即统制对外贸易，改革海关制度，这些都是我们进入大城市的时候所必须首先采取的步骤。在做了这些以后，中国人民就在帝国主义面前站立起来了。"① 毛泽东把它称为"另起炉灶"。

毛泽东又指出："关于帝国主义对我国的承认问题，不但现在不应急于去解决，而且就是在全国胜利以后的一个相当时期内也不必急于去解决。我们是愿意按照平等原则同一切国家建立外交关系的，但是从来敌视中国人民的帝国主义，决不能很快地就以平等的态度对待我们，只要一天它们不改变敌视的态度，我们就一天不给帝国主义国家在中国以合法的地位。"② 后来毛泽东把它比喻为"打扫干净屋子再请客"。

鉴于第二次世界大战后世界形成两大阵营对峙的国际环境，作为共产党领导的新国家，要争取外交空间和自身发展的和平外部环境，新中国的对外政策只能"倒向社会主义一边"，争取苏联和其他人民民主国家的帮助。1949 年 6 月 30 日，在《论人民民主专政》中，毛泽东进一

---

① 《毛泽东外交文选》，中央文献出版社 1994 年版，第 80 页。

② 《毛泽东外交文选》，中央文献出版社 1994 年版，第 80—81 页。

步提出了著名的"一边倒"原则:"一边倒,是孙中山的四十年经验和
共产党的二十八年经验教给我们的,深知欲达到胜利和巩固胜利,必须
一边倒"(引者注:倒向社会主义一边)。"骑墙是不行的。"①

以上述外交方针为指导,《共同纲领》规定了新中国与外国建交的
原则:对于国民党政府与外国政府所订立的各项条约和协定,中华人民
共和国中央人民政府应加以审查,按其内容,分别予以承认,或废除,
或修改,或重订。"凡与国民党反动派断绝关系,并对中华人民共和国
采取友好态度的外国政府,中华人民共和国中央人民政府可在平等、互
利及互相尊重领土主权的基础上,与之谈判,建立外交关系。""一边倒"
的表述,虽未直接写入《共同纲领》,但有类似的表述:"中华人民共和
国联合世界上一切爱好和平、自由的国家和人民,首先是联合苏联、各
人民民主国家和各被压迫民族,站在国际和平民主阵营方面,共同反对
帝国主义侵略,以保障世界的持久和平。"

根据《共同纲领》规定的建交原则,中华人民共和国中央人民政府
一经成立,即同苏联建立外交关系、互派大使,并先后与保加利亚、罗
马尼亚、匈牙利、朝鲜、捷克斯洛伐克、波兰、蒙古、德意志民主共和
国、阿尔巴尼亚和越南等 10 个人民民主国家建立了外交关系。特别是
1950 年 2 月 14 日《中苏友好同盟互助条约》和有关协定的签订,是新
中国外交取得的重大成果。毛泽东指出:"这次缔结的中苏条约和协定,
使中苏两大国家的友谊用法律形式固定下来,使得我们有了一个可靠的
同盟国,这样就便利我们放手进行国内的建设工作和共同对付可能的帝
国主义侵略,争取世界的和平。"②

---

① 《毛泽东选集》第四卷,人民出版社 1991 年版,第 1472—1473 页。

② 《毛泽东外交文选》,中央文献出版社、世界知识出版社 1994 年版,第 131 页。

此外，1950—1951 年，新中国不仅同缅甸、印度、巴基斯坦和印度尼西亚 4 个亚洲民族独立国家建立了外交关系，而且同瑞典、丹麦、瑞士和芬兰 4 个欧洲资本主义国家建立了外交关系。这是新中国成立后出现的第一次建交高潮。这些成果具有重大意义，不仅有利于刚诞生的新中国步入国际社会，而且有利于我国迅速恢复和发展饱受战争创伤的国民经济，中国对外关系发展有了良好开端。

新中国成立初期的这三大外交政策，一扫旧中国的屈辱外交，表明中华人民共和国是一个真正独立统一的国家，中国人真正站立起来了。

41. 决策抗美援朝、保家卫国，打赢新中国立国之战

1950 年 6 月 25 日，中国近邻朝鲜半岛发生大规模战争，即朝鲜战争。6 月 27 日，美国决定进行武装干涉，同时命令其海军第三舰队侵入台湾海峡，"阻止对台湾地区的任何进攻"，公然干涉中国内政，阻挠中国的统一大业。新中国成立仅半年多，就遭遇外国侵略的严重威胁。10 月，在朝鲜政府的请求下，中共中央和毛泽东毅然决定：抗美援朝、保家卫国。

这是一个需要有战略胆识和气魄的决策，一个具有远见的战略决策，也是一个创造了现代战争史上的奇观的决策。

然而，决策的过程是异常艰难的。

美国把台湾和朝鲜半岛这两个看起来不相干的地区联系起来，同时采取严重的军事步骤，公然干涉中朝两国的内政，有其战略上的考虑。从冷战开始以来，它一直把这两个地区看作是在远东遏制"共产主义扩

张"的桥头堡，尤其把中国领土台湾当作自己"不沉的航空母舰"。

毛泽东迅速作出反应，表明中国政府的立场。他在 1950 年 6 月 28 日中央人民政府委员会第八次会议上庄严宣告："全国和全世界的人民团结起来，进行充分的准备，打败美帝国主义的任何挑衅。"①

但是，美军无视中国政府的一再警告。1950 年 7 月 7 日，美国操纵联合国安全理事会通过决议，组成以美国军队为主，英、法等 15 个国家有少量部队参加的"联合国军"，扩大侵朝战争。9 月 15 日，美军 7 万余人在朝鲜半岛西海岸仁川港登陆，朝鲜战局发生急剧变化。28 日，美军占领汉城，朝鲜人民军主力腹背受敌，被迫实行战略退却。10 月 1 日，美军越过三八线，麦克阿瑟向朝鲜发出"最后通牒"，要朝鲜人民军无条件"放下武器停止战斗"。当天深夜，金日成紧急向中国政府提出出兵支援的请求。10 月 7 日，美军在开城地区越过三八线，向北推进。12 小时以后，美国操纵联合国通过了一个"统一"朝鲜的提案。

与此同时，美国将战火烧到了鸭绿江边，大有将战火从中朝边境进一步扩大之势，直接威胁新中国的国家安全。美国扩大朝鲜战争的嚣张气焰，迫使中国人民为了捍卫来之不易的民族独立。在朝鲜政府的请求下，也为了维护自身的安全与和平，必须挺身而出，"保卫中国，支援朝鲜"。正如彭德怀在回顾这段历史时所说的："美军一过三八线，我就知道不打不行了。"

凡事预则立，不预则废。就在 1950 年 7 月 7 日联合国安理会通过成立"联合国军司令部"前后，毛泽东和中共中央作出一个决策，调几个军到东北，摆在鸭绿江边，加强东北边防。8 月，毛泽东致电东北军

---

① 中共中央文献研究室：《建国以来重要文献选编》第十一册，中央文献出版社 1995 年版，第 560 页。

区司令员兼政治委员高岗，要求东北边防军在月内完成一切准备工作，准备 9 月上旬能作战。同时将第九兵团和第十九兵团分别调到津浦、陇海铁路沿线地区，策应东北边防军。但中国出不出兵，毛泽东有一个"底"，这个"底"就是美军是不是过三八线。1956 年 9 月 23 日，毛泽东同苏共中央代表团谈话时曾经说过："美帝国主义如果干涉，不过三八线，我们不管，如果过三八线，我们一定过去打。"①

派志愿军出国同美军作战，对中国来说，是一个牵动全局的大事。中国共产党面临着一个新的重大抉择：出兵，或者不出兵。

战争的基础是经济，当时的战争打的是钢铁。看看中美之间当时经济总量、军事实力、钢铁产量的对比，就可以看到两国国力战力差距之悬殊：1950 年，美国工农业总产值 2800 亿美元，中国只有 100 亿美元；美国钢产量是 8785 万吨，中国的粗钢产量只有 61 万吨；美国拥有包括原子弹在内的世界上最先进的武器装备和现代化的后勤保障，还有最强的军工生产能力。而我军基本上还处于"小米加步枪"的水平。就连实力雄厚的苏联，也不愿因为援助朝鲜而冒同美国直接冲突的危险。

还有，如果中国出兵，会不会导致同美国直接对峙？美国轰炸重工业基地东北和内地大城市怎么办？这些都是需要十分慎重考虑的问题，稍有疏忽，都会造成不堪设想的后果。也正是这些问题，使得中央决策层在出兵的问题上出现意见分歧。

1950 年 10 月 1 日深夜，收到金日成紧急出兵支援的请求后，第二天下午，毛泽东在中南海菊香书屋主持召开中共中央书记处会议，讨论朝鲜半岛局势和中国出兵援朝问题。毛泽东认为出兵朝鲜已是万分火

---

① 参见王志刚：《毛泽东与抗美援朝战争：出国作战决策的艰难出台》，《解放军报》2013 年 12 月 4 日第 9 版。

急,但多数人不赞成出兵。会议遂决定 10 月 4 日召开扩大的中共中央政治局会议,讨论出兵入朝作战问题。原拟派粟裕或林彪率兵入朝,但他们均有病在身,毛泽东遂决定派彭德怀挂帅出战。于是,要周恩来派飞机到西安,接彭德怀到北京参加会议。

10 月 4 日下午,中央政治局扩大会议一开始,毛泽东首先让大家讲讲出兵的不利情况。与会者各抒己见,多数人不赞成出兵或者对出兵存有种种疑虑。理由主要是:中国刚刚结束战争,经济十分困难,亟待恢复;新解放区的土地改革还没有进行,土匪、特务还没有肃清;我军的武器装备远远落后于美军,更没有制空权和制海权;在一些干部和战士中间存在着和平厌战思想;担心战争长期拖下去,我们负担不起;等等。他们的意见是,不到万不得已,最好不打这一仗。

听到大家的发言后,毛泽东讲了这样一段话:"你们说的都有理由,但是别人处于国家危急时刻,我们站在旁边看,不论怎样说,心里也难过。"①

会议正在进行中间,彭德怀赶到了会场,他只是侧耳细听,没有发言。散会后,他来到杨尚昆住处,详细了解了会议情况。

10 月 5 日上午,彭德怀应约到中南海毛泽东办公室,俩人进行了一次情真意切的谈话。彭德怀说:"昨天晚上我反复考虑,赞成你出兵援朝的决策。"当毛泽东把挂帅出兵的重任交给彭德怀的时候,彭德怀说:"我服从中央的决定。"毛泽东说:"这我就放心了。"②

在 5 日下午的中共中央政治局会议上,仍然有两种意见。在别人发

---

① 《毛泽东年谱（一九四九——一九七六）》第一卷,中央文献出版社 2013 年版,第 204 页。

② 《毛泽东年谱（一九四九——一九七六）》第一卷,中央文献出版社 2013 年版,第 205 页。

言之后，彭德怀讲述了自己的观点。他说："出兵援朝是必要的，打烂了，等于解放战争晚胜利几年。如美军摆在鸭绿江岸和台湾，它要发动侵略战争，随时都可以找到借口。"[①] 经过充分讨论，大家最终统一了认识，会议最后作出"抗美援朝，保家卫国"的战略决策，决定由彭德怀率志愿军入朝作战。

其实，对于打与不打的问题，毛泽东也是左思右想，考虑了很久。后来他对金日成讲起这件事的时候说："我们虽然摆了五个军在鸭绿江边，可是我们政治局总是定不了，这么一翻，那么一翻，这么一翻，那么一翻，嗯！最后还是决定了。"可见，这是一个何等艰难的决策啊！这在中国共产党历史上是少有的。

10 月 8 日，在美军已越过三八线大举北进之后，毛泽东以中国人民革命军事委员会主席名义，发布组成中国人民志愿军的命令。同日，毛泽东将这一历史性的决定电告金日成，并请他派朝鲜政府内务相朴一禹到沈阳，与彭德怀、高岗会商志愿军入朝的有关问题。也是在 10 月 8 日这一天，周恩来和林彪代表中共中央秘密飞往苏联，同斯大林商谈抗美援朝和苏联给予军事物资支援以及提供空军掩护问题。然而，双方谈得并不很顺利。10 月 11 日，斯大林和周恩来联名致电毛泽东，其中说到，苏联可以完全满足中国提出的飞机、坦克、大炮等项装备，但是苏联空军尚未准备好，在两个月或两个半月后才能出动空军。

10 月 13 日，毛泽东就出兵援朝问题，与彭德怀、高岗和其他政治局委员再次商量。大家一致认为，"即使苏联不出空军支援，在美军

---

① 《毛泽东年谱（一九四九——一九七六）》第一卷，中央文献出版社 2013 年版，第 205 页。

越过三八线大举北进的情况下，我们仍应出兵援朝不变，"并电告周恩来，指出："我们采取上述积极政策，对中国、对朝鲜、对东方、对世界都极为有利；而我们不出兵让敌人压至鸭绿江边，国内国际反动气焰增高，则对各方都不利，首先是对东北更不利，整个东北边防军将被吸住，南满电力将被控制。……总之，我们认为应当参战，必须参战。参战利益极大，不参战损害极大。"①

10月16日，平壤告急。18日，毛泽东主持召开中共中央政治局会议，在听取了周恩来和彭德怀的汇报后，把志愿军渡江作战和渡江时间最后敲定下来了。遂于当晚21时，电令十三兵团司令员兼政治委员邓华等："四个军及三个炮师决按预定计划进入朝北作战，自明十九晚从安东和辑安线开始渡鸭绿江。为严格保守秘密，渡河部队每日黄昏开始至翌晨四时即停止，五时以前隐蔽完毕并须切实检查。"②

从10月1日晚金日成要求中国出兵，到19日晚中国人民志愿军渡过鸭绿江，经过了漫长的18天的反复考量和抉择。

10月27日，毛泽东邀请正在北京的王季范和周世钊到中南海。在谈话中谈到了朝鲜问题。毛泽东说："朝鲜局势日趋紧张，这段时间我们为了讨论这个问题，有很多天是睡不着觉的。但是，今天我们可以高枕而卧了，因为我们的志愿军已经出国了。"他接着说："我们急切需要和平建设，如果要我写出和平建设的理由，可以写有百条千条，但这百条千条的理由不能抵住六个大字，就是'不能置之不理'。现在美国的侵略矛头直指我国的东北，假如它真的把朝鲜搞垮了，纵然

---

① 《毛泽东年谱（一九四九——一九七六）》第一卷，中央文献出版社2013年版，第211、212页。

② 《毛泽东年谱（一九四九——一九七六）》第一卷，中央文献出版社2013年版，第216页。

不过鸭绿江，我们的东北也时常在它的威胁中过日子，要进行和平建设也有困难。所以，我们对朝鲜问题，如果置之不理，美帝必然得寸进尺，走日本侵略中国的老路，甚至比日本搞得更凶。它要把三把尖刀插在我们的身上，从朝鲜一把刀插在我们的头上，以台湾一把刀插在我们的腰上，把越南一把刀插在我们的脚上。天下有变，它就从三方面向我们进攻，那我们就被动了。我们抗美援朝就是不许它的如意算盘得逞。'打得一拳开，免得百拳来。'我们抗美援朝，就是保家卫国。毛泽东还说：我是不打无把握之仗的。这次派志愿军出国，我们中央一些同志经过周详的考虑研究，制定了持久战的战略，胜利是有把握的。"①

战争的进程和结局，证明了中共中央和毛泽东决策的正确。从1950 年 10 月 19 日，中国人民志愿军跨过鸭绿江，开赴前线，同朝鲜人民军并肩作战。1953 年 7 月 27 日，交战双方签订了停战协定。抗美援朝战争历时两年零九个月，中国人民志愿军共毙、伤、俘敌 71 万余人。战争以美国侵略者被从鸭绿江边打回到三八线而告结束。

抗美援朝，是新中国的立国之战。中国人民志愿军不畏强暴，不怕牺牲，敢于斗争，敢于胜利，一仗定乾坤，打出了新中国的国威、军威，展示了中华民族的浩然正气。抗美援朝战争的胜利雄辩地证明："西方侵略者几百年来只要在东方一个海岸上架起几尊大炮就可霸占一个国家的时代是一去不复返了"。帝国主义从此不敢轻易地欺侮和侵犯中国，国家的经济建设和社会改革获得了相对稳定的和平环境。

---

① 《毛泽东年谱（一九四九——一九七六）》第一卷，中央文献出版社 2013 年版，第 230—231 页。

这一胜利极大地增强了中国人民的民族自信心和自豪感。包括美、苏在内的世界各国都感到必须重新估计中国在亚洲和国际事务中的分量，中国的国际地位空前提高。

42. 提出党在过渡时期总路线，向社会主义革命转变

由新民主主义走向社会主义，这是中国共产党建党之初的既定目标。经过三年多的新民主主义建设，到了 1953 年，中国共产党公布了党在过渡时期总路线，宣布："从中华人民共和国成立，到社会主义改造基本完成，这是一个过渡时期。党在这个过渡时期的总路线和总任务，是要在一个相当长的时期内，逐步实现国家的社会主义工业化，并逐步实现国家对农业、对手工业和对资本主义工商业的社会主义改造。"① 这就正式向全国人民提出了向社会主义过渡的任务。

较之以往的认识和思路，这是一个新的判断、新的思路，具有重大转折性的意义。

在新中国成立前夕，由于旧中国经济十分落后，党和毛泽东原来的判断和设想是，可能要到 15 年后，经过十几二十几年的新民主主义发展，才能考虑向社会主义转变的问题。鉴此，《共同纲领》规定"中华人民共和国为新民主主义即人民民主主义的国家"，没有明确规定社会

---

① 中共中央文献研究室编：《建国以来重要文献选编》第四册，中央文献出版社 1993 年版，第 548 页。

主义的前途。党在过渡时期总路线的公布，表明党改变了原来的设想，不是等待长期准备之后再一举实现社会主义，而是现在就采取社会主义工业化和社会主义改造同时并举的方针，积极而又循序渐进地推动中国逐步过渡到社会主义。应该说，这是党依据新中国成立后经济、政治条件的新变化而作出的重大决策，是党的发展战略的一个重大转变。

那么，中国共产党推进革命转变的客观依据是什么？这就是：三年来，新中国建设发展超出了党的预期，也出现了一些新情况。

一方面，新中国成立后，经过全国人民的艰苦奋斗，在短短三年内就根本扭转了国民党反动统治留下的混乱局面，新中国成立前遭到严重破坏的国民经济得到全面恢复，并有了初步发展。土地改革在全国的完成，国民经济的全面恢复，使社会经济结构得到优化。在五种经济成分中，国营经济处于优先增长地位。国营工业在工业总产值（不包括手工业）中的比重，由1949年的34.2%上升到1952年的52.8%。同期，私人资本主义经济在绝对值上也有较大增长，但在国民经济中所占的比重逐年下降。社会主义经济已成为相对强大的因素，成为中国逐步向社会主义过渡的重要物质基础。与此同时，私人工商业经过一系列调整，开始有相当一部分被纳入主要是初级形式的国家资本主义轨道。而土改后在农村普遍开展的互助合作，初步显示出将个体农民组织起来增加农业生产的优越性。这表明，三年以来，我国在一些方面实际上已经初步开始对生产资料私有制的社会主义改造。

另一方面，在取得巨大成绩的同时，我国社会生活中也出现和积累了一些新的矛盾。主要是：在农村，土改后农民分散的个体经济能满足城市和工业发展对粮食和农产品原料不断增长的需要，而土改后农村中出现的某种贫富差距，也引起了党对两极分化的关注。在城市，工人阶级同资产阶级之间限制和反限制的斗争，给经济生活也带来很大影响。

特别是计划的经济建设，需要把有限的资源、资金和技术力量集中到重点建设上来，而私人资本主义经济则要求自由生产和自由贸易来发展自己，这就不可避免地引起矛盾和问题。这种情况，也使党把对国民经济实行系统的社会主义改造的任务提到日程上来。

此外，三年来的新民主主义建设，对近代中国留下的政治遗产、经济遗产、文化遗产进行了慎重、彻底的清理和改造，取得了巨大成功，社会凝聚力大为增强。加之，这时朝鲜停战谈判双方在主要问题上达成协议，战争可望不久结束，新中国的外部安全环境开始好转，逐渐具备了开展大规模的经济建设的条件。

上述经济、政治、社会发生的新变化，促使党在从新民主主义到社会主义转变的认识上发生重要改变。这时，党和毛泽东进一步看清：新民主主义建设时期实际上就是逐步过渡到社会主义的时期；在新的实践基础上，充分利用三年来所创造的经济、政治条件，积极而又循序渐进地完成经济上的社会主义革命任务，已经成为必要并有现实可能。在这种情况下，1952 年 9 月，毛泽东提出"中国怎样从现在逐步过渡到社会主义去"的指导方针和大致设想。经过反复酝酿，1953 年 6 月 15 日，中共中央政治局扩大会议对此进行了讨论，毛泽东在会上首次提出党在过渡时期的总路线的基本内容。1953 年 9 月 25 日，《人民日报》正式公布了由毛泽东提出的过渡时期的总路线，并于 1954 年 2 月为中共七届四中全会批准，并载入《中华人民共和国宪法》。

应该说，对于中国共产党人而言，这种变化是符合认识逻辑的。正如著名党史专家龚育之所讲："我觉得，说一九四九年建立的新民主主义国家，和说一九四九年开始向社会主义过渡、建设社会主义国家，两种说法是相通的，从不同角度来看，都可以是合乎实际的。前一个说法，合乎过来的历史的实际。后一个说法，合乎历史的前进的实际，合乎新民主主义纲领中包含着有决定意义的社会主义因素（就没收官僚资本而言，是两个阶段的革命'毕其功于一役'），合乎对新民主主义国家未来发展的预期（七届二中全会决议就预期着两个转变：由农业国转变为工业国，由新民主主义国家在资本主义国家转变为社会主义国家），合乎新民主主义国家在资本主义国家和社会主义国家两种类型中属于社会主义国家类型而不属于资本主义国家类型的大势。"①

历史证明，党在过渡时期的总路线，符合生产关系一定要适合生产力状况的规律，反映了中国社会发展规律和历史趋势，反映了当时全国人民的普遍愿望，是完全正确的。

根据过渡时期总路线的精神，我国对农业、手工业和资本主义工商业进行了系统的社会主义改造。原定 15 年左右完成社会主义改造，实际上只花了 4 年多时间，到 1956 年底就基本完成了。在社会主义改造后期，主要是 1955 年夏季以后，出现了要求过急、工作过粗、改变过快、形式过于简单划一等缺点和偏差，以致在很长时间遗留了一些问题。但总的看来，在这条总路线的指引下，党创造性地开辟了一条适合中国特点的社会主义改造道路，占世界人口 1/4 的中国人民，创造性地实现了由新民主主义社会向社会主义社会的转变，基本上结束了人剥削人的历史，建立起崭新的社会主义政治制度、经济制度，实现了中国历史上最伟大、最深刻的社会变革，为我国今后的一切发展和进步奠定了制度基础，是中国共产党历史和中华人民共和国历史上的一个重要里程碑。

---

① 龚育之：《龚育之近作——党史札记》，浙江人民出版社 2002 年版，第 32 页。

43. 制定第一个五年计划，开启
新中国工业化大战略

1953 年，与社会主义改造同时展开的，还有第一个五年计划①的实施和大规模工业化建设的展开。这是中国共产党和毛泽东作出的一个重大战略抉择。

工业化是强国的必由之路。把中国建设成一个强大的工业化国家，是党和毛泽东由来已久的夙愿。抗日战争时期，1944 年 5 月 22 日，毛泽东在延安会见出席边区职工代表会的代表们的讲话中，就曾指出："日本帝国主义为什么敢于这样地欺负中国，就是因为中国没有强大的工业，它欺侮我们的落后。因此，消灭这种落后，是我们全民族的任务。""要中国的民族独立有巩固的保障，就必需工业化。我们共产党是要努力于中国的工业化的。"②他进而谈道："中国社会的进步将主要依靠工业的发展。"③1945 年 4 月 24 日，在中共七大上所做的《论联合政府》的政治报告中，毛泽东进一步指出："没有独立、自由、民主和统一，不可能建设真正大规模的工业。没有工业，便没有巩固的国防，便没有人民的福利，便没有国家的富强。"④可以说，这是一代共产党人的共同

---

① "一五"计划的制定历时 5 年，数易其稿。直到 1955 年 7 月，一届全国人大二次会议审议通过"一五"计划，颁布时计划涵盖的时间已经过半。其中确定的一项基本任务是：集中主要力量，进行以苏联帮助我国设计的 156 个大型建设项目为中心、由 694 个大中型建设项目组成的工业建设，建立我国社会主义工业化的基础。

② 《毛泽东文集》第三卷，人民出版社 1996 年版，第 146—147 页。

③ 《毛泽东文集》第三卷，人民出版社 1996 年版，第 183 页。

④ 《毛泽东选集》第三卷，人民出版社 1991 年版，第 1080 页。

心声。

为了迅速改变中国工业落后的现状，新中国成立前夕召开的党的七届二中全会特别号召全党同志，必须用全力学习工业生产的技术和管理方法，学习和生产有密切联系的商业工作、银行工作和其他工作。新中国成立后，面对一穷二白的经济现状和严峻的内外形势，党和毛泽东抓的第一件大事，就是恢复经济。

然而，旧中国的经济本来就极其落后，连年的战争更是雪上加霜。经过抗日战争和解放战争，到新中国成立时，经济发展水平甚至远远不及战前。1949 年我国的工业总产值仅为 140 亿元，只占工农业总产值的 17%，比之历史最高水平减少了一半。其中，重工业产值减少 70%，轻工业产值减少 30%。据联合国统计数字，1949 年中国的人均国民收入仅为 27 美元，当时整个亚洲的人均国民收入为 44 美元，中国尚不及其 2/3。[1] 新中国成立后，国家获得了工业化的基本条件。但是，要在一个十分落后的农业大国真正实现工业化，必然是困难重重，任重而道远。直到 1954 年 6 月，毛泽东还说："现在我们能造什么？能造桌子椅子，能造茶碗茶壶，能种粮食，还能磨成面粉，还能造纸，但是，一辆汽车、一架飞机、一辆坦克、一辆拖拉机都不能造。"

事实上，1952 年我国虽然全面恢复了国民经济，但仍然是一个落后的农业国家。特别是经过抗美援朝同世界头号强国美国进行的一场力量悬殊的较量，突出显示了工业实力不强、武器装备落后对战争制胜带来的制约和影响。这种强烈对比，使得加快实现中国工业化、国防现代化的客观要求更为紧迫。同时，从国际范围来看，第二次世界大战后新独立的后发展国家，都面临着工业化战略的选择，能不能迎头赶上先进

---

[1] 参见邱霞：《毛泽东对新中国经济发展道路的探索》，《北京党史》2013 年第 6 期。

工业国家，关系着国家和民族的前途和命运。尤其是新中国一直遭受帝国主义的战争威胁和封锁禁运，这也使党和毛泽东不能不更多地考虑尽快建立重工业基础，以增强综合国力，抵御帝国主义侵略。这样，在1951年春，为恢复和加速经济发展，新中国就开始编制《中华人民共和国发展国民经济的第一个五年计划》（以下简称"一五计划"），并计划从1953年起开始执行。

值得注意的是，推动工业化建设是中国共产党调整战略部署，决策实行向社会主义过渡的重要动因。这一时期，党和毛泽东清醒地认识到，在分散落后的小农经济的基础上，是不可能建立起社会主义大工业的。而中国民族资产阶级经济弱小，民族资本主要是商业资本和金融资本，工业资本只占1/5，并且私营工业主主要是轻纺工业和食品工业，缺少重工业基础，这些工业企业大多规模小、技术设备落后，根本不可能担当起实现工业化的重任。在中国实现工业化，只能主要依靠办好原有的国营工业，兴建新的、足以为国家工业化奠定基础的大型工业骨干企业。为此，国家有必要对农业、手工业、资本主义工商业进行系统的社会主义改造。因此，在党和毛泽东关于向社会主义过渡的战略安排中，实现社会主义工业化占有极其重要的地位。党在过渡时期总路线实质上是一条社会主义工业化与社会主义改造同时并举的总路线。形象地说，"过渡时期总路线好比展翅高飞的大鸟，社会主义工业化是它的主体，对个体农业、手工业的社会主义改造和资本主义工商业的社会主义改造，分别为两翼。因此，总路线的内容简称为'一化三改'或'一体两翼'"[①]。"一体"和"两翼"二者相互适应、相互促进、协调发展，通

[①] 《中国共产党的九十年》（社会主义革命和建设时期），中共党史出版社、党建读物出版社2016年版，第418页。

过改变生产资料的资本主义私有制为生产资料的社会主义公有制，为国家工业化创造必备的政治前提，充分体现了解放生产力同变革生产关系的辩证统一。

1953 年 6 月，毛泽东对国家工业化作了这样的表述："什么叫国家基本工业化？工业在国民经济中的比重，至少要达到 51%，或者达到60% 吧！按照苏联的经验，工业的比重要达到 70% 才算工业化，我们现在还差 42%。我国的工业化，工业比重也要达到 70%。"毛泽东信心百倍地提出"准备以 20 年时间完成中国的工业化"。这时，"一五计划"几经修改，在 1953 年仍未最终定稿，但中国经济建设的脚步却不能再等待，于是党和毛泽东果断地决定，按预定时间表开始进行大规模经济建设，"一五计划"进入边实施边编制的状态。

从 1956 年开始，全国掀起参加和支援国家工业化的热潮。为保证对大规模经济建设的组织领导，中央要求下决心从各方面抽调优秀干部充实工业战线，培养他们成为行家里手和领导骨干。据不完全统计，自 1952 年至 1954 年，全国抽调到工业部门的干部共有 16 万多名。中央和地方党的组织部门经过统一调整、重点配备、大胆提拔、加快培养一系列努力，基本上满足了我国工业化建设初期对各方面干部的迫切需要。在全国人民的努力下，至 1956 年，"一五计划"宣布提前实现。在"一五计划"期间，苏联总共援助了新中国 150 项（原计划为 156项）建设项目，尽管这些援助都不是无偿的，但当时的这种援助确实是真诚的。这些项目帮助中国建立起了比较完整的基础工业体系和国防工业的骨架。1953—1957 年的第一个五年计划，成为新中国工业化时代的重要开端，我国开始改变工业落后的面貌，向着社会主义现代化迈进。

44. 提出和平共处五项原则，推动建立公正合理的新型国际关系

　　1953 年 12 月，中国政府代表团同印度政府代表团在北京就两国间存在的问题特别是印度与中国西藏地方关系问题开始谈判。31 日下午，周恩来总理在中南海西花厅会见印方代表团时指出："两个大国之间，特别是像中印这样两个接壤的大国之间，一定会有某些问题。只要根据这些原则，任何业已成熟的悬而未决的问题都可以拿出来谈。"[①] 在这次谈话中，周恩来首次提出和平共处的五项原则，即互相尊重领土主权、互不侵犯、互不干涉内政、平等互惠和和平共处。得到印度方面的赞同。此后，这一原则表述几经斟酌，最后确定为：互相尊重主权和领土完整、互不侵犯、互不干涉内政、平等互利、和平共处。

　　这是中国共产党着眼于新中国的安全与发展、顺应历史潮流在国际关系方面作出的一个重大战略抉择。

　　1949 年中华人民共和国成立前夕，毛泽东就提出："中国人民革命军事委员会和人民政府愿意考虑同各外国建立外交关系，这种关系必须建立在平等、互利、互相尊重主权和领土完整的基础上。"[②] 这里已经内含了有关和平共处五项原则的一些重要思想。上述内容写进了 1949 年 9 月政治协商会议通过的《共同纲领》，成为新中国外交方针的基本指导方针。

---

① 《周恩来年谱（一九四九——一九七六）》上卷，中央文献出版社 1997 年版，第 342 页。

② 《毛泽东选集》第四卷，人民出版社 1991 年版，第 1461 页。

1953 年朝鲜停战以后，亚洲的紧张局势有所缓和。但是，美国不仅不想从朝鲜半岛撤军，和平解决朝鲜问题，而且其海军舰队继续盘踞在台湾海峡，干涉中国内政，并企图从印度支那地区扼制中国。客观形势要求中共中央制定正确的对外交往原则，在外交方面展开积极的活动和斗争，突破美国的孤立和遏制政策，扩大对外交往，为国内建设创造更有利的国际和平环境。此外，这一时期，在第二次世界大战结束后兴起的非殖民化运动中，亚非拉民族独立解放事业蓬勃发展，新生的国家都渴望建立平等的国际关系，这也为和平共处五项原则的实施提供了有利条件。

正是在这种情况下，中国共产党创造性地提出和平共处五项原则。中国政府的这一原则得到印度和缅甸政府共同倡导。1954 年 4 月 29 日，中印双方经过谈判达成《通商和交通协定》，和平共处五项原则首次以文字形式见诸国际条约。6 月，周恩来总理兼外交部长应邀访问印度和缅甸，分别与两国总理发表声明，一致同意以和平共处五项原则作为指导相互关系的基本原则，并倡议将和平共处五项原则作为处理国际关系的准则。

和平共处五项原则是中国奉行独立自主和平外交政策的基础和完整体现，它的提出具有重大的战略意义。在社会主义和资本主义两大阵营截然对立的那个特殊时代，和平共处五项原则主张不同意识形态和社会制度的国家，在建立各国间正常关系及进行交流合作时实行对等的约束和自我约束，这是国际关系史上的一个重大创举，是中国共产党推动建立公正合理的新型国际关系作出的历史性贡献。同时，它也是新中国在国际舞台上开展活动，突破美国的孤立和遏制政策，扩大对外交往的一个有力武器。

突出体现在 1955 年 4 月的亚非 29 个国家的政府首脑在印度尼西亚

召开的万隆会议上。

这次会议主要讨论保卫世界和平、争取民族独立、发展民族经济等共同关心的问题。美国竭力破坏会议的召开，台湾特务机关竟以周恩来为目标策划政治谋杀，在中国代表团包乘的飞机上安置定时炸弹，制造了飞机中途爆炸的"克什米尔公主号"事件，新华社香港分社社长黄作梅等 8 名中国代表团成员和 3 名外国记者不幸罹难。

在此严峻形势下，周恩来置个人安危于不顾，毅然率中国代表团出席万隆会议。会议开始时，围绕亚非新兴独立国家究竟如何处理与相互对峙的两大阵营的关系这个核心问题，与会各国间的一些矛盾和分歧暴露出来，出现对共产主义的攻击，也有一些国家对中国表示疑虑。

针对上述紧张、复杂情况，中国代表团审时度势，从容应对。周恩来在发言中鲜明地提出"求同存异"的方针，指出：中国代表团参加会议的目的，"是来求团结而不是来吵架的"，"是来求同而不是立异的"，"我们的会议应该求同而存异"。并且强调：亚非各国有着共同的历史遭遇，共同基础就是"解除殖民主义痛苦和灾难"；不同思想意识和社会制度的存在，"并不妨碍我们求同和团结"，呼吁各国撇开分歧，为着反对殖民主义的共同利益而加强团结合作。[①] 周恩来的发言当场获得绝大多数国家代表的赞同，大会的紧张气氛顿时缓和下来。随后，中国代表团积极开展会外交往，与各国代表团举行广泛的谅解性会晤，推动《亚非会议最后公报》吸收中国代表团的建议，形成了和平共处、友好合作的十项原则，使和平共处五项原则得到体现和引申，会议取得圆满成功，由此打开了中国与亚非国家广泛交往的大门。

---

① 《周恩来年谱（一九四九——一九七六）》上卷，中央文献出版社 1997 年版，第466 页。

60 多年来，和平共处五项原则不仅成为我国对外政策的基石，也经受住国际风云变幻的考验，逐渐为国际社会广泛认同和遵循，成为指导国与国关系的基本准则，为促进世界和平与人类进步事业发挥了重要作用。

2014 年 6 月 28 日至 29 日，中国、印度、缅甸在北京举行了和平共处五项原则发表 60 周年纪念活动。中国国家主席习近平同印度总统普拉纳布·慕克吉、缅甸总统吴登盛互致贺电，并在纪念大会上发表重要讲话，表示中国将继续做弘扬和平共处五项原则的表率，同印度、缅甸和国际社会一道，推动建设持久和平、共同繁荣的和谐世界！

45. 提出"以苏为鉴"，探索适合中国国情的社会主义建设道路

随着 1954 年 9 月《中华人民共和国宪法》的制定和 1956 年底对生产资料私有制的社会主义改造的基本完成，社会主义政治制度、经济制度初步建立起来，一个新国家、新社会初步展现在人们面前。这是中国共产党历史、中华人民共和国历史上一个重要的里程碑。

然而，全新的社会主义制度在中国建立起来后，社会主义的经济、政治、文化应该怎样建设？社会主义应当怎样巩固和发展？这是中国共产党人面临的一个全新的历史性课题，也是国际共产主义运动中没有解决好的一个重大课题。

在此历史的重要关节点上，中国共产党人再次作出了一个清醒而重大的政治抉择：以苏为鉴，探索适合中国国情的社会主义建设道路。

1956 年 4 月 25 日，毛泽东在《论十大关系》的讲话中指出："最近苏联方面暴露了他们在建设社会主义过程中的一些缺点和错误，他们走过的弯路，你还想走？过去我们就是鉴于他们的经验教训，少走了一些弯路，现在当然更要引以为戒。"[①] 这就明确地提出了一个重要思想：中国的社会主义建设必须从中国实际国情出发，走自己的道路。中国可以而且应当找出一条有别于苏联、符合中国情况的社会主义建设道路。

联系社会主义改造基本完成后，中国共产党面临着种种复杂形势、中国社会主义建设所处的特殊历史条件，以及此后 60 多年来中国特色社会主义建设事业的发展，我们能够深刻地体会到这一重大政治抉择的战略意义。

在国内，随着社会主义政治、经济制度的建立，党和国家的工作重心开始转移到发展生产力这一方面来，新建立的生产关系还不完善，单一公有制和高度集中的计划经济开始暴露出问题，实际生活中出现不少新的社会矛盾。国际上，1956 年 2 月举行的苏共二十大，尖锐地揭露和批判了斯大林领导苏联社会主义建设中的严重错误以及对他的个人崇拜造成的严重后果，但也存在严重的偏差，在社会主义阵营引起极大震动和思想混乱。如何正确认识和处理国内建设出现的问题？如何正确认识苏联社会主义建设道路等，成为摆在中国共产党人面前的紧迫课题。

为此，中国共产党人再次开启了马克思主义中国化的新征程。从1955 年底，为了准备召开党的八大和迎接大规模的经济建设，毛泽东、刘少奇等中央领导人开始进行了大量周密而系统的调查研究。在毛泽东听取国务院 35 个部委关于工业生产和经济工作的汇报期间，正值苏共

---

① 《毛泽东文集》第七卷，人民出版社 1999 年版，第 23 页。

召开二十大。苏联在社会主义建设过程中暴露出来的一些问题和错误，对于正在寻求自己的社会主义建设道路的中国共产党人来说，无疑是非常重要的警示。

中共中央和毛泽东十分敏锐地认识到这一点。中国共产党不赞成全盘否定斯大林领导苏联党和人民为社会主义而奋斗的历史，同时认为斯大林问题的"盖子"，对于各国马克思主义政党破除对斯大林和苏联经验的迷信，解放被教条主义束缚的思想，探索适合本国国情革命和建设道路具有重要意义。正是基于这种宝贵认识，1956年4月4日，毛泽东在中央书记处会议上明确提出，要把马克思主义的基本原理同中国实际进行第二次结合。他说："新中国成立以来，我们有过不少成功的探索和实践，但也不是没有缺点，没有片面性，这说明我们还没有完全地系统地掌握中国社会主义革命和建设的规律，还要在今后长时期内探索符合客观规律的正确道路。开始我们模仿苏联，因为我们毫无搞社会主义的经验，只好如此。但这也束缚了自己的积极性和创造性。现在我们有了自己的初步实践，又有了苏联的经验教训，应当更加强调从中国的国情出发，强调开动脑筋，强调创造性，在结合上下功夫，努力找出在中国这块大地上建设社会主义的具体道路。"①

在这一思想指导下，毛泽东经过充分细致的调查，集中全党智慧，逐渐形成了对中国社会主义建设有全局性长远性指导意义的《论十大关系》的报告。这个报告是中国共产党人探索适合中国国情的社会主义建设道路的开篇之作。

在报告中，毛泽东结合中国的实际情况，鉴戒苏联经验，深刻地阐述了沿海与内地的关系、轻工业与重工业的关系、个人与集体的关

---

① 吴冷西：《十年论战》（上），中央文献出版社1999年版，第24页。

系、中央与地方的关系、经济建设与国防建设的关系等十大关系，初步提出了中国社会主义经济、政治建设的若干新方针。这些新方针反映了经济发展的客观规律和社会政治稳定的需要，对当时和以后的社会主义建设都有很强的针对性和理论指导作用。毛泽东回顾这段历史时多次说过：前几年经济建设主要学外国经验，1956 年 4 月论十大关系，开始提出自己的建设路线，有我们自己的一套内容。1956 年 8、9 月间，毛泽东在修改中共八大政治报告稿时，进一步强调："我国是一个东方国家，又是一个大国。因此，我国不但在民主革命过程中有自己的许多特点，在社会主义改造和社会主义建设的过程中也带有自己的许多特点"①。

这种认识是十分宝贵的。在苏联社会主义建设模式弊端日益暴露、国际共产主义运动出现严重思想混乱的情况下，中国共产党提出和确立"以苏为鉴"，探索适合中国自己的社会主义建设道路这一根本路线，初步正确地回答了在中国的特殊国情下，如何建设和发展社会主义的经济、政治、文化等一系列根本性问题，为此后的中国社会主义建设提供了根本思想指导。

在这一重要思想指导下，1956 年 9 月党的八大成功召开。党的八大正确分析了国内形势和国内主要矛盾的变化，宣布：我国无产阶级同资产阶级之间的矛盾已经基本上解决，几千年来的阶级剥削制度的历史已经基本上结束，社会主义的社会制度在我国已经基本上建立起来；我国国内的主要矛盾已经是人民对于建立先进的工业国的要求同落后的农业国的现实之间的矛盾，已经是人民对于经济文化迅速发展的需要同当前经济文化不能满足人民需要的状况之间的矛盾；党和全国人民当前的

---

① 中共中央文献研究室编：《建国以来毛泽东文稿》第六册，中央文献出版社 1992 年版，第 143 页。

主要任务，就是要集中力量来解决这个矛盾，把我国尽快地从落后的农业国变为先进的工业国。

历史证明，这些重要的认识和判断是正确的，标志着党对中国社会主义建设道路的探索取得初步成果。

由于各种原因，党的八大的正确认识和方针没有能够在实践中坚持下去，以致发生了"大跃进"和人民公社化运动乃至"文化大革命"这样的严重错误，但是，"以苏为鉴"，探索适合中国自己的社会主义建设道路这一根本思想，始终是贯穿整个中国社会主义建设和改革的主题，为中国特色社会主义理论、道路和制度的确立与发展提供了重要思想理论基础。

46. 下决心发展国防尖端技术，造"争气弹"

1955 年 1 月 15 日，毛泽东在中南海颐年堂主持召开中共中央书记处扩大会议，听取李四光、钱三强和刘杰关于中国原子能科学的研究现状、铀矿资源情况的汇报以及有关核反应堆、原子武器、原子能和平用途等的讲解，讨论发展原子能事业问题。在会上，毛泽东说："我们要不要搞原子弹啊，我的意见是中国也要搞，但是我们不先进攻别人。别人要欺负我们，进攻我们，我们要防御，我们要反击。因为我们一向的方针是积极防御的战略方针，不是消极防御的。"这次会议作出一个重要决定——中国要发展原子能事业、研制原子弹。

这是一个包含历史忧患与现实挑战的重大战略决策。

近代中国积弱积贫，由于没有强大的国防，国门洞开，成了任人撕咬、宰割的对象，给中国人民带来无比深重的国难。一百多年来，旧中国"落后就要挨打"的历史悲剧，一直深深地烙在中国人的记忆深处。

青少年时代的毛泽东，亲眼目睹和亲身感受了旧中国的屈辱惨状。20 世纪 60 年代，他曾经十分沉痛地讲过这样一段话："我国从十九世纪四十年代起，到二十世纪四十年代中期，共计一百零五年时间，全世界几乎一切大中小帝国主义国家都侵略过我国，都打过我们，除了最后一次，即抗日战争，由于国内外各种原因以日本帝国主义投降告终以外，没有一次战争不是以我国失败、签订丧权辱国条约而告终。其原因：一是社会制度腐败，二是经济技术落后。"① 在毛泽东看来，中国共产党领导的革命，就是要为发展经济技术创造政治前提，就是为了解放生产力。如今，新社会已经建立起来了，重要任务自然就是发展生产力的问题。为此，毛泽东强调："如果不在今后几十年内，争取彻底改变我国经济和技术远远落后于帝国主义国家的状态，挨打是不可避免的。""我们应当以有可能挨打为出发点来部署我们的工作，力求在一个不太长久的时间内改变我国社会经济、技术方面的落后状态，否则我们就要犯错误。"

基于这样的历史忧患，新中国成立后，党和政府就十分重视加强国防工业，提高人民解放军武器装备的现代化水平。特别是经历了抗美援朝战争，中共中央和毛泽东系统总结同高度现代化装备的美军作战的经验教训，加快了国防现代化建设步伐。1952 年 8 月，成立主管国防工业建设的第一机械部，归口管理兵器、坦克、航空、电信工业。1953年 8 月，中共中央政治局讨论并审定了国防工业"一五"建设计划的安排，批准由苏联援助我国新建航空、无线电、兵器、造船等大型骨干工程 44 项，改建扩建老厂的大中型工程 51 项，这使我国常规武器的生产

---

① 《毛泽东文集》第八卷，人民出版社 1999 年版，第 340 页。

具备了一定规模，逐步在全军装备了统一制式的武器。1955 年，中共中央、毛泽东又不失时机地把发展国防尖端技术提上国防现代化的议事日程。

怎样发展？毛泽东提出："我们不能走世界各国技术发展的老路，跟在别人后面一步一步地爬行。我们必须打破常规，尽量采用先进技术，在一个不太长的历史时期内，把我国建设成为一个社会主义的现代化的强国。"①

1955 年 7 月，中共中央指定陈云、聂荣臻、薄一波组成中央原子能事业领导小组（简称"三人小组"），负责指导发展原子能事业的工作。1956 年 4 月，任命聂荣臻为主任组建领导导弹和航空事业发展的航空工业委员会。10 月，中央决定成立导弹研究机构国防部第五研究院。11 月，全国人大常委会决定设立第三机械工业部，主管核工业建设和核武器研制工作。

这一时期，毛泽东还确定了"自力更生为主，力争外援和利用资本主义国家已有的科学成果"发展核武器、导弹事业的方针。在这一方针指导下，中国既努力争取苏联的帮助，引进"两弹"技术，少走弯路，又强调做好"消化、吸收"工作，从培养人才、建立工业基础设施等方面扎实起步。在苏联的援助下，1958 年，中国建成了第一座实验性原子反应堆。6 月 21 日，毛泽东在军委扩大会议上指出："那个原子弹，听说就这么大一个东西，没有那个东西，人家就说你不算数。那么好，我们就搞一点。搞一点原子弹、氢弹，什么洲际导弹，我看有十年工夫是完全可能的。"②

---

① 《毛泽东文集》第八卷，人民出版社 1999 年版，第 341 页。
② 《毛泽东年谱（一九四九——一九七六）》第三卷，中央文献出版社 2013 年版，第 373 页。

然而，这时中苏关系开始恶化。中苏两党在政治路线上的观点分歧日益扩大并公开化，继而发展为国家和民族利益的矛盾。1958 年 4 月到 7 月中国领导人就苏联提议在中国合建大功率的长波电台和共同的潜艇舰队等问题和苏方发生严重争执。

1959 年 6 月，苏联终止合同，随后撤走了专家。关键时刻，毛泽东毅然决定：自己动手，从头摸起，准备用 8 年时间，造出原子弹。他明确指出："要下决心搞尖端技术。赫鲁晓夫不给我们尖端技术，极好！如果给了，这个账是很难还的。"① 中共中央把原子弹工程定名为"596工程"，要造"争气弹"。

1962 年 11 月，中央成立以周恩来为主任的专门委员会，具体负责尖端武器研制工程。中央专委根据毛泽东的指示精神，全国、全军一盘棋，在人力、物力、财力等方面进行统一调度，组织了全国大协作，解决了研制中遇到的 100 多个重大问题，安排了尖端武器所需的特殊材料、部件和配套产品等 2 万余项研制生产任务，大大加快了研制的步伐。1964 年 10 月，中国第一颗原子弹爆炸成功。

这时，西方国家有些人讥笑中国"有弹无枪"。因为"导弹"是原子弹的"枪"，只有原子弹，而没有中远程导弹，飞机投放保险系数低，核武器就没有多少实战价值。但是，他们哪里知道，中国的"两弹一星"研制工程是在毛泽东的通盘考虑下安排的，并且是"导弹第一"，也就是说枪在前，弹在后。1955 年著名空气动力学专家钱学森冲破美国政府的重重阻挠回到祖国后，就向中央提出中国火箭和导弹事业发展的建议，中央随即成立了以聂荣臻为主任的国防部航空工业委员会，并组建了导弹科研、设计和生产机构。1960 年 2 月，中央军委确定了"两弹（导

---

① 参见王志刚等：《毛泽东与"两弹一星"》，《解放军报》2012 年 12 月 27 日。

弹、原子弹）为主，导弹第一"的方针，导弹研制进入快车道。1960年11月5日，第一枚地对地近程导弹发射成功。1964年6—7月，中国连续成功地发射了3枚中程运载火箭。

原子弹爆炸后，中央决定集中力量展开对氢弹的研制。1965年1月23日，毛泽东在听取汇报时提出："敌人有的，我们要有，敌人没有的，我们也要有。原子弹要有，氢弹也要快。"①1966年10月，中国第一颗装有核弹头的地地导弹爆炸成功。

1967年6月17日8时20分，中国的第一颗氢弹空爆试验成功，成为世界上第4个掌握氢弹技术的国家。

1970年4月，我国用"长征一号"运载火箭成功发射第一颗人造地球卫星"东方红一号"。一时间，"东方红一号"卫星播送的《东方红》乐曲响遍全球，世界仰视新中国。

令人喟叹的是，积贫积弱的新中国是在国内经济困难、物资匮乏的情况下决策研制"两弹一星"的。但是，我们却成功实现了超越，在很短时间内就建立起相对完整的研发体系，取得一个又一个科技硕果。与美苏英法相比，从第一颗原子弹到第一颗氢弹，美国用了7年零4个月，苏联用了3年零11个月，英国用了4年零6个月，法国用了8年零6个月，中国只用了2年零8个月。这不能不说是科技史上的奇迹。

历史证明，运用超越战略，重点突出尖端技术的发展，是一项很有远见、很有胆略的战略决策，对于中国国防科技事业发展和国防现代化建设具有重大而深远的意义。"两弹一星"铸就了国家盾牌，奠定了中国国防基础，也塑造了大国形象。有了"两弹一星"的中国，国际威望空前提高。正如邓小平所说："如果60年代以来中国没有原子弹、氢弹，

---

① 参见王志刚等：《毛泽东与"两弹一星"》，《解放军报》2012年12月27日。

没有发射卫星，中国就不能叫有重要影响的大国，就没有现在这样的国际地位。这些东西反映一个民族的能力，也是一个民族、一个国家兴旺发达的标志。"①

47. 决策三线建设，调整国民经济与国防建设战略布局

1964 年五六月间，中共中央政治局常委扩大会议和中央工作会议专门讨论"三五"计划时，毛泽东从经济建设和国防建设的战略布局考虑，把全国划分为一、二、三线，提出三线建设问题。他说：只要帝国主义存在，就有战争的危险。我们不是帝国主义的参谋长，不晓得它什么时候要打仗。我们把三线的钢铁、国防、机械化工、石油、铁路基地都搞起来，那时打起仗来就不怕了。有了准备就可能不打了。据此，中央改变"三五"计划的最初设想，作出开展三线建设、加强备战的重大战略部署。② 由此，经济建设的战略重点发生了向战备倾斜的重大转变。

这是中共中央和毛泽东积极应对国际形势新变化、确保新中国安全

---

① 《邓小平文选》第三卷，人民出版社 1993 年版，第 279 页。

② 在 1964 年 5 月国家计委提出的《第三个五年计划（1966—1970）的初步设想（汇报提纲）》中，"三五"计划的中心任务是：大力发展农业，基本上解决人民的吃穿用问题；适当加强国防建设，努力突破尖端技术；加强基础工业，增加产品品种和产量，继续提高产品质量；同时相应地发展交通运输业、商业、文化、教育、科学研究事业。当时人们形象地把这个计划称为"吃穿用计划"。1966 年 3 月，毛泽东提出的关于"三五"计划的方针任务，后来被概括为"备战、备荒、为人民"，这个思想成为 20 世纪六七十年代我国国民经济发展遵循的重要指导方针。

与发展作出的一个战略决策。

进入 20 世纪 60 年代，国际形势的演变使得我国周边安全局势越发严峻。首先是中苏关系从分裂到恶化，发展到苏联策动新疆分裂分子举行武装叛乱。美国第七舰队公然进入台湾海峡，并胁迫我国周边国家签订条约，结成反华联盟，在这些地区建立军事基地，对我国东、南部形成一个半圆形的包围圈。1962 年后，美国在台湾海峡多次举行以入侵中国大陆为目标的军事演习。美国还逐步扩大对越南北方的侵略战争，把战火蔓延到了中国边境。我国周边形势日趋紧张，备战问题摆到党的重要议程上来。

1964 年 4 月，美国侦察到中国可能于本年爆炸原子弹，竟然起草了对中国核基地突然袭击予以摧毁的秘密报告。4 月 25 日，解放军总参谋部作战部向中央和毛泽东转交一份报告说：国家经济建设如何防备敌人突然袭击问题很多，有些情况还相当严重，比如工业、人口、交通设施过于集中在 14 个一百万人口以上的大城市及附近，遇到空袭，将遭受严重损失。毛泽东历来高度关注国家安全，于是批示："此件很好，要精心研究，逐步实施。"在这种背景下，原定抓吃、穿、用的"三五"计划主要任务迅速向以战备为中心的三线建设转移。10 月，中央下发《一九六五年计划纲要（草案）》，提出三线建设的总目标是：采取多快好省的方法，在纵深地区建立起一个工农业结合的、为国防和农业服务的比较完整的战略后方基地。

关于三线的大致划分：一线指东北及沿海各省市；三线是指云、贵、川、陕、甘、宁、青、晋、豫、鄂、湘等 11 个省区，其中西南（云、贵、川）和西北（陕、甘、宁、青）俗称大三线；二线是指一、三线之间的中间地区；一、二线地区各自的腹地又俗称小三线。广袤的三线地区由此在国家计划中占据了举足轻重的地位。

1964 年 8 月 20 日，毛泽东在北戴河听取薄一波关于计划工作汇报时进一步指出：要好好地研究、吸取斯大林的经验教训，一不准备工事，二不准备敌人进攻，三不搬家，这就是教训。沿海各省都要搬家，不仅工业交通部门，而且整个的学校、科学院、设计院，都要搬家。迟搬不如早搬。一线要搬家，二线、三线要加强。据此，国家不仅大幅增加对三线建设的投资，还对一、三线经济建设采取"停""缩""搬""分""帮"① 等措施。这实际上是国民经济布局的一次大调整。至 1965 年，三线建设完成全部搬迁计划的 40%，建成和部分建成的项目接近在建项目的 40%。1966 年除继续进行已上马的重点项目外，贵州、甘肃、四川的一些大型项目开始上马。

据不完全统计，1964 年下半年至 1965 年，在西南、西北三线部署的新建、扩建和续建大中型项目有 300 多个。日后在国家经济建设中发挥了重大作用的以成昆铁路为代表的 10 条铁路干线、四川攀枝花钢铁工业基地、甘肃酒泉钢铁厂、成昆铁路等铁路干线、重庆兵器工业基地、成都航空工业基地、西北航空航天工业基地和电子、光学仪器工业基地、核工业新基地，以及湖北十堰的第二汽车制造厂等，都是其中的重点项目。三线建设建成的项目和成就特别令人瞩目。

三线建设是新中国的一个重大战略部署，体现出鲜明的"以战止战""不战而屈人之兵"的战略思维。当然，由于对战争作了立足于准备应对"早打""大打"的估计，三线建设也存在一些问题，如在部署上要求过急，铺开的摊子过大；注重战备要求，忽视经济效益，增加了建设费用，造成了不少浪费等。

---

① "停"，即停建一切新开工项目；"缩"，即压缩正在建设的项目；"搬"，即将部分企事业单位全部搬迁到三线；"分"，即将部分企事业单位分出一块或两块迁往三线；"帮"，即从技术力量和设备方面对口帮助三线企业建设。

进入 20 世纪 80 年代以后，有人以后来并未发生战事为由对三线建设予以否定。曾担任西南三线建设指挥部副总指挥的钱敏在《我亲身经历的西南三线建设》中写道："他们谈问题离开了当时的条件。那时帝国主义对我们实行全面封锁。南方，美国在发动越南战争，矛头对着我们；北方，苏联陈兵百万，苏美联合反华，形成南北夹击之势。加上蒋介石叫嚷反攻大陆，不断被骚扰东南沿海，台湾的飞机半个钟头就可以飞到上海。在当时那种形势下，不进行三线建设，作好应付战争的准备行吗？"[①] 这种认识是客观中肯的。

总的讲，当年党中央和毛主席作出的这个战略决策是完全正确的，是很有战略眼光的。三线建设的实施，是推进我国现代化进程的重要步骤，对于提高国家的国防能力，对于改善我国国民经济布局、推进中西部落后地区的经济社会发展，具有重要意义。三线建设为我国留下的物质遗产，至今仍是我国实施西部大开发，推行"一带一路"的基础。

48. 炮击金门，坚定宣示"一个中国"原则

新中国成立后，台湾国民党当局在美国支持下，不断派遣陆、海、空军，以金门、马祖等岛屿为前哨据点，对大陆东南沿海地区进行袭扰和破坏活动，妄图进而"反攻大陆"。1955 年初，人民解放军攻占一江山岛并使浙东沿海全部岛屿获得解放后，美国更加明确、更加强力地推

---

① 钱敏、程中原、夏杏珍：《我亲身经历的西南三线建设》，《文史博览》2004 年第 1 期。

行其军事协防台湾以阻止中国统一的政策，企图制造"两个中国"，并纵容蒋介石集团对大陆沿海的骚扰和破坏。1955 年 3 月美台"共同防御条约"生效。1956 年 1 月又签订了《美台军事协定》，美国在台湾不断扩建军事基地，增驻海空军兵力，并给台湾国民党军提供大量军事援助，这使海峡两岸的军事对峙局面更加严峻和复杂。

位于福建省厦门市以东的金门岛（含大金门、小金门、大担、二担等岛），总面积为 147 平方公里。台湾国民党当局积极加强金门等国民党军占领的沿海岛屿军事建设，企图将其建成"反攻大陆"的前进基地。至 50 年代中期，已构成坚固筑垒防御体系。1958 年初，金门设有防卫部，辖 6 个步兵师和特种兵部队共 8.5 万余人，约占台湾总兵力的 1/3。

依据台海局势的新变化，为避免台湾问题的永久化和固定化，中共中央决定加强台海方向的军事斗争。1957 年 12 月 18 日，毛泽东作出"考虑我空军 1958 年进入福建"的批示。根据毛泽东的指示，人民解放军着手制定准备适当时候对金门实施大规模炮击封锁的作战方案。

正当人民解放军酝酿炮击封锁金门作战计划之机，1958 年 5 月中东事件爆发，中东地区掀起了推翻亲美政权的风暴。7 月 15 日，美国政府对中东事务进行武装干涉。中共中央和毛泽东抓住时机，决定以炮击金门的方式把台湾问题提出来。

7 月 17 日晚，中央军委根据毛泽东的指示，决定：空军和地面炮兵立即开始行动；空军转场入闽越快越好；地面炮兵和海岸炮兵的任务是封锁金门及其海上航运，利用一切时机打击国民党军的运输船只。7 月 18 日晚，毛泽东召集中央军委、总参谋部和空军、海军等单位领导人，部署东南沿海军事斗争任务。毛泽东指出，支持阿拉伯人民的反侵略斗争，不能仅限于道义上的支援，还要有实际行动的支援。打金门、马祖，惩罚国民党军，是中国的内政，敌人找不到借口，而对美帝国主义则有牵制作用。

8月23日下午5时30分，福建前线部队奉命向金门国民党军实施大规模猛烈炮击，历时两个多小时，发出近三万发炮弹。次日，又进行炮兵和海军的联合打击。连续几天的炮火，基本实现了对金门的封锁。

在金门国民党军陷于困境的情况下，台湾国民党当局请求美军协防金门、马祖，美军派遣其驻太平洋地区的第七舰队主力及其他兵力向台湾海峡及台湾镶岛南北海面集结。在这种形势下，中共中央、中央军委决定，自9月4日起停止炮击3天，以观各方动态。为警告美国，并试探美国的长远战略意图，当日，中华人民共和国政府发表关于12海里领海权的声明，指出：一切外国飞机和军用船舶，未经中国政府许可，不得进入中国领海及其上空。

但是，美军全然不顾中国政府的谴责和警告，从9月7日起派军舰为国民党军军舰护航，进入金门地区。针对美军的直接介入，毛泽东指示：一照打不误；二只打蒋舰，不打美舰。决定以打击国民党军的方式反对美军的护航活动，以确保在政治上、军事上处于主动地位。8日，人民解放军对国民党运输舰队实施第三次大规模炮击，护航的美舰丢下国民党军船队，仓皇驶向外海观望。

在金门被全面封锁，金门物资补给严重困难，海上、空中护航均不能奏效的情况下，美国进退两难，美蒋在金门、马祖撤军问题上发生了分歧。9月30日，美国国务卿杜勒斯公开宣称：蒋介石在金门、马祖等岛屿上驻扎部队"是愚蠢的""不明智的"，也是"不谨慎的"。美国总统艾森豪威尔表示赞同。而蒋介石在一个中国的立场上同大陆是一致的，他极力坚持控制金、马，作为将来"反攻大陆"的前进基地，拒不接受美国的主张。美、蒋在"保"或"弃"金、马问题上矛盾日深。

在这种极其复杂的斗争形势下，为了不给美国政府逼迫台湾当局从金门撤军、制造"两个中国"找到借口，同时也考虑到国民党集团也反对美国制造"两个中国"，中共中央和毛泽东审时度势，决定把金门、马祖暂留台湾当局手中。10 月 3 日、4 日，中共中央政治局召开会议决定对金门炮击采取"打而不登，封而不死"，"让蒋军留在金门、马祖"；反对美国制造"两个中国"，反对美国霸占台湾合法化，以利通过谈判通盘解决金、马、台、澎的方针。①

10 月 5 日，毛泽东指示福建前线部队，不管有无美机、美舰护航，对金门停止炮击两天。6 日和 26 日，《人民日报》发表由毛泽东起草、以国防部部长彭德怀名义发布的《告台湾同胞书》和《再告台湾同胞书》。这两份文告向台湾当局和台湾同胞晓以民族大义，阐明了炮击金门的性质，指出双方都同意"台、澎、金、马是中国领土"，"世界上只有一个中国，没有两个中国"。第二份文告还宣布福建前线逢双日不打金门的飞机场、码头、海滩和船只，以利金门诸岛得到充分的供应。此后，台湾海峡的斗争就从以军事形式为主转向以政治和外交形式为主，对金门的炮击主要是配合外交斗争，反对美国对中国内政的干涉。根据台湾海峡军事斗争形势的变化，1959 年 1 月 9 日，中央军委发出"今后逢单日不一定都打炮"的指示。1961 年 12 月中旬，为保持台湾海峡的稳定，中央军委又指示，不主动打击金门国民党军队。此后，福建前线部队仅在单日打一些宣传弹，这种局面一直持续到 1979 年 1 月 1 日。

---

① 《周恩来年谱（一九四九——一九七六）》中卷，中央文献出版社 1997 年版，第
177—178、181—182 页。

炮击金门是在复杂的国际背景下进行的，它沉重打击了蒋介石集团"反攻大陆"的嚣张气焰和美国搞"两个中国"的企图，有力表明了中国人民反对美国干涉中国内政、维护国家统一的立场和决心。同时也摸清了"美蒋协防"台湾的"底牌"，为开展长期对台军事斗争确定解决"台湾问题"的方针提供了依据。

49. 进行对印边境自卫反击作战，胜而后撤

50 多年前，印度在中印边境悍然挑起大规模侵蚀中国领土的战争，中共中央和毛泽东忍无可忍，果断决定：坚决反击！要打退，还要打狠打痛。一场短促的自卫反击战打响。

这场边境军事对抗由中印边界争端而起。中印边界全长约 2000 公里，习惯上分为东、中、西三段。整个中印边界从未正式划定，是根据双方历史行政管辖所及，在长期的历史发展过程中逐渐形成的一条双方所遵循的传统习惯线。历史上，中印两国政府和人民的活动均以这条传统习惯线为界。但是，19 世纪中叶英国统治了印度以后，英属印度当局把侵略扩张的矛头指向中国的西藏、新疆地区，非法炮制了所谓"麦克马洪线"，使中印边界全线不少地方发生争议，埋下了中印争执的祸根。

1947 年印度独立后，继承英国殖民主义的衣钵，伺机抢占中印边界所争议地区。从 1951 年起，趁新中国成立不久和进行抗美援朝战争之机，印度开始在全线逐步抢占中印边境争议地区，多次侵入中国境内，制造冲突事件。同时，暗中怂恿达赖集团进行分裂活动，

企图中国西藏成为中印之间的"缓冲区"。在 1959 年的西藏反动上层发动的武装叛乱被粉碎后，印度当局便公开向中国政府提出领土要求，不仅要中国承认所谓"麦克马洪线"是中印之间的合法边界线，而且要中国将西段阿克赛钦地区的 3.3 万平方公里中国领土也划归印度。在这一无理要求遭到拒绝后，从 1959 年初开始，印度当局便采取所谓的"前进政策"，向边境大量增兵，进一步制造边境武装冲突事件。

1959 年 11 月，中共中央召开会议研究中印边界冲突问题。当谈到一些部队避免冲突的困难和一线指挥员的要求时，毛泽东提出实行隔离政策，他说："为避免边界纠纷，按照实际控制线，两国军队相距在二十公里以内的，各退十公里，整个全线，印度也退十公里，中国也退十公里，因为边界没有定，以待谈判解决。"[1]

这一提议，遭到印度当局拒绝。中国边防部队单方面作了后撤。为避免边境冲突，中国政府随后指示边防部队在双方实际控制线中国一侧 30 公里以内不开枪、不巡逻、不平叛、不打猎；在 20 公里以内不打靶、不爆破、不演习；对前来挑衅的入侵印军，先提出警告，劝其撤退，劝阻无效时，方能依照国际惯例解除其武装；经说服后，发还武器，让其离去。同时，积极努力寻求和平解决中印边界问题的途径。然而，这一切，被印度当局认为中国软弱可欺，没有丝毫收敛，反而变本加厉地向中国境内进攻。

进入 1962 年，局势越发紧张起来。印军在中印边境东、西两段，向中国边防部队发动猛烈炮击，挑起大规模武装冲突。10 月 12 日，尼

---

[1] 《毛泽东年谱（一九四九——一九七六）》第四卷，中央文献出版社 2013 年版，第 232 页。

赫鲁在一次公开讲话中宣称，他已下令把中国军队从塔格拉山脊"清除掉"。随后，印度国防部长梅农命令印军于 11 月 1 日前完成这一任务。至 10 月中旬，印军在中印边境东段集结了 1.6 万余人，在西段集结 5600 余人的兵力。

在这种情况下，中共中央、中央军委决定对印度军队的进攻予以坚决反击。10 月 6 日，总参谋部传达毛泽东指示："假如印军向我进攻则要狠狠地打他一下，除东线西藏作准备外，西线也要配合。如他进攻，不仅要打退，还要打狠打痛。"10 月 17 日，中央军委下达《歼灭入侵印军的作战命令》。

遵照中央军委的命令，西藏、新疆边防部队于 10 月 20 日开始，对入侵中国领土的印军实施坚决有力的自卫反击作战，一举清除印军设在中国境内的所有 43 处侵略据点，将入侵之敌追击到传统习惯线附近。整个自卫反击作战历时 1 个月，毙、俘印军 8700 余人，缴获大量武器装备和军用物资。

中印边境自卫反击战，用毛泽东的话说，是"打了一个军事政治仗，或者叫政治军事仗"①。它融军事、政治和外交斗争于一体，各种矛盾错综交织，斗争极其复杂。毛泽东和中共中央、中央军委从战略全局出发，灵活运用军事、政治、外交斗争手段，体现了高超的斗争艺术，有力地打击了印度侵略者，取得了军事上的胜利，维护了国家领土主权。

然而，更出人意料的是，在取得胜利的情况下，中共中央作出决定：在中印边境全线主动停火，主动后撤到中印双方实际控制线中国一侧 20 公里以北地区，并向印度政府交还了缴获的大量武器装备和军用

---

① 《毛泽东年谱（一九四九——一九七六）》第五卷，中央文献出版社 2013 年版，第192—193 页。

物资，释放了全部战俘。

此举，在战争史上是无先例的。不仅证明了中国政府和平解决边界问题的诚意，也得到了世界上许多国家和人民的高度赞扬，取得了政治、外交斗争的主动。自此以后，中印边境保持了数十年的相对稳定。

50. 在斗争与融入中恢复中华人民共和国在联合国一切的合法权利

1971 年 10 月 25 日，第 26 届联合国大会通过了恢复中华人民共和国在联合国的一切合法权利和立即把台湾国民党当局的代表从联合国及其所属一切机构中驱逐出去的第 2758 号决议。11 月 1 日，五星红旗第一次在联合国升起。

这是新中国外交工作的一个重大突破，也是中国共产党坚持积极融入与坚决斗争方针的胜利。

中国是 1945 年成立的联合国的创始会员国，也是联合国安理会五个常任理事国之一。根据国际公认的原则，中华人民共和国成立后，应由中国新政府指派代表参加联合国大会及其有关机构的工作，把已经不能代表中国人民的台湾国民党当局代表驱逐出联合国。但是，主要由于美国政府的反对，中国在联合国的席位一直被台湾国民党当局占据。围绕中国在联合国的席位问题，自新中国成立时起，中国政府就展开了坚决的斗争。毛泽东说，加入联合国，"这是我们的权利。六亿人民的代表不参加，台湾却参加了，这是不公平的。现在不是我们在联合国代表台湾，而是台湾代表我们，这是不妥当的。"①

从 1950 年起，每届联合国大会都要讨论中国代表权问题。但是，美国每次都以"延期讨论"这一问题为名加以否决。进入 20 世纪 60 年代后，随着中国国际地位的提高和一系列亚非新独立国家不断加入联合国，联合国里以欧美占绝对优势的力量格局开始逐渐被打破。这些刚获得独立的非洲国家的绝大多数，出于和中国有着共同遭遇、相同目标而成为联合国里支持中国恢复合法权益的强大力量，新中国重返联合国渐露曙光。

1961 年，新西兰代表首先提出"把中国代表权问题列入大会日程"。紧接着，苏联提出将"恢复中华人民共和国代表权问题"列入大会日程，这两个要求均被大会采纳，美国的"拖"字战术从此未能再奏效。

在"延期讨论"策略不奏效之后，美国又抛出"任何有关中国代表权的问题需经大会 2/3 多数票同意"的所谓"重要问题"案来加以阻挡。尽管如此，年复一年地通过所谓"重要问题"案时，反对的票数逐年增多，美国的阻挠越来越困难。在 1970 年的第 25 届联大上，支持阿尔巴尼亚等 18 国提出的新中国恢复合法权利的有 51 票，反对的有 47 票。支持票数第一次超过半数，但因不足 2/3 未能通过。

然而，形势已不可阻挡地朝有利于中国的一面发展。1970 年的第三世界不结盟国家元首会议，联合声明集体支持中国重返联合国。时任美国总统的尼克松后来在《回忆录》中说："反对接纳北京的传统投票集团已无可挽回地瓦解了，以前支持我们的几个国家已经决定在下次表决时转向支持北京"。在这种形势下，为保住台湾国民党当局席位，1971 年 8 月，美国常驻联合国首席代表乔治·布什向联合国秘书长递

---

① 《毛泽东外交文选》，中央文献出版社 1994 年版，第 264 页。

交了一封书信及备忘录，强调所谓"双重代表权"，声称："我们不讨论谁是中国的唯一合法政府，我们所做的是以联合国这个政治为主的组织对此一现实——中华民国一直以来是联合国忠实会员，另一方中华人民共和国则统治着更多人口——做政治上的决定。"换句话说，美国主张"中华民国"与新中国同时拥有代表权。显然，美国公然在联合国制造"两个中国"。在此之前，1971 年 7 月 9 日至 11 日，美国总统尼克松特使基辛格秘密访华时，就告诉周恩来：尼克松已经决定，美国今年将支持中华人民共和国取得联合国和安全理事会的席位，但不同意从联合国驱逐台湾的行动。周恩来马上正告基辛格：你们要在联合国制造"两个中国"，中国政府坚决反对，一定公开批驳。在向毛泽东汇报此事时，毛泽东说："我们绝不上'两个中国'的'贼船'，不进联合国，中国照样生存，照样发展。我们下定决心，不管是喜鹊叫还是乌鸦叫，今年不进联合国。"①

为了拉赞成票，尼克松亲自给许多国家的首脑写信，国务卿罗杰斯和布什也分别在联合国内外与一百多个国家的代表进行了二百多次谈话。美国有些议员甚至扬言，如果通过"两阿提案"，将削减美国给联合国的经费。

然而，出乎美国意料的是，10 月 25 日投票当天，联大首先在投票中否决了由澳大利亚、日本等 22 个国家提出的把驱逐"中华民国"在联合国的代表的提案作为重要问题讨论（"逆重要问题案"）。结果一出，会场上爆发出热烈掌声。其后，"两阿提案"率先获得通过，于是"双重代表案"根本没有付诸讨论就成了一纸废案。

---

① 熊向晖著：《我的情报与外交生涯》（增订新版），中共党史出版社 2006 年第 2 版，第 356 页。

中国在联合国合法席位的恢复，是我国外交工作的一个重大突破，是新中国国际地位不断提高的重要标志，是世界上一切爱好和平和主持正义的国家共同努力的结果，具有极为深远的意义。从此，中国作为联合国安全理事会常任理事国，在联合国组织内为实现联合国宪章的宗旨、维护世界和平、加强各国友好合作、促进人类进步事业作出自己不懈的努力。

51. 推动中美关系正常化，实现新中国外交局势根本转变

新中国成立后，美国对中国采取封锁、孤立政策长达 20 年之久，两国民间交往也完全隔绝。缓和中美关系，成为新中国外交局势转变的关键一环。

到了 20 世纪 60 年代至 70 年代初，国际形势发生重大变化。中美两国政府领导人都认为有必要也有可能进行改善两国关系的谈判，实现两国关系正常化。

在美国看来，美苏对立一直是它所面对的严重问题，而此时世界上已出现几个力量中心，中国国力不断强大成为其中的一个重要力量。美国要尽快消除越南战争败局造成的影响并维持它在世界上的霸权地位，要对付苏联的挑战，迫切需要改善同中国的关系。中苏关系恶化的加剧，也使美国感到这种设想具有现实的可能性。

就中国方面来说，要着重对付苏联当时对我国安全所构成的直接和严重的威胁，要解决台湾问题以实现国家统一大业，要打破西方国家长

期封锁，恢复和扩大国际交往、积极参与国际事务，也需要缓和同美国的关系。

在这种情况下，毛泽东、周恩来审时度势，适应形势变化的需要，及时对外交工作作出富有远见和胆略的重大决策——缓和中美关系。这是 20 世纪 70 年代中国外交战略的重大转变，也是影响世界战略格局的一个重大事件。

1969 年 1 月尼克松就任美国总统后，美国通过多种方式同中国进行接触，表示有意改善中美关系，中国也予以积极回应。之后，两国关系开始松动。1971 年春，正当两国领导人通过巴基斯坦秘密渠道酝酿美国领导人访华的时候，3 月底 4 月初在日本名古屋举行了第三十一届世界乒乓球锦标赛。由此，产生了被人们誉为"小球转动大球"的"乒乓外交"。

在这次世界锦标赛期间，中美两国运动员之间有了一些友好接触。3 月 27 日晚上，在国际乒联举行的冷餐招待会上，美国运动员首先热情地与中国运动员打招呼，中国运动员习惯地报以微笑。4 月 4 日，美国男队第三号选手格伦·科恩意外乘坐中国运动员的大轿车，中国运动员庄则栋和他热情交谈，并拿出一块中国的传统工艺品——杭州织锦送给了科恩。当大轿车在体育馆门前停下时，一群敏感的记者立即发现这一令人难以置信的场面，他们把照相机全都对准了庄则栋和科恩，此情此景立即成了各大报纸的头版头条新闻。随后，美国队的副领队来到中国队的驻地，开门见山问中国队的负责人："你们中国邀请我们南边的墨西哥队去访问，也邀请我们北边的加拿大队，你们能不能也向我们美国队发出邀请呢？"美国队要求访华，这可非同小可，中国领队不可能当时答复，必须向国内请示。

中国乒乓球队的请示电报送到了国家体委，国家体委立即和外交部磋商。两部委联合呈报给中央的请示报告上是提出不邀请美国乒乓球队来访，周恩来总理在报告上写了"拟同意"三个字和一段批语。毛泽东在自己的名字上也画了圈。

据当年任毛泽东护士长的吴旭君回忆，文件退走以后，毛泽东仍在反复斟酌。思虑再三，毛泽东认为美国乒乓球队要求访华，正是一个缓和中美关系的极好的机会，于是决定：立即通知外交部，邀请美国队来，以中美人民之间的交往作为打开两国官方关系的序幕。① 当天，尼克松从美国驻东京大使馆的报告中得到这一消息后又惊又喜，"我从未料到对华的主动行动会以乒乓球队访问的形式求得实现"。他立即批准接受邀请。这就是被人们誉为"小球转动大球"的"乒乓外交"，以出人意料的方式促进了中美关系的发展和世界形势的变化，引起了全世界的轰动。

中共中央决定乘此时机，对巴基斯坦总统叶海亚 1971 年 1 月 5 日转达的尼克松给周总理的口信作出答复，表示愿意接待美国总统的特使甚至美国总统本人来北京进行直接晤谈。经过几次秘密接触，5 月 29 日，尼克松总统接到中方欢迎美国总统国家安全事务助理基辛格来北京同中国领导人举行秘密会晤的口信。7 月 9 日至 11 日，基辛格秘密访华。中美双方讨论了国际形势及中美关系问题，并就尼克松访华一事达成协议，发表了震惊世界的公告。

1972 年 2 月 21 日至 28 日，美国总统理查德·尼克松应我国国务院总理周恩来的邀请前来中国访问。作为世界上最强大的国家的总统，正式访问一个未建交的国家，这在美国外交史上是独一无二的。

毛泽东主席会见了尼克松，两位领导人就中美关系和国际事务认真、坦率地交换了意见。周恩来同尼克松就两国关系正常化及双方关心

---

① 参见熊向晖著：《我的情报与外交生涯》（增订新版），中共党史出版社 2006 年第 2 版，第 252—253 页。

的其他问题进行了广泛的讨论。28 日，中美双方在上海发表了《中美联合公报》。

在联合公报中，中美双方申述了各自的原则立场，强调双方同意以和平共处五项原则来处理国与国之间的关系。双方郑重声明：中美两国关系走上正常化是符合所有国家的利益的，双方都希望减少国际军事冲突的危险；任何一方都不应该在亚洲太平洋地区谋求霸权。

在台湾问题上，中国方面重申："中华人民共和国政府是中国的唯一合法政府"；"台湾是中国的一个省"，"解放台湾是中国内政，别国无权干涉"；"全部美国武装力量和军事设施必须从台湾撤走"。美国方面则声明："认识到在台湾海峡两边的所有中国人都认为只有一个中国，台湾是中国的一部分，美国政府对这一立场不提出异议"，并确认从台湾撤出全部武装力量和军事设施的最终目标。

中美双方在上海联合发表的公报，标志着中美两国在对抗 20 多年之后，开始走向关系正常化，中美关系翻开了新的一页。尼克松刚到北京见到毛泽东的时候，握着毛泽东的手说："我们在一起可以改变世界。"从上海离开中国的时候，他更为踌躇满志地说："我们访问中国这一周，是改变世界的一周。"

这一重大事件，一举改变了世界的格局，形成了中、美、苏"三角关系"。随即，新中国最大的建交潮汹涌而来。1972 年 9 月 25 日，日本政府新任首相田中角荣访华，中日双方于 9 月 29 日签署建立外交关系的《联合声明》，宣告中日之间的不正常状态结束。1969 年以前，与中国建交的发达资本主义国家仅有西欧的法国等六个国家。到 1973 年底，我国已基本上完成同美国以外的资本主义发达国家的建交过程，同欧洲共同体也建立了正式关系。70 年代后，中国同东欧各国的关系也有了不同程度的恢复、改善和发展。随着中国外交局势开始发生根本性转变，在经济方面，终于实现了新中国成立以来毛泽东的夙愿：打破西方阵营封锁，发展与发达国家的经济技术合作。中美贸易额由 1971 年的不足 500 万美元急增至 1973 年的 8.05 亿美元。1973 年开始了第二次大规模的技术引进潮。

2017 年 3 月，加拿大知名历史学家玛格雷特·麦克米兰所著的《当尼克松遇上毛泽东：改变世界的一周》一书中文版出版。该书被《纽约时报》称为"第一本关于中美建交的史料翔实的著作"。该书指出："尼克松访问中国，不啻承认中国在世界的重要地位，标志着 60 年代的孤立状态的结束。尽管'文化大革命'在中国的影响一直延续到毛泽东去世，但 1976 年后中国的苏醒、振作，也是从这个时期开始。"[①]

2019 年 6 月 29 日，习近平在大阪会见美国总统特朗普。一开场，习近平就回顾了 48 年前发生在日本名古屋的中美"乒乓外交"。习近平指出，回顾中美建交以来的 40 年，国际形势和两国关系都发生了巨大变化，但一个基本的事实始终未变，那就是中美合则两利、斗则俱伤，合作比摩擦好，对话比对抗好。

52. 邓小平领导 1975 年全面整顿，纠正"文化大革命"错误

新中国成立初期，邓小平主政西南，不久就参加中央领导工作，先

[①]　[加]玛格雷特·麦克米兰：《当尼克松遇上毛泽东：改变世界的一周》，天津人民出版社 2017 年版，第 287 页。

后担任中共中央秘书长、中共中央政治局委员、政府副总理。在 1956
年党的八届一中全会上，他当选中共中央政治局常委、中共中央总书
记，成为以毛泽东同志为核心的党的第一代中央领导集体的重要成员。
此后 10 年间，邓小平负责党中央大量日常工作，为探索适合我国情况
的社会主义建设道路、为克服经济困难提出许多正确主张，进行了卓有
成效的工作。1966 年"文化大革命"开始后不久，邓小平作为"第二
号走资本主义的当权派"被打倒，受到错误批判和斗争，被剥夺一切职
务，被送往江西参加劳动。

实际上，对于邓小平在"文革"问题上的错误，毛泽东始终心中有
数。他多次说，邓是内部问题，刘、邓应有区别。1968 年 10 月 31 日，
毛泽东在八届十二中全会上制止了林彪、江青等要把邓小平开除出党的
企图。邓小平后来曾说："谁不听他（指毛）的话，他就想整一下，但
是整到什么程度，他还是有考虑的。"[①]

1971 年林彪事件发生后，邓小平以政治家特有的敏锐性，立即给毛
泽东写信，表示拥护主席和中央对林彪事件的决定，同时汇报了自己在
江西的情况，提出"我个人没有什么要求，只希望有一天还能为党做点
工作，当然是做一点技术性质的工作。我的身体还好，还可以做几年工
作再退休。"1972 年 8 月 3 日，邓小平利用中央要求揭发批判林彪的机会，
再次致信毛泽东，在批林的同时作自我检讨，再次提出：愿为党和人民
做一点工作。8 月 14 日，毛泽东对邓信写了以下批语：请总理阅后，交
汪主任印发中央各同志。邓小平同志所犯错误是严重的，但应与刘少奇
加以区别。一、他在中央苏区是挨整的，即邓、毛、谢、古四个罪人之
一，是所谓毛派的头子。整他的材料见《两条路线》《六大以来》两书……

---

① 毛毛：《我的父亲邓小平："文革"岁月》，中央文献出版社 2000 年版，第 46 页。

（省略号是引者加的。）二、他没历史问题。即没有投降过敌人。三、他协助刘伯承同志打仗是得力的，有战功。除此之外，进城以后，也不是一件好事都没有做的。例如率领代表团到莫斯科谈判，他没有屈服于苏修。这些事我过去讲过多次，现在再说一遍。[①] 这样，到了 1973 年，历史的机缘、政治合力的综合作用，促成了邓小平的第二次复出。

1973 年 12 月，根据毛泽东的提议，中共中央决定邓小平为中央军委委员，参加军委领导工作。10 月，在筹备四届全国人大时，毛泽东提议邓小平任国务院第一副总理，江青等人极为不满，多次制造事端，妄图加以阻挠，受到毛泽东严厉批评。1974 年 12 月 23 日，周恩来抱病同王洪文一起到长沙向毛泽东汇报全国人大的准备工作，毛泽东在几次谈话中批评"四人帮"，高度评价邓小平，称赞他政治思想强，人才难得，并且提议在即将召开的党的十届二中全会上补选邓小平为中央政治局常委、中共中央副主席。1975 年 1 月 5 日，根据毛泽东提议，中共中央发文，任命邓小平为中共中央军委副主席兼中国人民解放军总参谋长。1 月 13 日至 17 日的四届全国人大一次会议上确定以周恩来为总理、邓小平为第一副总理，为邓小平主持国务院工作奠定了基础。四届全国人大一次会议后，周恩来病情加重。在毛泽东、周恩来的支持下，邓小平受命于危难之际，逐步全面主持中央和国务院的日常工作，开始站到了中国政治舞台的中央。

这是毛泽东发动"文化大革命"后，为使国家政治生活逐步转入正常轨道所采取的重要措施、所作出的一个重要抉择，它使身处反复动乱中的广大干部和群众又看到了党的希望。

---

① 中共中央文献研究室编：《建国以来毛泽东文稿》第十三册，中央文献出版社 1998年版，第 308 页。

当时，中国的政治局势十分严峻。1971 年 9 月 13 日，林彪叛逃事件发生后，人们普遍对"文化大革命"产生怀疑，但又找不到正确的答案。毛泽东在全局上仍然坚持"文化大革命"的"左"倾错误，"四人帮"反革命集团仍然猖狂作乱。由于长期搞政治运动，许多人把精力和兴趣投放到政治运动上去了，没有心思搞生产，导致生产下降。军队长期搞政治运动，缺乏训练，出现了"软、懒、散"的问题。此外，教育、文化等领域里的许多老大难问题也没有得到解决，呈现一派萧条景象。

面对如此形势，邓小平认为，必须下大力气进行整顿，否则，国家就会衰败下去，民族复兴无望，更谈不上实现四个现代化了。在艰难的环境中，为扭转"文化大革命"造成的严重混乱局面，邓小平按照四届人大提出的为把我国建设成为现代化的社会主义强国这一宏伟目标和毛泽东提出的学习理论、"安定团结"、"要把国民经济搞上去"的指示，在主持召开的各种类型的会议上，明确、坚定地提出要对各个领域进行全面整顿，强调：全国各个工作都要整顿。工业、农业、商业、财贸、文教、科技、军队都要整顿，核心是党的整顿，关键是领导班子。提出要加强党的领导，发扬党的优良作风；要坚决同派性作斗争；要注意落实政策调动多方面的积极性。提出科学技术是生产力的马克思主义的重要观点，要求一定要搞好科技工作，等等。这些讲话，促使人们从长期极左思潮的影响下醒悟过来，精神为之大振，各方面的整顿工作很快开展起来。

整顿工作首先从军队抓起。1975 年 1 月初，毛泽东提出"军队要整顿"。1 月 25 日，邓小平在中国人民解放军总参谋部机关团以上干部会上发表《军队要整顿》的讲话，切中时弊地指出军队要解决"肿""散""骄""惰"的问题。会后，中央军委确定将几十万超编的军队干部转业到地方工作，同时，加强部队的军事训练，压缩编制，精简机构。很快，军队就出现了新的面貌，对全党全国各条战线产生良好影响。

经济工作的整顿以铁路运输这个影响大局的全国经济薄弱环节为起点。1975 年 2 月下旬，党中央在北京召开了全国主管工业的书记会议，3 月 5 日作出《关于加强铁路工作的决定》。铁路的整顿，带动了整个工业战线首先是钢铁工业的整顿。针对农业在"文化大革命"中受到严重破坏的情况，国务院决定对农业也进行整顿，全国派出上百万干部到农村社队帮助整顿，落实政策，鼓励社员搞正当的家庭副业。经过几个月的整顿，经济形势日益好转。1975 年全国工农业总产值比上年增长 11.9%。其中，工业增长 15.5%，农业增长 3.1%。①

对于邓小平主持下的全面整顿，"四人帮"从一开始就利用种种借口、采取各种手段进行阻挠和抗拒，并伺机反扑。他们把整顿工作中提出的各种措施污蔑为"经验主义"，借以攻击周恩来、邓小平等党和国家领导人。1975 年 5 月 27 日和 6 月 3 日，根据毛泽东的意见，邓小平两次主持中央政治局会议，对"四人帮"在"批林批孔"运动前后的错误进行了批评。

但是，邓小平领导的全面整顿，实质就是部分地纠正"文化大革命"的错误。整顿的深入展开，势必触及"文化大革命"中许多"左"的政策和理论，以至逐渐发展到对这些错误政策和理论的系统地纠正；势必进一步加深人们对"文化大革命"的不满，形成从根本上否定"文化大革命"的趋势。毛泽东清楚地看到了这一点。他虽然严厉地批评了"四人帮"，但也不能容忍邓小平系统地纠正"文化大革命"的错误。这样，全面整顿的日益深入，既遭到"四人帮"的猖狂反对，也引起毛泽东的不满。1975

---

① 《中国共产党的九十年》（社会主义革命和建设时期），中共党史出版社、党建读物出版社 2016 年版，第 618 页。

年 11 月，毛泽东听信"四人帮"及其亲信的诬告，动摇了对邓小平的信任，错误地发动了"反击右倾翻案风"运动，全面整顿被迫中断。

然而，九个月的整顿取得了很大成绩。1978 年 12 月 22 日，党的十一届三中全会公报指出："一九七五年，邓小平同志受毛泽东同志委托主持中央工作期间，各方面工作取得很大成绩，全党全军和全国人民是满意的。邓小平同志和中央其他领导同志一道，按照毛泽东同志的指示，对'四人帮'的干扰破坏进行了针锋相对的斗争。"[1] 全面整顿也产生了广泛的社会影响，人们对坚持党的正确方针政策的邓小平有了更多的了解和信任，人民群众对"文化大革命"的怀疑和抵触情绪迅速发展，孕育着一场新的斗争。1976 年 10 月 6 日，华国锋、叶剑英等代表中央政治局，对江青、张春桥、王洪文、姚文元及其在北京的帮派骨干实行隔离审查，毅然粉碎了江青反革命集团。粉碎"四人帮"的胜利，结束了"文化大革命"，从危难中挽救了中国社会主义事业，为党和国家进入新的历史时期创造了前提。

---

[1] 《十一届全会以来历次党代会、中央全会报告公报决议决定》（上册），中国方正出版社 2008 年版，第 16—17 页。

第二篇
实现中华民族从站起来到富起来的伟大飞跃

党的十一届三中全会开启了我国改革开放和社会主义现代化建设新时期。改革开放以来，中国共产党人把马克思主义基本原理同中国改革开放的具体实际结合起来，团结带领人民进行建设中国特色社会主义新的伟大实践，开辟了中国特色社会主义道路，形成了中国特色社会主义理论体系，确立了中国特色社会主义制度，使中国大踏步赶上了时代，人民生活显著改善，综合国力显著增强，国际地位显著提高，实现中华民族从站起来到富起来的伟大飞跃。

1. 邓小平第三次复出，成为党的第二代领导核心

"文化大革命"使中国社会主义发展陷入困境，冤假错案堆积如山，政治、思想极其混乱，党和国家的各级组织遭到严重破坏，经济形势十分严峻，国际关系也非常紧张。人们急切地盼望党和国家能够从困境中摆脱出来。

在历史的重大转折关头，人们把希望的目光再一次投向邓小平。

在"天安门事件"发生后，1976 年 4 月 7 日，中央政治局根据毛泽东的指示通过决议，撤销邓小平的党内外一切职务，保留党籍，一场"批邓、反击右倾翻案风"运动在全国强行推开。这是邓小平第三次被打倒。

粉碎"四人帮"后，党中央迅速发动对"四人帮"的揭发批判，拨乱反正开始局部地进行。这时，广大干部群众普遍要求纠正在"文化大革命"中造成的冤假错案。其中，呼声最强烈的主要是两条：一是尽快让邓小平出来工作；二是为 1976 年的天安门事件平反。然而，由于长期形成的严重思想禁锢，这两个重大问题一时成为难以触动的禁区。

实际上，在粉碎"四人帮"之后的第二天，1976 年 10 月 7 日，叶剑英就向华国锋提出为邓小平平反、恢复邓小平工作的建议。但华国锋党得时机尚不成熟，认为在策略上应该往后放一放，做到"瓜熟蒂落，水到渠成"。有专家指出，华国锋并不是没有主见的人。他从当时全局出发，对邓小平复出的问题是有考虑的。在 1977 年 1 月 6 日的中央政治局会议上，华国锋讲出了他内心的疑虑和打算：

关于邓小平同志的问题，在处理"四人帮"问题的过程中反复

考虑过，当时提出"批邓反右"是正确的。邓小平同志的问题是要解决的，实际上也在逐步解决，外电也看出了这个动向。开始提深入批邓，后来提继续批邓，现在又提"四人帮"批邓另搞一套。现在有人不主张这样搞，主张打倒"四人帮"后，小平同志马上出来工作。如果一打倒"四人帮"邓小平就马上出来工作，"四人帮"的人会说有人要给邓小平翻案。小平同志不是一个人，是一层人。如果急着给小平同志翻案，会带来问题。人家会不会说是为邓小平翻案？是不是不继承毛主席的遗志？……我们同"四人帮"的斗争，是无产阶级同资产阶级、马克思主义同修正主义长期斗争的继续。他们是要篡党夺权。我们要抓住这个实质性的问题同"四人帮"斗争，把那些不急于解决的问题，往后拖，这样有利。有些问题要逐步解决，要经过适当步骤，把问题弄清楚，要服从同"四人帮"斗争这个大局，不要把问题搞颠倒了。当时这样的决策是对的。①

显然，在华国锋看来，邓小平同志出来工作的问题，应做到"瓜熟蒂落，水到渠成"。对于这一解决办法，极力主张恢复邓小平工作的叶剑英当时也是赞成的。他曾对一位老同志说：小平同志是要出来工作，不过要晚一点。车子转弯转得太急要翻车的。小平这个事是毛主席提的，政治局通过"留党察看、以观后效"的。现在一下子马上出来不行，要一个过程。不然真成了"宫廷政变"了。②事后看来，这种策略的考虑，显然对人心向背估计不足。

从 1977 年 1 月开始，群众要求恢复邓小平工作的呼声日益高涨。

---

① 程中原：《邓小平第三次复出经过》，2009 年 6 月 26 日，人民网—中国共产党新闻网。

② 程中原：《邓小平第三次复出经过》，2009 年 6 月 26 日，人民网—中国共产党新闻网。

3 月，召开中央工作会议。

在这次中央工作会议上最有影响的是陈云的书面发言和王震的发言。3 月 13 日上午，陈云在向上海代表团提交的书面发言中，对天安门事件提出四点看法：（一）当时绝大多数群众是为了悼念周总理；（二）尤其关心周恩来同志逝世后党的接班人是谁；（三）至于混在群众中的坏人是极少数；（四）需要查查"四人帮"是否插手，是否有诡计。陈云肯定地说：邓小平同志与天安门事件是无关的。为了中国革命和中国共产党的需要，听说中央有些同志提出让邓小平同志重新参加党中央的领导工作，是完全正确、完全必要的，我完全拥护。

王震在发言中说，邓小平同志政治思想强，人才难得，这是毛主席讲的，周总理传达的嘛！还说他能打仗、反修坚决。1975 年主持中央和国务院工作，贯彻执行毛主席的路线、方针和政策，取得了巨大成绩。他是同"四人帮"作斗争的先锋，"四人帮"千方百计地、卑鄙地陷害他。现在全党、全军、全国人民都热切地希望他早日出来参加党中央的领导工作。

陈云、王震的发言，得到王诤、耿飚、姚依林等人的明确支持。但是，在汪东兴的授意下，他们的发言没能登上简报。

1977 年 4 月 10 日，邓小平给党中央写信，表示："我感谢中央弄清了我同天安门事件没有关系这件事，我特别高兴，在华主席的讲话中，肯定了广大群众去年清明节在天安门的活动是合乎情理的。至于我个人的工作，做什么，什么时机开始工作为宜，完全听从中央的考虑和安排"。①

此后，汪东兴、李鑫受华国锋委派前去看望邓小平，同他谈中央

---

① 《邓小平年谱（一九七五——一九九七）》上卷，中央文献出版社 2004 年版，第157 页。

转发他那两封信等情况。要求邓小平出来之前写个东西，写明天安门事件是反革命事件，遭到邓小平严词拒绝。邓小平明确表示："两个凡是"不行。按照"两个凡是"就说不通为我平反的问题，也说不通肯定1976年广大群众在天安门广场的活动"合乎情理"的问题。他表示：我出不出来没有关系，但是天安门事件是革命行动。

5月3日，中共中央将邓小平1977年4月10日的这封信和1976年10月10日致中央的信，一起转发至县团级。这时，要求邓小平复出的呼声更加高涨了。在这样的情势下，华国锋顺乎党心民意，按3月工作会议期间中央政治局的决定，于1977年7月17日主持召开党的十届三中全会通过《关于恢复邓小平同志职务的决议》，决定恢复邓小平的中共中央委员、中央政治局委员、常委、中共中央副主席，中共中央军委副主席，国务院副总理，中国人民解放军总参谋长的职务。邓小平迎来了他传奇政治生涯中的第三次复出。在8月召开的党的十一大上，邓小平重新当选为中共中央副主席。经过党的十一届三中全会，邓小平实际上已成为党的第二代中央领导集体的核心，并开始形成了以他为核心的中央领导集体。

1979年1月，邓小平曾幽默地对别人讲：如果对政治上东山再起的人设立奥林匹克奖的话，我很有资格获得该奖的金牌。

在党和国家发展的紧要关头，邓小平回到中央领导岗位，对党和国家的前途命运具有重大意义，对中国后来的发展产生了深远影响。

党的十八大以来，习近平总书记在不同场合对邓小平作为中国改革开放总设计师、中国特色社会主义道路开创者的历史功绩、历史地位有过许多重要评价；对邓小平理论在解决马克思主义与当代中国实际相结合，解决在中国这样经济文化比较落后的国家如何建设社会主义、如何巩固和发展社会主义等一系列基本问题上的指导作用和现实意义，有过一系列重要论述。2012 年 12 月，习近平总书记在广东考察工作时指出：
"如果没有邓小平同志指导我们党作出改革开放的历史性决策，我们国家
要取得今天的发展成就是不可想象的。"①2014 年 8 月 20 日，习近平总书
记在纪念邓小平同志诞辰 110 周年座谈会上的重要讲话中，高度评价邓
小平同志是"全党全军全国各族人民公认的享有崇高威望的卓越领导人，
伟大的马克思主义者，伟大的无产阶级革命家、政治家、军事家、外交
家，久经考验的共产主义战士，中国社会主义改革开放和现代化建设的
总设计师，中国特色社会主义道路的开创者，邓小平理论的主要创立
者。"②这些重要评价和重要论述，充分体现了邓小平这次复出，并成为党
的第二代中央领导集体的核心之于党和国家历史发展所起的关键性作用。

　　邓小平说过："没有毛主席，至少我们中国人民还要在黑暗中摸索
更长的时间。"③今天，我们也可以说，没有邓小平，中国人民可能至今
还要在贫穷落后中挣扎苦斗，就不可能有今天的新生活，中国就不会在
短短 40 多年间实现富、继而由大向强迈进的伟大历史性转变。

2. 开展真理标准问题的讨论，重新确立马克思主义的思想路线

　　粉碎"四人帮"后，广大干部群众强烈要求纠正"文化大革命"的

---

① 《习近平关于全面深化改革论述摘编》，中央文献出版社 2014 年版，第 2 页。
② 《习近平关于"不忘初心、牢记使命"重要论述选编》，中央文献出版社、党建读
　物出版社 2019 年版，第 132 页。
③ 《邓小平文选》第二卷，人民出版社 1994 年版，第 345 页。

错误理论和实践，彻底扭转"文化大革命"造成的严重局面，使中国社会主义建设事业重新奋起。但是，党内长期存在的"左"倾错误在粉碎"四人帮"后不仅没有得到纠正，相反却得到延续，最突出的表现就是提出和贯彻"两个凡是"错误方针。

1977 年 2 月 7 日，《人民日报》、《红旗》杂志、《解放军报》同时发表社论提出"两个凡是"的方针，即："凡是毛主席作出的决策，我们都坚决维护，凡是毛主席的指示，我们都始终不渝地遵循。"这种对毛泽东生前的决策和指示不作任何分析的观点，在理论上违背了马克思主义基本原理，在实践上为新形势下坚持真理、修正错误设置了障碍。

这种情况，使得"文化大革命"结束后的两年间，党和国家工作有所前进，一些领域的拨乱反正已经开始，经济建设、社会各项事业和外交工作在一定程度上有所恢复和发展，但由于"左"的指导思想没有得到根本纠正，党和国家工作出现了在徘徊中前进的局面。人们急切地期待着中国迅速摆脱困境，迈开大步前进。但是，实践发展却步履维艰。揭批"四人帮"运动受到"两个凡是"方针的限制；平反冤假错案，一遇到毛泽东批准的、定了的案子，便不准触动；在科学、教育、文化领域进行拨乱反正，也有人拿出毛泽东批过的文件进行阻挠。

面对"两个凡是"造成的严重影响，人们开始感到，要彻底澄清"四人帮"造成的思想混乱，纠正"文化大革命"中的错误，不能不首先解决这样一些带有根本性的问题，即：究竟应当用什么样的态度对待毛泽东的指示？判定历史是非的标准到底是什么？然而，解决这些问题不可避免地会引发实事求是与"两个凡是"的争论。

针对这种情况，邓小平、陈云、叶剑英、聂荣臻、徐向前等一批老一代革命家，率先抵制"两个凡是"，在不同场合反复强调必须准确地完整地理解毛泽东思想，恢复和发扬党的实事求是的优良传统。"两个凡是"提出不久，1977 年 4 月，尚未恢复领导职务的邓小平在给党中央的信中提出，"我们必须世世代代地用准确的完整的毛泽东思想来指导我们全党、全军和全国人民"。① 此后，他在不同场合多次批评"两个凡是"，抵制"两个凡是"的推行。在他们的启发和鼓舞下，一些干部和理论工作者开始酝酿就真理标准问题撰写文章，以澄清在这个问题上的思想混乱。

1978 年 4 月，《光明日报》编辑部准备将他们早已收到、几经修改的一篇文章《实践是检验真理的标准》在哲学专刊发表。该报负责人看到文章清样后，意识到这一论题的现实意义，决定委托中央党校增论研究室的同志帮助作进一步修改，准备作为重要文章在报纸头版发表。为增强现实针对性，在修改过程中，文章标题改为《实践是检验真理的唯一标准》，最后由胡耀邦审阅定稿。1978 年 5 月 10 日，文章首先在中央党校内部刊物《理论动态》上发表。5 月 11 日，以"本报特约评论员"名义在《光明日报》头版发表，新华社当天发了通稿。第二天，《人民日报》、《解放军报》等全文转载。这篇文章指出：社会实践不仅是检验真理的标准，而且是唯一的标准。共产党人不能拿现成的公式去限制、宰割、剪裁无限丰富的生动的实际生活，应该勇于研究新的实践中提出的新问题。

这篇文章，虽然主要是对马克思主义认识论的一个基本问题作正面阐述，但实际上是从思想路线方面批判"两个凡是"的观点，同"两个凡是"尖锐对立，并且触及盛行多年的思想僵化和个人崇拜现象。由于

---

① 中共中央文献研究室编：《邓小平年谱（一九七五——一九九七）》（上），中央文献出版社 2004 年版，第 157 页。

思想观点的鲜明和尖锐，以及发表的形式和声势，文章立即在党内外引起关注，也受到一些领导人的强烈指责。真理标准问题讨论面临着巨大压力。

关键时刻，邓小平、叶剑英、李先念、陈云等一批老一辈革命家纷纷表明态度，公开支持和领导这一讨论的开展，支持开展真理标准问题的讨论，使这场讨论得以顶住压力，并从思想理论界扩大到党政军及社会各界，成为一场规模宏大、内涵丰富、影响深远的群众性大讨论。

1978 年 6 月 2 日，邓小平在全军政治工作会议上发表讲话，着重阐述了毛泽东关于实事求是的观点，强调实事求是是毛泽东思想的精髓，旗帜鲜明地反对"两个凡是"的错误观点。他指出："我们也有一些同志天天讲毛泽东思想，却往往忘记、抛弃甚至反对毛泽东同志的实事求是、一切从实际出发、理论与实践相结合的这样一个马克思主义的根本观点，根本方法。"他号召大家："我们一定要肃清林彪、'四人帮'的流毒，拨乱反正，打破精神枷锁，使我们的思想来个大解放"①。这篇讲话，使那些思想仍处于僵化状态的同志受到震动，也使要求解放思想、坚持实践标准的同志受到鼓舞。

从 7 月底开始，各省、自治区、直辖市和中央的一些部门以及军队的主要负责人相继发表讲话或文章，公开表明支持实践是检验真理的唯一标准的立场，形成了以理论界为主、新闻界积极推动、社会各界广泛参与的大讨论。一个解放思想的潮流迅速在全国兴起。

在领导和支持真理标准问题讨论中，邓小平等老一辈革命家始终着眼大局，把推进社会主义现代化建设作为这场讨论的落脚点，使真理标

① 《邓小平文选》第二卷，人民出版社 1994 年版，第 114、119 页。

准问题讨论的过程，成为引导人们思考国家向何处去这一重大课题的过程。通过这场讨论，批判危害多年的极左思潮，恢复马克思主义思想路线，反思过去的曲折，思考未来的出路，党内外思想日益活跃，开始出现酝酿对外开放和对若干体制进行改革的新局面。

纵观中外，历史的每次巨大飞跃都是以思想大解放为引擎。实践表明，真理标准问题讨论是党的十一届三中全会实现伟大历史转折的思想先导，为党重新确立马克思主义的思想路线、政治路线和组织路线奠定了思想基础。

3. 十一届三中全会果断决定停止使用"以阶级斗争为纲"的错误口号，确定把全党工作的着重点转移到社会主义现代化建设上来

"文化大革命"结束后，"中国向何处去"成为摆在中国人民面前头等重要的问题。是继续走过去的老路，还是探索建设社会主义的新路？从国内看，粉碎"四人帮"后，广大干部群众强烈要求纠正"文化大革命"的错误理论和实践，使中国社会主义建设事业重新奋起。与此同时，世界经济快速发展，科技进步日新月异。国内外发展大势，都要求中国共产党，顺应时代潮流和人民愿望，尽快就关系党和国家前途命运的大政方针作出政治决断和战略抉择。

1978 年 12 月召开的党的十一届三中全会，历史地承担了这一时代重任。全会作出一个重大政治决断和战略抉择：全面停止使用"以阶级斗争为纲"这个不适用于社会主义社会的口号，把党和国家工作重点和全国人民的注意力转移到社会主义现代化建设上来。

这是"文革"结束后一系列拨乱反正中，最根本的拨乱反正。1985年9月，邓小平在党的全国代表会议上说过这样一段话："多少年来我们吃了一个大亏，社会主义改造基本完成了，还是'以阶级斗争为纲'，忽视发展生产力。'文化大革命'更是走到了极端。十一届三中全会以来，全党把工作重点转移到社会主义现代化建设上来，在坚持四项基本原则的基础上，集中力量发展社会生产力。这是最根本的拨乱反正。"当时正值改革大潮涌动，邓小平说："不彻底纠正'左'的错误，坚决转移工作重点，就不会有今天的好形势。"①

邓小平所讲的"多少年"，至少可以追溯到1957年。1956年9月，党的八大正确地确定社会主义改造基本完成后我国国内形势和国内主要矛盾的变化，宣布我国无产阶级同资产阶级之间的矛盾已经基本解决，几千年来的阶级剥削制度的历史已经基本上结束，社会主义的社会制度在我国已经建立起来。我国国内的主要矛盾已经是人民对于建立先进的工业国的要求同落后的农业国的现实之间的矛盾，已经是人民对于经济文化迅速发展的需要同当前经济文化不能满足人民需要的状况之间的矛盾。党和国家的主要任务就是集中力量解决这个矛盾，把我国尽快地由落后的农业国变为先进的工业国。这些论述，实际上要求全党从这时起要把工作重心转移到建设事业上来，集中力量发展生产力。历史证明，这一决策是正确的。然而，会后不久，党的八大的这一正确决策就被否定。1957年10月，在反右派斗争扩大化的影响下，毛泽东在党的八届三中全会上提出无产阶级和资产阶级的矛盾、社会主义道路和资本主义道路的矛盾，仍然是当前我国社会的主要矛盾，这就从根本上改变了八大的方针。历史在这里拐弯。中国陷入了

---

① 《邓小平文选》第三卷，人民出版社1993年版，第141页。

以主要解决"两个阶级""两条道路"矛盾的误区。此后，党和毛泽东越来越陷入阶级斗争扩大化的迷雾，甚至把党内正常意见分歧均视为阶级斗争。在1962年党的八届十中全会上，毛泽东进一步指出，在整个社会主义社会，始终存在无产阶级和资产阶级之间的阶级斗争，存在社会主义和资本主义两条路线的斗争。阶级斗争和资本主义复辟的危险性，必须年年讲、月月讲。会后又号召全党"千万不要忘记阶级斗争"。这些对阶级斗争夸大化、绝对化的提法，一度成为流行口号，并成为后来"无产阶级专政下继续革命"理论的核心内容，终致"文化大革命"的爆发。可以说，从1957年到1976年，长达二十年的中国社会，生产力没有多大提高，人民生活没有多少改善，更遭受了十年"文革"的内乱，深刻的教训在于长期推行"以阶级斗争为纲"，犯了严重的"左"倾错误。彻底否定"文化大革命"，彻底扭转"十年内乱"造成的严重局面，必须彻底否定和坚决停止使用"以阶级斗争为纲"口号，把党的政治路线转到正确轨道上来。

1978年，邓小平出访朝鲜回国后并未直接返回北京，而是于9月13日至20日视察了东北三省以及唐山和天津等地，行程数千里，走一路讲一路，用他自己的话说是"到处点火"，这些谈话，后来被学界有人称为"北方谈话"。当时，揭批"四人帮"的群众运动仍然如火如荼地开展。在谈话中，邓小平多次明确谈到党的工作重点转移问题，提出揭批"四人帮"的"第三次战役"不能永远搞下去，要赶快回到经济建设上来。1982年9月18日，邓小平在接见金日成时，曾回忆起他的"北方谈话"，说："我在东北三省到处说，要一心一意搞建设。国家这么大，这么穷，不努力发展生产力，日子怎么过？我们人民的生活如此困难，怎么体现出社会主义的优越性？""因此，我强调提出，要迅速地坚决地把工作重点转移到经济建设上来。十一届三中全会解决了这个问题，这是一个重要的转折。"① 从已有的材料看，粉碎"四人帮"后，明确提出将党的工作重点转移到经济建设上来，"北方谈话"在党内属于首次，具有重要意义。

结束考察，回到北京之后，邓小平继续阐述要进行党的工作重点转移的主张。1978 年 10 月 3 日下午，他找胡乔木、邓力群、于光远谈话，请他们帮助修改自己代表中共中央在中国工会九大的致辞。其中谈道：现在到了这么个时候，"四人帮"当然要批，但不能老是说什么都是"四人帮"搞的。现在有些事将要考核我们自己的干部，批了"四人帮"还搞不好，总得整一下自己吧，总得问一问领导人、领导班子是不是可以吧。10 月 11 日，邓小平在中国工会九大上作了《工人阶级要为实现四个现代化作出优异贡献》的致辞中指出："我们一定要把揭批'四人帮'的斗争进行到底。但是同样很明显，这个斗争在全国广大范围内已经取得决定性的胜利，我们已经能够在这一胜利的基础上开始新的战斗任务。"② 这些思想主张，成为党的工作重点转移的先声。

正是在这样的形势下，党的十一届三中全会顺利地作出果断停止使用"以阶级斗争为纲"的口号，把全党的工作重点和全国人民的注意力转移到社会主义现代化建设上来的重大决策。这一重大政治决断和战略抉择，极大地推动了党的政治路线的拨乱反正，实现了中国当代历史上最具深刻意义的伟大转折。否定"以阶级斗争为纲"，彻底解除了长期阻滞党和国家重心转向社会主义现代化建设的理论和思想桎梏，极大地消解了干部、群众对发展生产力和不断满足人民物质和精神生活需要问题上的种种困惑、疑虑甚至恐惧。思想的闸门一经打开，中国社会就迸发出无限的活力和创造力，中国迈入改革开放和社会主义现代化建设的

---

① 《邓小平文选》第三卷，人民出版社 1993 年版，第 10、11 页。

② 《邓小平文选》第二卷，人民出版社 1994 年版，第 135 页。

新的历史时期。

从此，"以经济建设为中心"成为中国共产党在十一届三中全会以来制定的"一个中心、两个基本点"的基本路线的核心内容。进入 20 世纪 90 年代，年届九旬的邓小平以中国共产党老革命家的身份嘱咐："基本路线要管一百年，动摇不得。只有坚持这条路线，人民才会相信你，拥护你。谁要改变三中全会以来的路线、方针、政策，老百姓不答应，谁就会被打倒。"① 这是他的政治嘱托，更是长期"以阶级斗争为纲"教训的深刻总结，也应当是永久终结"以阶级斗争为纲"的标志。

4. 十一届三中全会作出实行改革开放的伟大战略决策

20 世纪 80 年代后期，邓小平在会见外宾时曾讲过："'文化大革命'十年浩劫，中国吃了苦头。中国吃苦头不只这十年，这以前，从一九五七年下半年开始，我们就犯了'左'的错误。总的来说，就是对外封闭，对内以阶级斗争为纲，忽视发展生产力，制定的政策超越了社会主义的初级阶段。""一九七八年我们党的十一届三中全会对过去作了系统的总结，提出了一系列新的方针政策。中心点是从以阶级斗争为纲转到以发展生产力为中心，从封闭转到开放，从固守成规转到各方面的改革。"② 这段话，清楚地阐明了党的十一届三中全会实现伟大历史性转

---

① 《邓小平文选》第三卷，人民出版社 1993 年版，第 370—371 页。

② 《邓小平文选》第三卷，人民出版社 1993 年版，第 269 页。

折的历史内容。

其中，实行改革开放，是中国共产党作出的一个重大战略抉择。邓小平后来称之为"决定当代中国命运的关键一招"。党的十八大之后的 2012 年 12 月，习近平总书记在广东考察工作时指出："如果没有邓小平同志指导我们党作出改革开放的历史性决策，我们国家要取得今天的发展成就是不可想象的。"①

这一伟大战略性决策由多种因素促成，既迫于内外形势所逼，又是中国共产党积极主动作为的产物。

真理标准问题讨论有力地推动了各条战线的拨乱反正。伴随着思想大解放的热潮，人们的思想空前活跃，批判危害多年的极左思潮，恢复马克思主义思想路线，反思过去的曲折，思考未来的出路，党内外思想日益活跃，开始出现酝酿对外开放和对若干体制进行改革的新局面。

这一时期，对国际形势，特别是发达国家情况的了解，加深了中国对外开放的紧迫感。20 世纪 70 年代末，正是许多发达国家再次进行产业结构调整的时候。粉碎"四人帮"后，中国对外交往迅速扩大和增加。党和国家领导人先后走出国门，在了解国际形势的同时，无不强烈感受到中国同发达国家在经济、科技、管理等方面正在拉大的差距，不能不痛心疾首于这样的现实：中国目前的状况太落后了，这些年耽误的时间太长了！这时，如何学习借鉴国外先进的管理经验和科学技术，成为中国领导人日益关注的问题。

邓小平对我国发展的紧迫性和经济、政治体制存在的弊端有着很深的感受。1977 年 12 月，在对国际形势及其发展趋向进行总体分析的基

---

① 《习近平关于全面深化改革论述摘编》，中央文献出版社 2014 年版，第 2 页。

础上，邓小平作出世界战争可能推迟，我国经济建设可以争取更多的和平时间的重要判断。针对长期以来封闭搞建设的状况，1978 年 3 月，邓小平在全国科学大会开幕式上指出："独立自主不是闭关自守，自力更生不是盲目排外。科学技术是人类共同创造的财富。任何一个民族、一个国家，都需要学习别的民族、别的国家的长处，学习人家的先进科学技术。"[1] 他先是在最高领导层内大声疾呼：社会主义就是要加快发展生产力，要学习、引进国外先进技术和管理经验，大胆改革经济管理体制。随后，又到部分省市，与地方领导谈他思虑已久的想法，促成解放思想的浩大声势。1978 年 9 月，邓小平在东北三省视察时，不仅明确提出了党的工作重点转移问题，而且围绕实现党的工作重心转移，对老企业改造、农业现代化和发展第三产业等问题作了许多重要的指示，明确提出了如何进行改革、开放，如何加快发展的问题。9 月 16 日，邓小平在长春听取中共吉林省委常委工作汇报时，从改进企业管理的角度，提出了经济体制改革问题。9 月 18 日，在听取中共鞍山市委负责人工作汇报时，邓小平提出要引进先进技术设备，要用先进技术和管理方法改造企业，并且提出了扩权的改革思路，强调："一句话，就是要革命，不要改良，不要修修补补"。他语重心长地说："世界在发展，我们不在技术上前进，不要说超过，赶都赶不上去，那才真正是爬行主义。我们要以世界先进的科学技术成果作为我们发展的起点。我们要有这个雄心壮志。"[2] 强调正确的政治领导的成果，归根结底要表现在社会生产力的发展上、人民物质文化生活的改善上。生产力发展的速度比资本主义慢，那就没有优越性，这是最大的政治，这是社会主义和资本主

---

[1] 《邓小平文选》第二卷，人民出版社 1994 年版，第 91 页。

[2] 《邓小平文选》第二卷，人民出版社 1994 年版，第 129 页。

义谁战胜谁的问题。所以，我们一定要根据现在的有利条件加速发展生产力，使人民的物质生活好一些，使人民的文化生活、精神面貌好一些。

在历史大转折前夕，邓小平的这些理论思考，对于党的十一届三中全会作出改革开放的历史性抉择起着重大的思想引领作用，使得中央关于改革开放、加快发展步伐的思路日益明确。1978 年 7 月至 9 月，在国务院召开的务虚会上，李先念等许多同志提出改革经济管理体制、引进国外先进技术、设备、资金和组织经验来加快建设和资金的建议。9 月下旬，国务院召开的全国计划会议又提出，经济工作必须实行三个转变：一是把注意力转到生产斗争和技术革命上来；二是把管理制度和管理方法转到按照经济规律办事的科学管理的轨道上来；三是从闭关自守或半闭关自守状态转到积极引进国外先进技术，利用国外资金，大胆进入国际市场的开放政策上来。

1978 年 11 月 10 日，中共中央在京西宾馆召开中央工作会议，原定的议程是：先用两三天时间，讨论一下结束大规模揭批"四人帮"运动，以便把全党工作的着重点，转移到社会主义现代化建设上来。然后再用十几天时间讨论农业和经济计划等具体问题，整个会期预计 20 天。按照当时的规定，参会人员要自己每天缴纳 1 斤粮票，当时中央办公厅的一位工作人员就带着 20 斤粮票到了宾馆。没想到，20 斤粮票用完了，会议还没有结束，只好回家去取粮票。实际上，这次工作会议，整整开了 36 天。

会期延长，是因为经过长期的积累，历史终于在这里发生了转折。

11 月 12 日，是原计划讨论工作重心转移的最后一天，就在这天的会议上，一向话语不多的陈云，却在东北组讨论时提出了原定议题之外的一件大事，那就是一些重大历史遗留问题没有解决，希望能够研究。

一些与会者后来回忆说，陈云的发言，是"一石激起千层浪"，说出了很多人想说而不敢说的话，引起与会者的强烈反响。按照议程，中央工作会议本该在 11 月 13 日转入讨论农业问题，但大家却紧紧围绕陈云提出的问题展开，关于真理标准问题的讨论，对"两个凡是"的批评，拨乱反正与平反冤假错案等等，思想解放的涓涓细水汇成了不可遏止的洪流。要说的话太多，以至于会议不得不一再延期。

开了 30 多天的会议终于要闭幕了，结论如何来做？人们在期待。

1978 年 12 月 13 日，邓小平讲话了。熟悉邓小平工作习惯的人都知道，他通常是讲话前深思熟虑、成竹在胸，很少动笔写讲话提纲，但这天的讲话不仅有亲笔拟写的讲话提纲，而且极为罕见地在 3 张 16 开的白纸上写了近 500 字的篇幅，足以看出邓小平对这次讲话的重视。这个提纲后来收入《邓小平手迹选》，得以公开。

邓小平颇为感慨地说："这次会议开得很好，很成功，在党的历史上有重要意义。我们党多年以来没有开过这样的会了，这次恢复和发扬了党的民主传统，开得生动活泼。我们要把这种风气扩大到全党、全军和全国各族人民中去。"随后，他说："今天，我主要讲一个问题，就是解放思想，开动脑筋，实事求是，团结一致向前看。"他指出："解放思想是当前的一个重大政治问题。""只有思想解放了，我们才能正确地以马列主义、毛泽东思想为指导，解决过去遗留的问题，解决新出现的一系列问题，正确地改革同生产力迅速发展不相适应的生产关系和上层建筑，根据我国的实际情况，确定实现四个现代化的具体道路、方针、方法和措施。"① 他告诫同志们："一个党，一个国家，一个民族，如果一切从本本出发，思想僵化，迷信盛行，那它就不能前进，它的生机就停止

① 《邓小平文选》第二卷，人民出版社 1994 年版，第 141 页。

了，就要亡党亡国。"他强调："处理遗留问题为的是向前看"，"要向前看，就要及时地研究新情况和解决新问题，否则我们就不可能顺利前进。""如果现在再不实行改革，我们的现代化事业和社会主义事业就会被葬送。"①改革的任务，就这样急迫地摆到了全党面前，进而成为社会主义现代化事业新时期最鲜明的标志。

邓小平的这篇讲话，后来以《解放思想，实事求是，团结一致向前看》为题收入《邓小平文选》，实际上成为随后召开的党的十一届三中全会的主题报告。

1978 年 12 月 18 日，还是在京西宾馆，党的十一届三中全会召开。由于有了中央工作会议的充分准备，这次全会非常顺利，只用 5 天时间就完成了全部议程。

全会恢复了党的实事求是的思想路线，在作出把工作重点转移到社会主义现代化建设上来的战略决策的同时，提出了改革开放的任务。由此，中国开始了从"以阶级斗争为纲"到以经济建设为中心、从僵化半僵化到全面改革、从封闭半封闭到对外开放的历史性转变。

党的十一届三中全会闭幕后的第三天，美国《时代》周刊把邓小平评选为 1978 年度风云人物。这个具有世界影响力的新闻周刊用 48 页的篇幅介绍了邓小平和刚刚开启改革开放大门的中国。介绍邓小平的文章标题是《中国的梦想家》，文章写道："一个崭新中国的梦想者——邓小平向世界打开了'中央之国'的大门。这是人类历史上气势恢宏、绝无仅有的一个壮举！"②

从此，中国共产党人怀着"被开除球籍"的深深忧患，带着"促进

---

① 《邓小平文选》第二卷，人民出版社 1994 年版，第 143、147、149、150 页。

② 中共中央文献研究室编：《邓小平年谱（一九七五——一九九七）》上，中央文献出版社 2004 年版，第 468 页。

社会主义制度自我完善"的深刻思考，顶着"不改革就死路一条"的巨大压力，开启了改变中国命运、震撼世界的伟大历史变革，成功打开了建设中国特色社会主义的全新战略道路。

2016 年 7 月 1 日，习近平总书记在庆祝中国共产党成立 95 周年大会的讲话中指出："改革开放是当代中国最鲜明的特色，是我们党在新的历史时期最鲜明的旗帜。改革开放是决定当代中国命运的关键抉择，是党和人民事业大踏步赶上时代的重要法宝"。① 历史证明，改革开放是坚持和发展中国特色社会主义、实现中华民族伟大复兴的必由之路。

5. 正确评价毛泽东和毛泽东思想

1981 年 6 月，党的十一届六中全会作出《关于建国以来党的若干历史问题的决议》，这个决议的核心内容，就是肯定毛泽东同志的历史功绩和毛泽东思想的指导地位，把毛泽东思想同毛泽东同志的晚年错误严格区分开来。这是完成党在指导思想上拨乱反正任务首先必须解决的一个核心问题。

那么，中共中央为什么要决策作出《关于建国以来党的若干历史问题的决议》？正确认识和评价毛泽东和毛泽东思想又何以成为《决议》要解决的核心问题？

十一届三中全会后，思想、政治、组织等领域的拨乱反正全面展

---

① 《习近平关于"不忘初心、牢记使命"重要论述选编》，中央文献出版社、党建读物出版社 2019 年版，第 234 页。

开。其中，最重要的是进行党的指导思想上的拨乱反正，保证党和国家工作重点转移后能够坚定沿着改革开放和社会主义现代化建设的道路前进。这方面的工作，主要从两个方面展开：一方面党对经济建设和阶级斗争问题上的"左"倾错误进行认真清理，另一方面对毛泽东的历史地位和毛泽东思想的科学体系作出科学评价。在实践中，这两个方面是分不开的。拨乱反正，主要的就是指拨"文化大革命"之乱。"文化大革命"持续十年之久，而且它的发生还有更远的由来，从政治上、思想上彻底澄清"文化大革命"造成的混乱，这绝不是一件轻易的事情。这个历史任务靠单单批判"四人帮"是不可能完成的。

众所周知，"文革"结束后的一个政治事实是：每当批判"四人帮"要深入的时候，人们就会碰到一些问题：这些事是不是"纯系""四人帮"干的？是不是毛泽东同志决定的，毛泽东同志同意过的？或者毛泽东同志圈阅过的？按照当时提出的"两个凡是"的方针，所有触及到这些问题的都不能动，都不能批评，都不能改正。所以，拨乱反正既要拨林彪、"四人帮"破坏之乱，也要认识和纠正毛泽东同志晚年的错误，唯有如此，才能彻底冲破"左"的思想束缚，排除右的错误干扰，把党和国家事业推向前进。但这样做，势必涉及如何评价毛泽东的事业和思想的问题。而毛泽东的事业和思想"都不只是他个人的事业和思想，同时是他的战友、是党、是人民的事业和思想，是半个多世纪中国人民革命斗争经验的结晶"。① 如果党不能正确地处理这个问题，党内和人民群众中就会发生严重思想混乱，党就会迷失前进方向。

这样，敢不敢于正视共和国的缔造者、在中国共产党和中国各族人民中有崇高威望的毛泽东同志晚年的错误，敢不敢于追溯"文化大革命"

① 《邓小平文选》第二卷，人民出版社 1994 年版，第 172 页。

以前党在指导思想上的错误，敢不敢正视和批评这些错误，就成为一个重大问题，也是党的指导思想的拨乱反正所要解决的核心问题。这是对我们党的政治勇气和领导能力的一大考验。

当时党内外在思想上、政治上出现的一些错误倾向，使得解决这一重大问题成为紧迫任务。在"文革"结束后的拨乱反正、解放思想过程中，广大干部群众从过去一个时期内盛行的个人崇拜和教条主义的精神枷锁中解脱出来，党内外思想活跃，出现了研究新情况解决新问题的生动景象。这是当时中国政治生活的主流。但与此同时，也出现了一些值得注意和警觉的现象。主要是对"文化大革命"和毛泽东、毛泽东思想的议论出现了两种倾向：一种倾向是一些人受"左"的思想束缚，对党的十一届三中全会以来的路线方针政策表现出某种程度的不理解甚至抵触情绪；另一种倾向是极少数人利用党进行拨乱反正的时机，曲解"解放思想"的口号，极端夸大党所犯的错误，企图否定党的领导，否定社会主义制度，否定毛泽东和毛泽东思想。后一股思潮混杂在群众要求平反冤假错案的呼声中，反映在像"西单墙"①这样的街头大字报中，有着不小的影响。而在党内，一些党员在党揭露和纠正自己所犯的错误时，思想也发生动摇。他们不但不承认这股否定党的领导和社会主义制度的思潮存在，甚至给予某种程度的支持。这种情况，如果任其发展，必将破坏正在形成的生动活泼的政治局面，给党和国家事业健康发展带来严重后果。

这些情况表明：如何评价"文化大革命"，如何评价毛泽东和毛泽东思想，成为当时中国政治生活中的一个大问题，成为党能否在指导思想上实现拨乱反正的关键所在。党内党外、国内国外都需要我们对这一

① "西单墙"指当时北京西单街头人们贴大字报的地方。后来一些别有用心的人利用它来破坏社会秩序和社会治安并进行违法活动。1979 年 12 月 6 日，北京市革委会发出通知，宣布禁止在"西单墙"张贴大字报。

问题加以论证，加以阐述，加以概括。这就引起了党中央和邓小平的高度关注和郑重对待。

"文化大革命"结束后不久，邓小平就敏锐地提出了这一问题。1977年4月10日，邓小平还未恢复工作，就写信给中央，批评"两个凡是"的错误方针，明确提出要世世代代用完整的准确的毛泽东思想来指导我们全党全军和全国各族人民。7月，党的十届三中全会恢复了邓小平的工作，在全会闭幕时的讲话中，他有针对性地论述了对待毛泽东思想的正确态度。1978年6月2日，在全军政治工作会议上的讲话中，针对有人讲真理标准问题讨论是"砍旗"的说法，邓小平指出这不是什么"砍旗"，而是维护毛泽东思想的基本点，即实事求是。9月，邓小平视察东北三省期间，在听取吉林省委常委的汇报后明确指出："怎么样高举毛泽东思想旗帜，是个大问题。""大家知道，有一种议论，叫做'两个凡是'，'凡是毛泽东同志圈阅的文件都不能动，凡是毛泽东同志做过的、说过的都不能动。这是不是叫高举毛泽东思想的旗帜呢？不是！这样搞下去，要损害毛泽东思想。毛泽东思想的基本点就是实事求是，就是把马列主义的普遍原理同中国革命的具体实践相结合。"①

1978年12月，就如何对待毛泽东和毛泽东思想，党的十一届三中全会公报明确指出："毛泽东同志在长期革命斗争中立下的伟大功勋是不可磨灭的。如果没有他的卓越领导，没有毛泽东思想，中国革命有极大的可能到现在还没有胜利，那样中国人民就还处在帝国主义、封建主义、官僚资本主义的反动统治之下，我们党就还在黑暗中苦斗。……党中央在理论战线上的崇高任务，就是领导、教育全党和全国人民历史地、科学地认识毛泽东同志的伟大功绩，完整地、准确地掌握毛泽东思

① 《邓小平文选》第二卷，人民出版社1994年版，第126页。

想的科学体系，把马列主义、毛泽东思想的普遍原理同社会主义现代化建设的具体实践结合起来，并在新的历史条件下加以发展。"① 此后，党中央和邓小平又在多个场合反复讲这一问题。

1980 年 1 月，党中央决定起草《关于建国以来党的若干历史问题的决议》。作为起草《决议》的主持人，邓小平在决议起草、修改的过程中，就这一问题做过多次说明和阐述。3 月 19 日，邓小平在同中央负责同志谈《关于建国以来党的若干历史问题的决议》稿起草问题时指出，中心的意思应该是三条。第一，确立毛泽东的历史地位，坚持和发展毛泽东思想。这是最核心的一条。第二，对建国 30 年来历史上的大事，要进行实事求是的分析，包括一些负责同志的功过是非，要做出公正的评价。第三，对过去的事情做个基本的总结，这个总结宜粗不宜细，总结过去是为了引导大家团结一致向前看。其中最重要、最根本、最关键的，还是第一条。②

《决议》讨论稿写出后，从 1980 年 9 月起在一定范围内征求意见。其中影响最大的，是同年 10 月党内 4000 名高级干部的讨论。在讨论中，争论的焦点之一，仍是关于毛泽东和毛泽东思想的评价问题。

鉴于这个问题的关键性质，邓小平旗帜鲜明地指出："毛泽东思想这个旗帜丢不得。丢掉了这个旗帜，实际上就否定了我们党的光辉历史。""决议稿中阐述毛泽东思想的这一部分不能不要。这不只是个理论问题，尤其是个政治问题，是国际国内的很大的政治问题。如果不写或写不好这个部分，整个决议都不如不做。"③

---

① 《十一届三中全会以来历次党代会、中央全会报告公报决议决定》上册，中国方正出版社 2008 年版，第 18 页。

② 参见《邓小平文选》第二卷，人民出版社 1994 年版，第 291—292 页。

③ 《邓小平文选》第二卷，人民出版社 1994 年版，第 298、299 页。

1981 年 3 月，在《决议》讨论稿进一步征求意见过程中，陈云提出，《决议》应该增加回顾新中国成立以前党的历史的内容，把毛泽东的事业和思想放到党的 60 年历史中考察，就会反映得更加充分、更加全面，确立毛泽东和毛泽东思想的历史地位就有了更加坚实的历史依据和认识基础。

经过反复讨论，1981 年 6 月，党的十一届六中全会一致通过了《关于建国以来党的若干历史问题的决议》。《决议》从根本上否定了"文化大革命"和"无产阶级专政下继续革命"的错误理论，对一些重大历史事件和重要历史人物作出了实事求是的评价，科学总结了新中国成立以来社会主义革命和社会主义建设的历史经验。

《决议》实事求是地评价毛泽东的历史地位，充分肯定毛泽东思想作为党的指导思想的伟大意义。指出："毛泽东同志是伟大的马克思主义者，是伟大的无产阶级革命家、战略家和理论家。他虽然在'文化大革命'中犯了严重错误，但是就他的一生来看，他对中国革命的功绩远远大于他的过失。他的功绩是第一位的，错误是第二位的。"[1]批评和纠正了当时在对待毛泽东和毛泽东思想上存在的"左"的和右的两种错误观点。

《决议》将毛泽东晚年的错误与他的正确思想加以区别，指出："以毛泽东同志为主要代表的中国共产党人，根据马克思列宁主义的基本原理，把中国长期革命实践中的一系列独创性经验作了理论概括，形成了适合中国情况的科学的指导思想，这就是马克思列宁主义普理原理和中国革命具体实践相结合的产物——毛泽东思想。……毛泽东思想是马克思列宁主义在中国的运用和发展，是被实践证明了的关于中国革命的正

---

[1] 《十一届三中全会以来历次党代会、中央全会报告公报决议决定》上册，中国方正出版社 2008 年版，第 113 页。

确的理论原则和经验总结，是中国共产党集体智慧的结晶。"①

《决议》对毛泽东思想多方面的内容和活的灵魂，即贯穿于它的各个组成部分的立场观点方法——实事求是、群众路线、独立自主作了科学概括，并强调"毛泽东思想是我们党的宝贵的精神财富，它将长期指导我们的行动。"②强调我们必须继续坚持毛泽东思想，并以符合实际的新原理和新结论丰富和发展毛泽东思想，保证我们的事业沿着马克思列宁主义、毛泽东思想的科学轨道继续前进。

这些重要论述，有力地统一了全党全国人民的思想，为维护全党的团结和全国人民的团结，为社会主义建设事业的健康发展，提供了根本保证。

2013 年 12 月 26 日，习近平总书记在纪念毛泽东同志诞辰 120 周年座谈会上的讲话中指出："35 年前，在党和国家面临向何处去的重大历史关头，在邓小平同志领导下，我们党解决了正确评价毛泽东同志和毛泽东思想的历史地位、根据新的实际和历史经验确立中国实现社会主义现代化的正确道路这两个相互联系的重大历史课题，作出了把党和国家的工作重点转移到以经济建设为中心的社会主义现代化建设上来、坚持四项基本原则、实行改革开放的历史性决策，实现了新中国成立以来我们党历史上具有深远意义的伟大转折。"③

《决议》的通过，标志着党在指导思想上的拨乱反正胜利完成。

---

① 《十一届三中全会以来历次党代会、中央全会报告公报决议决定》上册，中国方正出版社 2008 年版，第 113—114 页。

② 《十一届三中全会以来历次党代会、中央全会报告公报决议决定》上册，中国方正出版社 2008 年版，第 120 页。

③ 习近平：《在纪念毛泽东同志诞辰 120 周年座谈会上的讲话》（2013 年 12 月 26 日），《人民日报》2013 年 12 月 27 日。

6. 实行家庭联产承包责任制

中国的对内改革，首先从农村开始。这是历史的必然，也是党中央顺时应势推动而作出的一个重大决策。

当时中国农村的困境，迫使我们必须改革。1956 年实行农业合作化以后，在农村集体经济的基础上，农业生产力有了相当的提高。但是，"政社合一"的人民公社体制，经营管理过于集中，分配上存在严重的平均主义倾向，不利于调动农民的生产积极性，这在很大程度上抵消了国家对农业的巨大投入，农业生产的发展和农民生活的改善都比较缓慢。1978 年，还有 2.5 亿人口没有解决温饱问题。党的十一届三中全会曾深刻指出："总的看来，我国农业近二十年来的发展速度不快，它同人民的需要和四个现代化的需要之间存在着极其尖锐的矛盾。""我国农业问题的这种严重性、紧迫性，必须引起全党同志的充分注意。"① 要求全党目前必须集中主要精力把农业尽快搞上去。

面对严重的农村经济形势，在党的十一届三中全会之前，有的地方实行"放宽政策""休养生息"的方针，已经率先进行改革试验。如 1978 年，安徽省遭受大旱灾，秋种遇到严重困难。在严峻的形势下，安徽省委决定把部分土地借给农民种麦种菜，所产粮菜不征购，不计口粮。这项应急性措施，立即将群众的积极性调动起来，各地出现了全家男女老幼齐下地的景象。这年 11 月，在借地唤起农民生产积极性的启

---

① 中共中央文献研究室编：《三中全会以来重要文献选编》上，中央文献出版社 2011 年版，第 156 页。

发下，有些地方的基层干部和农民冲破旧体制的限制，自发地采取了包干到组和包产到户的做法。同一时期，四川等一些省份也采取了类似的做法。这些大胆的尝试，揭开了我国农村改革的序幕。

安徽省凤阳县小岗村是一个有 20 户、115 人的生产队，这个村以"吃粮靠返销、用钱靠救济、生产靠贷款"的"三靠村"而闻名，大多数村民都曾出门讨过饭。1978 年底的一天，小岗村的 18 位村民在队长严俊昌等几个干部的带领下，以"敢为天下先"的精神，在一纸分田到户的"秘密契约"上按下鲜红的手印。上面写道：

我们分田到户每户户主签字盖章如此后能干不在（再）向国家伸手要钱要粮如不成我们干部作（坐）牢杀头也干（甘）心大家社员也保证把我们的小孩养到十八岁。

这份没有标点符号，错别字也不少的"秘密契约"，因为率先创造出实行农业"大包干"，拉开了中国农村改革的序幕，而被收藏在中国革命历史博物馆。

然而，由于过去二十年中，我们一直把"包产到户"当作资本主义，长期的政治批判在许多干部的头脑中形成的思想禁锢，一时还不容易打破。对于农村出现的包产到户、包干到户的责任制形式，当时党内外很多人存在疑虑，担心会不会偏离社会主义。党的十一届三中全会通过的《中共中央关于加快农业发展若干问题的决定（草案）》仍然不可避免地包含着因袭的成分——维护人民公社，规定"不许包产到户"，"不许分田单干"。这个时候，安徽、四川等地的农民实行包产到户，仍然是冒着很大的风险的。他们心有余悸，害怕再一次遭到批判。社会上也有很多人不理解。

果然，他们再一次遭到了批判。1979 年 3 月 15 日，《人民日报》发表题为《"三级所有，队为基础"应该稳定》的读者来信。来信指责包产到组或定产到组不符合中央农业文件精神，搞乱干部和群众的思想，挫伤群众的积极性，给生产造成危害，对农业机械化也很不利，是脱离群众、不得人心的。为这封信编发的"编者按"要求已经出现包产到组的地方应当"坚决纠正错误做法"。

读者来信及《人民日报》"编者按"，引起基层农村干部和群众的思想波动，一些地方甚至对包产到组开始进行纠"偏"。但是，一些改革实践比较深入的地区，坚持从实际出发，从改革的实际效果出发，继续推进改革，农村面貌越来越显现出生机和活力。1979 年，四川省粮食产量 640 亿斤，比历史最高年份 1978 年多 40 亿斤。1980 年，贵州省98% 以上的生产队建立各种形式的生产责任制，当年粮食总产量达到129.6 亿多斤，成为新中国成立以来第二个高产年。①

但是，这一次批判再也没有能够把农民衷心拥护的包产到户压下去。这是因为，党的十一届三中全会以后，在实际上以邓小平同志为核心的党中央领导下，我们党的思想路线和政治气氛从根本上转变了。1979 年 9 月 28 日，党的十一届四中全会通过的《中共中央关于加快农业发展若干问题的决定》尽管规定"不许分田单干"，但从整个文件的精神和实质上看，是解放思想、实事求是，是尊重实践、尊重群众，是放宽政策、搞活经济。如文件明确指出："我们的一切政策是否符合发展生产力的需要，就是要看这种政策能否调动劳动者的生产积极性。"② 这就为鼓舞广大农民在实践中创造新经验、进行农村体制改革敞开了大门。

---

① 中共中央党史研究室：《中国共产党的九十年》（改革开放和社会主义现代化建设新时期），中共党史出版社、党建读物出版社 2016 年版，第 691 页。

② 《十一届三中全会以来历次党代会、中央全会报告公报决议决定》上册，中国方正出版社 2008 年版，第 26 页。

在包产到户问题上，邓小平的方针是允许看，不争论。尊重农民的首创精神和自愿选择，鼓励大胆地试、大胆地闯，以实践作为检验真理的标准，以是否有利于发展生产力作为判断政策的标准，拿事实来说话。在"双包"责任制发展的关键时刻，1980 年 5 月 31 日，邓小平在同中央负责工作人员谈话时指出，"农村政策放宽以后，一些适宜搞包产到户的地方搞了包产到户，效果很好，变化很快。"关于这样搞会不会影响集体经济的担心是不必要的，这些地方只要生产发展了，农村的社会分工和商品经济发展了，低水平的集体化就会发展到高水平的集体化，集体经济不巩固的也会巩固起来。① 邓小平旗帜鲜明地支持农村改革实践，对于打破思想僵化、推动改革发挥了重要作用。我们总的方向是发展集体经济。关键是发展生产力，要在这方面为集体化的进一步发展创造条件。

时任安徽省委书记的万里，果断支持农民的伟大的创举。1979 年 2 月 6 日，万里主持省委常委会议，专题研究包产到户问题，决定在山南公社进行包产到户试点，暂不宣传、不登报、不推广。以省委的名义在一个公社进行包产到户试点，这在全国是第一家。

回过头来看，如果在议论纷纷中，我们的领导没有胆识，不出来支持，反而加以否定，包产到户就出不来。实际上，20 世纪 50 年代末 60 年代初，包产到户在安徽和其他一些地方的农村就在冒头，但都被作为资本主义和右倾思想压下去了。这个教训极为深刻。

1980 年 9 月，中共中央下发《关于进一步加强和完善农业生产责任制的几个问题》，肯定"在生产队领导下实行的包产到户是依存于社会主义经济，而不会脱离社会主义轨道的，没有什么复辟资本主义的

---

① 参见《邓小平文选》第二卷，人民出版社 1994 年版，第 315 页。

危险"。① 从 1982 年到 1984 年，中央又连续三年都以"一号文件"的形式，对包产到户、包干到户的生产责任制给予充分肯定，指出这些都是社会主义集体经济的生产责任制，从而使"双包"责任制迅速在全国推行，成为浩浩荡荡奔腾向前的历史潮流，人民公社制度随之被废除。

1998 年 10 月，党的十五届三中全会高度评价农村改革 20 年所取得的巨大成就和创造的丰富经验，一致认为："实行家庭联产承包责任制，废除人民公社，突破计划经济模式，初步构筑了适应发展社会主义市场经济要求的农村新经济体制框架。这个根本性改革，解放和发展了农村生产力，带来了农村经济和社会发展的历史性巨变。"这场伟大变革，"开创了一条有中国特色的农村现代化道路"，"农民生活水平显著提高，全国农村总体上进入由温饱向小康迈进的阶段。"② 农村改革的成就，带动和促进了国家的全面改革，进而探索出一条适合中国国情的建设有中国特色社会主义道路，并为国民经济持续快速增长和保持社会稳定作出了重要贡献。

7. 创办经济特区，杀出条血路来

任何社会变革都需要有一个突破口。1979 年，中共中央作出创办经济特区的决策，就是中国对外开放的一个重大步骤、一个重大突破，

---

① 中共中央文献研究室编：《三中全会以来重要文献选编》上，中央文献出版社 2011 年版，第 474 页。

② 《十一届三中全会以来历次党代会、中央全会报告公报决议决定》上册，中国方正出版社 2008 年版，第 667 页。

也是我们党的一个伟大创举。以创办经济特区为标志，中国的对外开放迈出了重要步伐。

创办经济特区的决策酝酿形成于党的十一届三中全会前后。

1977年11月11—20日，邓小平复出后首站到广东视察。当广东省委领导汇报一些边境地区的农民外逃出港问题十分突出时，邓小平说："看来最大的问题是政策问题。政策对不对头，是个关键。""你们的问题相当集中，比较明确，要写个报告给中央，把问题分析一下，什么是自己要解决的，什么是需要外省和中央解决的，看来中心的问题还是政策问题。"① 这为此后提出创办经济特区埋下了伏笔。

1978年4月，国家计委、外贸部派遣的经济贸易考察组赴香港、澳门进行实地考察后，在向中央提交《港澳经济考察报告》中建议，可借鉴港澳的经验，把靠近港澳的广东宝安、珠海划为出口基地，力争经过三到五年努力，在内地建设具有相当水平的对外生产基地、加工基地和吸引港澳同胞的游览区。4月19日，邓小平在出席中央政治局会议讨论《今后八年发展对外贸易，增加外汇收入的规划要点》时指出："广东搞出口基地，要进口饲料，应该支持，试一试也好嘛。"

1979年1月6日，广东省和交通部共同起草《关于我驻香港招商局在广东宝安建立工业区的报告》。3月，李先念代表中央批准了这个报告，同意将深圳南头半岛的50平方公里土地交招商局建立广东宝安工业区（后实际确定为9平方公里）。同月，广东省决定将宝安县改为深圳市，珠海县改为珠海市，开发建设出口基地。

1979年1月17日，邓小平在同工商界领导人谈话时提出："现在搞

---

① 《邓小平年谱（一九七五——一九九七）》上，中央文献出版社2004年版，第238、239页。

建设，门路要多一点，可以利用外国的资金和技术，华侨、华裔也可以回来办工厂。吸收外资可以采取补偿贸易的办法，也可以搞合营，先选择资金周转快的行业做起。"①3月29日，邓小平在会见港督麦理浩谈到大陆居民去港人数太多问题时指出："现在应该采取两个途径解决：一方面采取一些措施，减少一些人进入香港，减轻香港的压力；另一方面，香港要鼓励私人资金来广东进行投资，提供更多的就业机会。从长远来看，随着我们经济的发展，这个问题能够逐步得到解决。"②同月，邓小平还在中央办公厅编印的《来信摘报》上一份关于香港厂商要求到广州开设工厂的来信上批示："这件事，我看广东可以放手干。"

此后，广东省委提出，广东的对外开放应该先走一步。1979年4月中央工作会议期间，广东省委希望中央下放若干权力，让广东在对外经济活动中有必要的自主权；允许在毗邻港澳的深圳、珠海和侨乡汕头市举办出口加工区。会议期间，福建省委也向中央提出了与广东省类似的设想。中央对广东、福建两省的想法表示支持，同意两省实行对外开放，在计划、财政、外贸、金融方面实行新的管理体制，要求两省进一步组织论证，提出具体实施方案。

在如何命名实行特殊政策的地区，是叫"自由贸易区""出口加工区"还是"投资促进区"问题上，邓小平明确指出，"就叫特区嘛！陕甘宁就是特区。"③他还针对特区说："中央没有钱，可以给些政策，你们自己去搞，杀出条血路来。"④

1979年5月，根据邓小平的意见，中央派国务院副总理谷牧带领

---

① 《邓小平文选》第二卷，人民出版社1994年版，第156页。
② 《邓小平年谱（一九七五——一九九七）》上，中央文献出版社2004年版，第501页。
③ 《谷牧回忆录》，中央文献出版社2009年版，第323页。
④ 《邓小平年谱（一九七五——一九九七）》，中央文献出版社2004年版，第510页。

工作组到广东、福建考察，指导两省起草向中央的请示报告。6 月 6 日、
9 日，中共广东省委、福建省委分别向中央上报《关于发挥广东优越
条件，扩大对外贸易、加快经济发展的报告》和《关于利用侨资、外资，
发展对外贸易，加速福建社会主义建设的请示报告》。7 月 15 日，在
深入细致的调查研究基础上，中共中央、国务院批转广东省委、福建
省委的报告，确认"两省对外经济活动实行特殊政策和灵活措施，给
地方以更多的主动权，使之发挥优越条件，抓紧当前有利的国际形势，
先走一步，把经济尽快搞上去"，并指出"这是一个重要的决策，对加
速我国的四个现代化建设，有重要的意义。"① 中央还原则同意试行两省
报告所建议的经济管理体制改革办法，即在中央统一领导下实行大包
干，并确定对两省的计划、外贸、财政、金融、物资、商业、劳动工
资、物价等实行新的管理体制。至此，中央正式作出了关于试办特区
的重大决策。

特殊政策和灵活措施在广东、福建两省实行之后，很快取得积极成
效。1980 年，广东、福建出口分别比上年增长 27.9％和 47.2％；实现
财政收支平衡，外汇留成大幅度增长；由于"三来一补"企业发展迅猛，
广东新增就业 17 万人，福建新增就业 3 万人。在此过程中，海外华侨
华人资本率先进入中国大陆，起到了引领作用，加快了广东、福建乡村
的城市化进程，有力推动了对外开放事业的发展。

1980 年 5 月，党中央、国务院采纳广东省的建议，正式将"出口
特区"改为内涵更加丰富的"经济特区"。并且明确：特区要积极吸引
侨资、外资，吸引国外先进技术和管理经验；必须采取既积极、又慎重

---

① 中共中央文献研究室编：《改革开放三十年重要文献选编》上，中央文献出版社
2008 年版，第 53 页。

的方针，逐步实施；特区的管理，在坚持四项基本原则和不损害国家主权的条件下，可以采取与内地不同的体制和政策；特区经济主要实行市场调节。这个决定进一步确立了特区的地位，同时又明确了特区的社会主义性质。同年 8 月，五届全国人大常委会第十五次会议作出决定，批准广东、福建两省在深圳、珠海、汕头、厦门设置经济特区，并通过了《广东省经济特区条例》。至此，完成经济特区设立的决策和立法程序，标志着中国经济特区的正式诞生。

创办经济特区，就是要在特区内实行一系列不同于国内其他地区的特殊政策和管理体制，即实行以市场调节为主，在对外经济活动中实行更加开放的政策，以求找到一条打破僵化的计划管理体制、尽快把经济搞上去的新路。经济特区的创办，向世界展示了中国改革开放的坚定决心，同时也为逐步扩大对外开放和推进经济体制改革提供了丰富的经验。在中央决策的推动下，经济特区建设显现良好发展势头，迅速成为国内外关注的改革开放的窗口。

1984 年 1 月 24 日至 2 月 15 日，邓小平先后视察了深圳、珠海、厦门三个经济特区，对特区建设的成就给予了充分肯定，并分别为三个经济特区欣然挥笔题词："深圳的发展和经验证明，我们建立经济特区的政策是正确的"；"珠海经济特区好"；"把经济特区办得更快些更好些"。[1] 并且指出："特区是个窗口，是技术的窗口，管理的窗口，知识的窗口，也是对外政策的窗口。"[2] 这是对创办和发展经济特区的目的和意义的深刻揭示，是对经济特区地位和作用的精辟概括。

经济特区的创办与成功实践，是中国共产党的一大创新。发展经济

---

[1] 《邓小平年谱（一九七五——一九九七）》，中央文献出版社 2004 年版，第 963 页。
[2] 《邓小平文选》第三卷，人民出版社 1993 年版，第 51—52 页。

特区，是中国特色社会主义的重要组成部分，对于促进全国改革开放和
现代化建设发挥了重要作用。

8. 启动政治体制改革，改革党和国家领导体制

经济领域里的改革必然要求政治上层建筑与之相适应，提出进行政
治体制改革的客观任务。党的十一届三中全会后，中共中央遵循社会发
展规律，认真总结和吸取以往党和国家政治生活中的经验教训，开始提
出政治体制改革问题，努力探索具有中国特色的政治体制和具体制度。

这一重大决策表明：我国新时期的改革事业从一开始就是将经济体
制改革与政治体制改革结合在一起进行的。

众所周知，我国原有的政治体制，大体上脱胎于革命战争年代，初建
于新中国诞生之际，形成于社会主义改造时期，与计划经济体制相适应，
又在大规模的阶级斗争和群众运动中不断得到强化。这种政治体制的特点
是党政不分、权责不明、权力过分集中。"文化大革命"更是把这种体制
推向极端，使其弊端充分暴露，以至于酿成对党、国家、民族带来严重灾
难的内乱。党的十一届三中全会实现伟大历史转折，党的工作重心从"以
阶级斗争为纲"转向以经济建设为中心，我国进入改革开放新时期。然而，
在这个历史大转折过程中，我们党深深地体会到，每前进一步，都遇到了
来自传统政治体制的强大阻力。正是在冲破这些阻力的斗争中，在如何防
止"文化大革命"悲剧重演的历史反思中，党中央深刻地认识到政治体制
改革的极端重要性，果断而审慎地启动了政治体制改革的历程。

1978 年 12 月，党的十一届三中全会公报指出，实现四个现代化，

要求大幅度地提高生产力，也就必然要求多方面地改变同生产力发展不适应的上层建筑。这是改革开放新时期党对于政治体制改革认识的起点。

党和国家领导制度是政治制度的核心点。邓小平早就注意到党和国家制度建设的重要性。在 1956 年 9 月党的八大上，邓小平及时总结党面临的考验、出现的问题，提出："党除了应该加强对于党员的思想教育之外，更重要的还在于从各方面加强党的领导作用，并且从国家制度和党的制度上作出适当的规定，以便对于党的组织和党员实行严格的监督。"① 党的十一届三中全会后，随着改革开放的深入推进，邓小平越来越感到进行政治体制改革的必要性和紧迫性。正如 1986 年 9 月 3 日他在会见日本公明党委员长竹入义胜时所说的："现在经济体制改革每前进一步，都深深感到政治体制改革的必要性。不改革政治体制，就不能保障经济体制改革的成果。不能使经济体制改革继续前进，就会阻碍生产力的发展，阻碍四个现代化的实现。"②

围绕充分发挥党的领导这个优越性，把党建设成为领导社会主义事业的坚强核心，邓小平突出强调要注意加强党和国家各方面的制度建设。他指出："从遵义会议到社会主义改造时期，党中央和毛泽东同志一直比较注意实行集体领导，实行民主集中制，党内民主生活比较正常。可惜，这些好的传统没有坚持下来，也没有形成严格的完善的制度。"③ 突出党和国家各种制度建设，成为改革开放新时期邓小平思想的一个突出特点。

---

① 《邓小平文选》第一卷，人民出版社 1994 年版，第 215 页。
② 《邓小平思想年谱（一九七五——一九九七）》，中央文献出版社 1998 年版，第 361 页。
③ 《邓小平文选》第二卷，人民出版社 1994 年版，第 330 页。

在他的主导下，党中央总结历史经验，深刻分析党和国家领导体制存在的问题，采取了一系列重大改革举措。

1980年2月召开的党的十一届五中全会，以坚持党的领导、改善党的领导、提高党的战斗力为主题，对党和国家领导体制改革专门作了研究部署。全会决定提前召开党的第十二次全国代表大会，并讨论了《中国共产党章程（修改草案）》。这个党章草案，对党的民主集中制作了比较完善的规定，明确提出了废除干部职务实际上存在的终身制、共产党的组织和党员都必须在宪法和法律范围内活动等内容。

1980年8月18日至23日，中共中央政治局扩大会议在北京召开。18日，邓小平在会上作题为《党和国家领导制度的改革》的重要讲话，开宗明义地指出：“这次扩大会议，主要是讨论党和国家领导制度的改革以及一些有关问题。”

接着，邓小平深刻总结国内外社会主义国家政权建设的历史经验，特别是十年“文革”的深刻教训，尖锐地揭露和分析了现行政治体制存在的种种弊端，指出：“党和国家现行的一些具体制度中，还存在不少的弊端，妨碍甚至严重妨碍社会主义优越性的发挥。如不认真改革，就很难适应现代化建设的迫切需要，我们就要严重地脱离广大群众。”“从党和国家的领导制度、干部制度方面来说，主要弊端就是官僚主义现象，权力过分集中的现象，家长制现象，干部领导职务终身制现象和形形色色的特权现象。”

对于这些弊端产生的原因，邓小平指出：“我们过去发生的各种错误，固然与某些领导人的思想、作风有关，但是组织制度、工作制度方面的问题更重要。这些方面的制度好可以使坏人无法任意横行，制度不好可以使好人无法充分做好事，甚至会走向反面。即使像毛泽东同志这样伟大的人物，也受到一些不好的制度的严重影响，以至对党对国家对他个人都造成了很大的不幸。我们今天再不健全社会主义制度，人们就会说，为什么资本主义制度所能解决的一些问题，社会主义制度反而不能解决呢？"斯大林严重破坏社会主义法制，毛泽东同志就说过，这样的事件在英、法、美这样的西方国家不可能发生。他虽然认识到这一点，但是由于没有在实际上解决领导制度问题以及其他一些原因，仍然导致了'文化大革命'的十年浩劫。这个教训是极其深刻的。不是说个人没有责任，而是说领导制度、组织制度问题更带有根本性、全局性、稳定性和长期性。这种制度问题，关系到党和国家是否改变颜色，必须引起全党的高度重视。"

邓小平警示全党："如果不坚决改革现行制度中的弊端，过去出现过的一些严重问题今后就有可能重新出现。只有对这些弊端进行有计划、有步骤而又坚决彻底的改革，人民才会信任我们的领导，才会信任党和社会主义，我们的事业才有无限的希望。"①

为了革除弊端，邓小平对全党提出肃清封建主义和资产阶级思想影响的任务，并着重提出对党和国家领导制度实行六项重大改革措施：1.建议修改宪法，切实保证人民享有当家作主的各项权利；2.设立党中央顾问委员会，连同中央委员会都由党的全国代表大会选举产生，并明确划分各自的任务和权限；3.真正建立起从国务院到地方各级政府从上到下的强有力的工作系统；4.有准备有步骤地改革党委领导下的厂长负责制、经理负责制，经过试点，逐步推广，分别实行工厂管理委员会、公司董事会、经济联合体的联合委员会领导和监督下的厂长负责制、经理负责制；5.各企业事业单位普遍成立职工代表大会或职工代表会议；6.各级党委真正实行集体领导和个人分工负责相

①《邓小平文选》第二卷，人民出版社1994年版，第333页。

结合的制度。

对于改革的目的，邓小平明确指出："改革党和国家的领导制度，不是要削弱党的领导，涣散党的纪律，而正是为了坚持和加强党的领导，坚持和加强党的纪律。在中国这样的大国，要把几亿人口的思想和力量统一起来建设社会主义，没有一个由具有高度觉悟性、纪律性和自我牺牲精神的党员组成的能够真正代表和团结人民群众的党，没有这样一个党的统一领导，是不可能设想的，那就只会四分五裂，一事无成。这是全国各族人民在长期的奋斗实践中深刻认识到的真理。"

最后，邓小平告诫全党："改革并完善党和国家各方面的制度，是一项艰巨的长期的任务，改革并完善党和国家的领导制度，是实现这个任务的关键。对此，我们必须有足够的认识。毛泽东同志和其他已经去世的老一辈革命家，没有能够完成这个任务。这个担子已经落在我们的肩上。全党同志，特别是老同志，要为此付出自己的全部精力。"①

这一讲话，内容丰富、思想深刻、发人深省，充分展现出我们党自我革命自我完善的伟大精神，展现出邓小平对党和人民事业的强烈历史担当。

这篇重要讲话提出了党和国家领导制度改革的基本指导思想，为我国政治体制改革指明了方向。8 月 31 日，《党和国家领导制度的改革》经政治局会议讨论通过，成为党和国家领导体制改革的纲领性文件。

此后，随着经济改革的逐渐深入，邓小平进一步就政治体制改革的目标、内容、原则、方法和步骤提出一系列重要思想：政治体制改革要达到的"总的目标是三条：第一，巩固社会主义制度；第二，发展社

---

① 《邓小平文选》第二卷，人民出版社 1994 年版，第 342 页。

会主义社会的生产力；第三，发扬社会主义民主，调动广大人民的积极性"。① 改革的内容，首先是党政分开；第二个内容是权力下放；第三个内容是精简机构。② 政治体制改革"必须坚持四项基本原则"，要"根据自己的特点，自己国家的情况，走自己的路"③，"改革党和国家领导制度的方针必须坚持，但是，方法要周密，步骤要稳妥"。④

在邓小平的积极建议下，1986 年，党中央成立了中央政治体制改革研讨小组，经过充分调研和广泛论证，形成了《政治体制改革总体设想（初步方案）》，其主要内容写入了党的十三大报告。报告明确：政治体制改革的近期目标，是建立有利于提高效率、增强活力和调动各方面的积极性的领导体制；长远目标是建立高度民主、法制完备、富有效率、充满活力的社会主义政治体制。这标志着我们党探索具有中国特色的政治体制和具体制度取得了阶段性重大成果。

9. 党的十二大明确提出"走自己的路，建设有中国特色的社会主义"

1982 年 9 月 1 日至 11 日，中国共产党第十二次全国代表大会在北京举行。邓小平在开幕词中明确提出了"建设有中国特色的社会主义"的重大命题。他指出："我们的现代化建设，必须从中国的实际出发。

---

① 《邓小平文选》第三卷，人民出版社 1994 年版，第 178 页。

② 参见《邓小平文选》第三卷，人民出版社 1994 年版，第 177 页。

③ 《邓小平文选》第三卷，人民出版社 1994 年版，第 256 页。

④ 《邓小平文选》第二卷，人民出版社 1994 年版，第 359 页。

无论是革命还是建设，都要注意学习和借鉴外国经验。但是，照抄照搬别国经验、别国模式，从来不能得到成功。这方面我们有过不少教训。把马克思主义的普遍真理同我国的具体实际结合起来，走自己的道路，建设有中国特色的社会主义，这就是我们总结长期历史经验得出的基本结论。"①

"建设有中国特色的社会主义"，这是我们党对进入改革开放新时期的中国究竟要举什么样的旗帜、走什么样的道路这一时代大课题作出的历史性抉择。

关于搞社会主义建设要走自己的道路的问题，早在 1979 年 3 月，邓小平在党的理论工作务虚会上的讲话中就曾说过："过去搞民主革命，要适合中国情况，走毛泽东同志开辟的农村包围城市的道路。现在搞建设，也要适合中国情况，走出一条中国式的现代化道路。"② 走自己的路，建设有中国特色的社会主义，就是要开辟社会主义建设的新路。这一重大命题包含了以下几个思想内涵：

第一，中国必须走社会主义道路。但是，通向社会主义的道路是各式各样的，中国必须走自己的路。坚持走社会主义道路，这是中国人民坚定不移的大目标，这是最基本的原则。邓小平指出：社会主义是一种人类历史上新的社会制度，是比资本主义更为先进的生产方式，社会主义是人类社会发展的一个新阶段，它终究要替代资本主义，这是不以人的意志为转移的社会发展客观规律，这是历史的结论，也是马克思主义的基本点。"中国人民接受了马克思主义，并且坚持走从新民主主义到社会主义的道路，才使中国的革命取得了胜利。"③ 那种怀疑社会主义是

① 《邓小平文选》第三卷，人民出版社 1993 年版，第 2—3 页。
② 《邓小平文选》第二卷，人民出版社 1994 年版，第 163 页。
③ 《邓小平文选》第三卷，人民出版社 1993 年版，第 62 页。

不是有优越性，那种怀疑社会主义能不能战胜资本主义，那种散布所谓社会主义不如资本主义的言论，是站不住脚的。马克思主义在肯定一切民族都将走到社会主义的同时，也承认各民族的走法可以不一致，每个民族都会有自己的特点。那种认为社会主义只能有一种固定的模式，只能从一而终的观点，是教条的、僵死的，是束缚自己的手脚使之不能前进的绳索。既然各个民族走向社会主义的道路可以有自己不同的特点，那么，就要勇于走自己的路，而不能跟在别人后面亦步亦趋。中国应该建设有中国特色的社会主义，这也是中国共产党在改革开放新时期重新概括出来的重要结论。

第二，根据中国的国情特点，来建设有中国特色的社会主义。所谓中国特色，就是从中国的实际情况出发，实事求是地建设社会主义。各个国家、各个民族的情况不同，革命的主客观力量不同，历史社会条件不同，国际环境也不尽相同。这些，决定了在中国建设社会主义必然有中国的特色，这应该是不言而喻的。中国的国情特点是，一方面，以生产资料公有制为主体的社会主义经济制度、人民民主专政的社会主义政治制度和马克思主义在意识形态中的指导地位已经确立，国家经济实力与以前相比有了巨大增长，教育科学文化事业有了相当发展；另一方面，由于人口多、底子薄，商品经济很不发达。在当时，全世界 170 多个国家，中国的人均国民生产总值占第 140 多位。中国还是一个经济落后的国家，是一个发展中的国家，还处在社会主义初级阶段。我们必须根据中国的以上国情特点来建设社会主义。

第三，走自己的道路，开辟社会主义建设的新阶段。党的十一届三中全会以后，中国共产党人在总结新中国成立以来正反两方面经验的基础上，开始找到一条建设有中国特色的社会主义道路，开辟了社会主义建设的新阶段。担负这个伟大的历史使命，是马克思主义发展史上的新课题。走自己的道路，建设有中国特色的社会主义，开辟社会主义建设的新阶段，必须明确：一是要以马克思主义的普遍真理作指导。对于马克思主义的基本原理，我们无论何时都不能动摇，否则就会失去信仰，失去精神支柱。但我们坚持的和要当作行动指南的是马克思列宁主义、毛泽东思想基本原理和科学体系，并不是拿马克思主义经典作家的个别论断当作护身符，或当作教条，或拿个别词句去吓唬人。二是要坚持以经济建设为中心，将生产力的发展始终放在首要地位。邓小平一而再、再而三地强调，同心同德地实现四个现代化，是全国人民压倒一切的中心任务，决不允许再分散精力，而要横下一条心，专心致志地搞社会主义现代化建设。三是要用发展的眼光看待社会主义。社会主义本身是在发展着的，不能以静止不动的僵化观点去看待社会主义。马克思主义的创始人认为他们从来就"没有提出过任何一劳永逸的现成方案"，事实上也不可能提出。因此，如果脱离中国的实际，满足于空洞的教条，拿过去的模式作为社会主义的"正宗"就不存在中国特色了，也不可能建成有中国特色的社会主义。只有从新的条件出发，才能真正走自己的道路，建设有中国特色的社会主义。

上述重要思想观点，是邓小平深刻总结我们党领导革命和建设，特别是"文革"结束后6年来改革开放的实践经验，为全面开创社会主义现代化建设新局面而提出的重大战略思想，具有深远的指导意义。

"建设有中国特色的社会主义"重大命题的提出，深刻回答了进入改革开放新时期后中国举什么样的旗帜、走什么样的道路这一人们最为关心的重大问题，因而成为指引新时期改革开放和社会主义现代化建设的伟大旗帜。

30年后，2013年12月，习近平总书记在纪念毛泽东同志诞辰120周年座谈会上指出："站立在960万平方公里的广袤土地上，吸吮着中华民族漫长奋斗积累的文化养分，拥有 13 亿中国人民聚合的磅礴之力，我们走自己的路，具有无比广阔的舞台，具有无比深厚的历史底蕴，具有无比强大的前进定力。中国人民应该有这个信心，每一个中国人都应该有这个信心。"①

10. 系统阐述党在社会主义初级阶段的理论和基本路线

1987 年 10 月，党的十三大根据马克思主义关于社会发展阶段的理论，总结几十年社会主义建设的经验教训，从现实的国情出发，提出了我国正处在社会主义的初级阶段的正确论断，并系统阐述了社会主义初级阶段的理论，明确概括了党在社会主义初级阶段的基本路线。

正确认识我国社会现在所处的历史阶段是建设有中国特色的社会主义的首要问题，是我们制定和执行正确的路线和政策的根本依据。"我国正处在社会主义的初级阶段"这一重大论断，是关系中国特色社会主义建设全局的一个重大战略判断。

党的十一届三中全会后不久，党在总结历史经验的时候，便开始从认识我国社会主义社会所处的发展阶段来分析以往发生失误和曲折的原因。1979 年 9 月，叶剑英在庆祝中华人民共和国成立 30 周年大会上的讲话中指出，我国还是发展中的社会主义国家，社会主义制度还不成熟

---

① 中共中央文献研究室编：《习近平关于社会主义政治建设论述摘编》，中央文献出版社 2017 年版，第 8 页。

不完善，经济和文化还不发达，搞社会主义现代化是一个由从初级到高级的过程，社会主义制度还处在幼年时期。这已经初步表达了社会主义初级阶段的思想。

1981年6月，党的十一届六中全会通过的《关于建国以来党的若干历史问题的决议》，第一次明确提出"我们的社会主义制度还是处于初级的阶段"。1982年，党的十二大政治报告进一步明确指出：我们的社会主义社会，现在还处在初级发展阶段，物质文明还不发达。党的十三大在以往认识基础上，总结历史经验和改革开放新鲜经验，再次明确肯定了这个论断，并从理论上作了论证，使党对于社会主义初级阶段的认识前进了一大步。

大会第一次对社会主义初级阶段的科学内涵作了系统阐述，指出这个论断包括两层含义：第一，我国社会已经是社会主义社会，我们必须坚持而不能离开社会主义；第二，我国的社会主义社会还处在初级阶段。我们必须从这个实际出发，而不能超越这个阶段。在近代中国的具体历史条件下，不承认中国人民可以不经过资本主义充分发展阶段而走上社会主义道路，是革命发展问题上的机械论，是右倾错误的重要认识根源；以为不经过生产力的巨大发展就可以越过社会主义初级阶段，是革命发展问题上的空想论，是"左"倾错误的重要认识根源。

大会强调：社会主义初级阶段不是泛指任何国家进入社会主义都会经历的起始阶段，而是特指我国在生产力落后、商品经济不发达条件下建设社会主义必然要经历的特定阶段。我国从20世纪50年代生产资料所有制的社会主义改造基本完成，到社会主义现代化的基本实现，至少需要上百年时间，都属于社会主义初级阶段。在社会主义初级阶段中，社会主要矛盾是人民日益增长的物质文化需要同落后的社会生产之间的矛盾。党和国家的主要任务是发展生产力，推进社会主义现代化建设。

社会主义初级阶段理论的提出，为正确理解新中国成立以来的成功和失误提供了一把钥匙，也为坚持改革开放、坚持和发展中国特色社会主义提供了有力的理论武器。这是中国共产党人对科学社会主义理论的重要贡献。

从社会主义初级阶段这一新的认识出发，党的十三大提出了党在社会主义初级阶段的基本路线，即：领导和团结全国各族人民，以经济建设为中心，坚持四项基本原则，坚持改革开放，自力更生，艰苦创业，为把我国建设成为富强、民主、文明的社会主义现代化国家而奋斗。这条基本路线的主要内容，被简称为"一个中心、两个基本点"，即以经济建设为中心，坚持四项基本原则，坚持改革开放。

实践证明，坚持这条基本路线不动摇，是不断夺取中国特色社会主义新胜利的根本保证。党在社会主义初级阶段的基本路线，是党和国家的生命线。正因为如此，即使在国际风云变幻的 20 世纪 90 年代初期，邓小平依然坚定地提出："基本路线要管一百年，动摇不得。"

11. 作出"和平与发展是时代主题"的重大判断

中国革命、建设和改革的历史经验告诉我们，对国际局势、世界大势的判断和把握正确与否，极大地影响着中国共产党的国内路线和战略，与中国社会主义的前途和命运息息相关。

1940 年 1 月，毛泽东在《新民主主义论》中指出："现在的世界，是处在革命和战争的新时代，是资本主义决然死灭和社会主义决然兴盛的时代。"① 这一正确论断，是中国共产党制定中国革命指导路线和战略策略的重要依据。新中国的诞生，就是对内对外长期革命战争的结果，是民族解放革命和以社会主义为目标的新民主主义革命交汇的产物。

中国共产党果断作出改革开放和集中力量进行社会主义现代化建设的战略决策一个重要依据，也是对世界变化的形势进行了及时准确科学的判断，这就是邓小平关于"和平与发展是时代主题"的重要思想。

这是以邓小平为代表的中国共产党人对历史和世界的认识的一个重大判断，也是一个重大前进。

应该说，毛泽东关于资本主义走向灭亡和社会主义走向胜利的历史时代的判断，从巨大的历史跨度和长远的历史进程来说，反映了人类社会发展的规律和共产党人的历史信念。从后来的实践看，这是一个长期的、曲折的历史过程，不是在一个不长的革命和战争的时代中就可以实现的。因此，在从社会主义产生到社会主义在全世界代替资本主义这个长期的曲折的历史进程中，世界的形势和时代的特征并不总是可以用"革命和战争的时代"来概括。

受第二次世界大战后美苏两极冷战格局的日益加剧、中苏关系的恶化等因素的影响，中共中央和毛泽东在 20 世纪六七十年代曾一度认为战争不可避免而且迫在眉睫，整个国家由此进入临战准备状态。自 70 年代随着形势的发展变化，东西方关系开始有所缓和，世界战争危险逐渐减弱，特别是这一时期科技革命浪潮不断兴起，各

---

① 《毛泽东选集》第二卷，人民出版社 1994 年版，第 680 页。

国争先抢占战略发展的制高点，这些趋势和特征，使得和平与发展逐渐成为时代主题。70 年代末和 80 年代初，邓小平非常敏锐地深刻地洞察到了这一变化。他认为，世界很不太平，热点问题很多，战争的危险始终是存在的。但是，战争因素增长的同时，和平因素也在增长。经过综合分析，邓小平提出了和平与发展是当今时代主题的重大判断。

1983 年 3 月，邓小平在同几位中央领导同志谈话时强调指出："大战打不起来，不要怕，不存在什么冒险的问题"，"我看至少十年打不起来"，我们要抓住这个机遇，一心一意搞建设，加快发展自己。1984 年 10 月 31 日，邓小平在会见缅甸总统吴山友时明确指出："国际上有两大问题非常突出，一个是和平问题，一个是发展问题。还有其他许多问题，但都不像这两大问题关系全局，带有全球性、战略性的意义。"①1985 年 3 月，邓小平更加明确提出了"和平与发展是当代世界的两大问题"判断，指出："现在世界上真正大的问题，带全球性的战略问题，一个是和平问题，一个是经济问题或者说发展问题。和平问题是东西问题，发展问题是南北问题。概括起来，就是东西南北四个字。南北问题是核心问题"。②依据邓小平的论断，党的十三大把"和平与发展是当代世界的主题"当作形成建设有中国特色社会主义理论轮廓的十二个理论观点之一。

对战争与和平认识的这一重大转变，有利于使中国把工作重点转移到经济建设上来。正如邓小平所说，十一届三中全会以后，我们对国际形势的判断，对战争与和平问题的认识，有了变化。我们改变了原来认

---

① 《邓小平文选》第三卷，人民出版社 1993 年版，第 96 页。
② 《邓小平文选》第三卷，人民出版社 1993 年版，第 105 页。

为战争不可避免而且迫在眉睫的看法，得出新的结论：争取比较长期的和平是可能的，在较长时期内不发生大规模的世界战争是可能的。这是一个重要的转变。"一九七八年我们制定一心一意搞建设的方针，就是建立在这样一个判断上的。""没有这个判断，一天诚惶诚恐的，怎么能够安心地搞建设？更不可能搞全面改革，也不能确定我们建军的正确原则和方向。"①

可见，决策改革开放是建立在这样一个对国际形势正确判断基础之上的，顺应了世界潮流。

改革开放以来，中国共产党人始终坚持这一重大战略判断。即使在 20 世纪 80 年代末 90 年代初发生了苏东剧变、国内"八九政治风波"，西方七国对中国实行"制裁"，霸权主义和强权政治升级等严重事件，面对国内国际对世界形势变化议论纷纷，邓小平依然坚持这一重大判断。他不赞成把形势看成一片漆黑，把我们说成是处在多么不利的地位。他认为，世界上矛盾多得很，大得很，我们可利用的矛盾存在着，对我们有利的条件存在着，机遇存在着，问题是要善于把握。面对挑战，他一方面提出要保持警惕，放松不得，要不信邪，不怕鬼，世界上希望我们好起来的人很多，想整我们的人也有的是；另一方面要高瞻远瞩，坚持认为外交工作要服从于现代化建设这一根本目标，并提出了"冷静观察、稳住阵脚、沉着应付、韬光养晦、决不当头、有所作为"二十四字方针。1989 年 9 月 4 日，邓小平在向第三代领导集体交待他退休后的事宜时说："对于国际局势，概括起来就是三句话：第一句话，冷静观察；第二句话，稳住阵脚；第三句话，

---

① 中共中央文献研究室编：《邓小平思想年谱（一九七五——一九九七）》，中央文献出版社 2011 年版，第 302 页。

沉着应付。不要急，也急不得。要冷静、冷静、再冷静，埋头实干，做好一件事，我们自己的事。"①1990 年以后，邓小平又提出了"不当头"、"少露锋芒"和"有所作为"的思想，后来我们用"韬光养晦"代替了"少露锋芒"，这样就形成了邓小平对外战略策略的二十四字方针。这一方针，避免了与外国发生正面冲撞，为我国创造了有利的国际和平环境，从而为集中精力搞好国内建设、增强综合国力赢得了宝贵机遇。

根据邓小平这些战略思想，党的十四大继续确认"和平与发展仍然是当今世界两大主题"，并且作出了邓小平理论是"在和平与发展成为时代主题的历史条件下形成和发展起来的"这个论断。党的十五大再一次确认了这些论断。此后，虽然发生了我国驻南使馆被炸、李登辉鼓吹"两国论"等严重事件，但中共中央在思想上十分明确，就是越是形势复杂，越是任务繁重，越是斗争尖锐，越是要坚定不移地贯彻落实邓小平理论和党的基本路线、基本方针、基本纲领，坚定不移地集中力量把经济建设搞上去。

对国际形势的这些敏锐而深刻的观察和判断，指导党在"多事之秋"，头脑清醒，目标明确，在国内国际政治风波中经受住了考验，并敏锐地把握住世界局势大转折提供的伴随严峻挑战的历史机遇，坚定不移地把改革开放和社会主义现代化建设的事业不断推向前进。

反观 20 世纪 80 年代末 90 年代初许多社会主义国家发生的严重曲折，有多方面的原因，但其中一个重要原因，就是未能适应时代主题的变化，正确地调整和改革自己的内外政策。面对国际政治风波，1989 年 9 月 4 日，邓小平同几位中央负责同志谈话时明确指出："在这些国

————————————

① 《邓小平文选》第三卷，人民出版社 1993 年版，第 321 页。

家动乱的时候，中国要真正按计划实现第二个翻番，这也就是社会主义的一个成功。到下个世纪五十年，如果我们基本上实现现代化，那就可以进一步断言社会主义成功。"①改革开放40多年来，中国共产党正在和平与发展成为时代主题的当代历史条件下，坚定不移地推进改革开放，集中力量进行现代化建设，取得了举世瞩目的辉煌成就。

12. 改变联美抗苏的"一条线、一大片"战略，确立独立自主的和平外交政策

联美抗苏是20世纪60年代末70年代初中国的一个重要外交战略。这时，美苏争霸的态势转为苏攻美守，中国国家安全也因中苏关系全面破裂并发生边境武装冲突而面临美苏南北夹击的艰难困境。毛泽东认为，中国最大的问题是苏联，而不是美国。此外，苏联推行全球霸权主义战略，对美国也构成"威胁"，美国发现中国是"一张可以对付莫斯科的牌"，也开始重新评估其对华政策。在这种情况下，中共中央和毛泽东决定，联合以美国为首的西方国家共同遏制苏联的全球霸权主义行径。1973年2月17日，毛泽东在会见美国总统特使基辛格时明确提出联美抗苏的"一条线"外交战略，毛泽东说道："我跟一个外国朋友说过，说要搞一条横线，就是纬度，美国、日本、中国、巴基斯坦、伊朗、土耳其、欧洲。"②随后，1974年1月5日，毛泽东在会见

---

① 《邓小平文选》第三卷，人民出版社1993年版，第320页。

② 《毛泽东年谱（1966—1976）》第六卷，中央文献出版社2013年版，第469页。

日本外务大臣太平正芳时又提出"一大片"的构想。"一大片"指"一条线"周围的国家。

从 20 世纪 70 年代初开始实施的联美抗苏的"一条线、一大片"外交战略，在一定程度上遏制了苏联对中国的威胁，维护了中国的安全，并由此推动了中美、中日关系迅速得到改善，使得中国在联合国和安理会常任理事国的合法席位得到恢复，从而有效摆脱了此前亦即 60 年代因反美反苏的"两个拳头打人"战略造成的中国在国际上的孤立状况，中国的国际地位开始得到了极大提高。

但是，这一外交战略不可避免地使中国卷入苏美争斗，不仅限制了中国在国际事务中的行动自由，使外交政策失去主动性灵活性，而且不利于贯彻独立自主原则，也易引起广大第三世界的误解。同时，这一外交战略也是当时中共关于"战争不可避免""迫在眉睫"等认识的逻辑发展。因此，进入 20 世纪 80 年代，随着国际形势的变化和中国外交的发展，联美抗苏的"一条线、一大片"外交战略，以及临战备战已逐渐不适应中国国内政治经济变革的需要和国际形势的发展。这就在客观上提出了调整外交战略的需求。加之，这时在美苏争霸的战略格局中，苏联日渐处于衰势，多次提出希望和中国改善关系。在这种背景下，中国开始改变联美抗苏的"一条线、一大片"外交战略。

1982 年 8 月，为争取和平、寻求建立更均衡的外交关系，邓小平提出把反对霸权主义、维护世界和平，加强同第三世界的团结合作，作为新时期基本的外交政策[1]。同年 9 月，党的十二大正式确立新时期的中国外交政策是坚持"独立自主的对外政策"。此后，"一条线、一大片"外交战略被"独立自主"的外交战略所取代。

---

[1] 参见《邓小平文选》第二卷，人民出版社 1994 年版，第 415 页。

　　这是中国外交战略的重大转变。1985 年 6 月 4 日，邓小平在中央军委扩大会议上清楚地阐述了中国外交方针的两大战略转变。他说，第一个转变，是对战争与和平问题的认识。这几年我们仔细地观察了形势，世界战争的危险还是存在的，但是世界和平力量的增长超过战争力量的增长，在较长时间内不发生大规模的世界战争是有可能的，维护世界和平是有希望的。第二个转变，是我们的对外政策。过去有一段时间，针对苏联霸权主义的威胁，我们搞了"一条线"战略，现在我们改变了这个战略，这是一个重大的转变①。这两个重大转变，对于中国的内政、外交都具有重大意义。第一个转变，有利于使中国把工作重点转移到经济建设上来。第二个转变，则使中国独立自主的和平外交政策的特点更加鲜明。1984 年 5 月 29 日，邓小平指出："中国不打美国牌，也不打苏联牌，中国也不允许别人打中国牌。"②"我们奉行独立自主的正确的外交路线和对外政策，高举反对霸权主义、维护世界和平的旗帜，坚定地站在和平力量一边，谁搞霸权就反对谁，谁搞战争就反对谁。"③

　　1986 年 4 月，六届全国人大四次会议批准的国务院《关于第七个五年计划的报告》，从十个方面全面阐述了中国独立自主和平外交政策的主要内容和基本原则，对改革开放以来中国外交政策的调整作了归纳和总结。这表明，中国基本完成了外交方针的调整。

　　外交方针的重大调整，使中国在发展同世界各国的友好关系方面取得重大进展。到 1989 年，中国的建交国总数达到 137 个。与周边国家的关系有了明显改善和发展，同广大发展中国家开展了形式多样的经济合作。在国际和地区事务中，中国积极参与以联合国为中心的多边外交

---

① 参见《邓小平文选》第三卷，人民出版社 1993 年版，第 126—128 页。

② 《邓小平文选》第三卷，人民出版社 1993 年版，第 57 页。

③ 《邓小平文选》第三卷，人民出版社 1993 年版，第 128 页。

活动，广泛参加各种国际多边条约和国际公约，在促进世界和平与发展方面发挥了重要作用，扩大了中国的国际影响。这一时期，中美两国双边关系尽管因售台武器等问题受到严峻考验，但总的来说保持了稳定发展。经过多次磋商，1989 年 5 月，破裂 20 多年的两党两国关系终于实现正常化，为建立不结盟、不对抗、不针对第三方的新型大国关系提供了良好基础。

经过对外交方针政策的调整，中国外交得到全方位发展，一个有利于中国改革开放和现代化建设的外部环境初步形成。

13. 军队建设指导思想实行战略性转变，走精兵之路

中华人民共和国成立以来，在冷战的国际局势下，遭到以美国为首的西方国家在经济上封锁、军事战略上包围。特别是 20 世纪 60 年代以来，美苏争霸，苏联在中国边境陈兵百万。中共中央被迫决定加强战备，确定军队建设的立足点是"早打、大打、打核战争"。从此，整个国防和军队建设一直处在"盘马弯弓箭不发"的临战状态。历史发展到 20 世纪 80 年代，虽然战争危险依然存在，但东西方关系开始缓和，中国的边防压力明显减轻，邓小平作出"和平与发展是时代主题"的重大判断，党和国家工作重点也转移到社会主义现代化建设上来。国内国际形势和国家安全形势的这种变化，要求国防和军队建设指导思想随之发生转变。

邓小平密切注视着国际形势的发展变化。他深刻地认识到，国家的安全保障，最终取决于一个国家的经济实力。在经历"文革"内乱、百

业待举的当前，国家经济建设是大局，必须硬着头皮把经济搞上去，一切要服从这个大局。"大局好起来了，国力大大增强了，再搞一点原子弹、氢弹，更新一些装备，空中的也好，海上的也好，陆上的也好，到那个时候就容易了。"[①]

1985 年五六月间，中央军委扩大会议作出军队建设指导思想实行战略性转变的重大决策，即从立足于"早打、大打、打核战争"的临战准备状态转到和平时期建设轨道上来，要求充分利用大仗打不起来的这段和平时期，在服从国家经济建设大局的前提下，走精兵之路，抓紧时间，有计划、有步骤地进行以现代化为中心的根本建设，减少数量，提高质量，增强军队在现代条件下的作战能力。

实践证明，军队建设思想的这一战略性转变，成功开创了国防和军队建设新局面。

为了适应上述战略性转变，1985 年 6 月 4 日，邓小平在中央军委扩大会议上郑重宣布：中国人民解放军减少员额 100 万。史称"百万大裁军"。

这是新中国成立后人民军队进行的第三次大规模精简整编。这是新时期加强军队现代化建设和贯彻军队必须服从国家经济建设大局的一项重大决策；是军队建设从数量规模型到质量效能型，走中国特色精兵之路的战略性转变。

新中国成立之初，我军人数达 550 万。经过两次大的精简整编减少了 1/3。但从 1963 年起，受国际冷战格局和周边安全形势影响，军队规模又开始扩大，到 1975 年达到 660 多万。1975 年 6 月，邓小平在全面整顿中明确提出军队要"消肿"。中央军委作出了 3 年内将军队总员额压缩到 450 万人的计划。后由于邓小平的再次被打倒，"消肿"搁浅。

---

① 《邓小平文选》第三卷，人民出版社 1993 年版，第 99—100 页。

1977 年 12 月 28 日，刚刚恢复了职务的邓小平，就在中央军委扩大会议上再次严肃地提出了"消肿"的问题："这个肿，我们还是没有很好解决。""尽管我们部队这样大，但连队并不充实，而各级机关却十分庞大，臃肿的情况还很严重"。他提出要抓紧调整。

这是一个严峻的事实。我国军费数额很低。1984 年，只有 60 亿美元，相当于美国的 2%。但我军员额是美军的两倍。兵员多，结构又不合理。军队的官兵比例，美军为 1：6.15，苏军为 1：4.56，联邦德国为 1：10，法国为 1：17。而中国为 1：2.45。我国军费大部分用于生活保障，直接限制了部队武器装备的发展和战斗力的提高。据统计，从 1953 年至 1983 年，我国 30 年武器装备发展费，比美国 1982 年一年的武器装备发展费还少 200 亿人民币。"消肿"的问题，就这样再次被列入了议事日程。

在 1984 年 11 月 1 日中央军委座谈会上，邓小平谈了军队的体制改革和进一步实行精简整编的必要性，指出：现在根据新的观察、新的分析，在较长时间内不发生大规模的世界战争是有可能的，维护世界和平是有希望的。"我们既然看准了这一点，就犯不着花更多的钱用于国防开支，要腾出更多的钱来搞建设，可以下这个决心。"据此，邓小平提出："现在需要的是全国党政军民一心一意地服从国家建设这个大局，照顾这个大局。这个问题，我们军队有自己的责任，不能妨碍这个大局，要紧密地配合这个大局，而且要在这个大局下面行动。"① 在以上认识基础上，邓小平决定：军队裁减员额 100 万！他说："这是个得罪人的事情哪！我来得罪吧，不把这个矛盾交给新的军委主席。"

1985 年 6 月 8 日，中共中央、国务院、中央军委发出《关于支持

---

① 《邓小平文选》第三卷，人民出版社 1993 年版，第 99 页。

军队体制改革、精简整编的通知》。然而，中国"百万大裁军"的消息一出，举世震惊！

人们不禁担心，如此 11 亿人口的泱泱大国，兵少了，连哨都站不过来，一旦有战事国家的安全怎么办？万一国际形势重新又紧张起来怎么办？裁军会不会减弱军队的战斗力？针对这些担忧，邓小平幽默地回应：虚胖子能打仗？大力士、拳击运动员身体很重，但是不虚，虚就不能进行拳击。军队要多节省开支，改善武器装备，更要提高军政素质，这就必须减少数量，同时保留下来的人员足以应付意外事件。他坚定地说："即使国际形势恶化，这个裁减也是必要的，而且更加必要。"强调："即使战争爆发，我们也要消肿。肿，就是我们指导战争的能力不高。不消肿就不能应对战争。"[①]

显然，"消肿"是精兵的前提。裁军，是裁掉那些不适应时代发展的军力以精简整编，推进精兵战略。只有在精简整编、建立科学的体制编制基础上，改善武器装备，加强部队的教育训练，提高军队的整体素质，才能走出一条中国特色的精兵之路。

从 1985 年下半年开始，全军按照先领导班子、机关，后部队、院校和保障单位的顺序实施。这一年成了中国的"裁军年"。

这次军队体制改革和"百万大裁军"，是人民解放军历史上一次重大的战略性行动。对全军来说，几乎每一个人都面临着进、退、去、留的选择和被选择，几乎每一个军人家庭的利益都会受到触动。难怪有人说，这是一次从上到下、从里到外的"立体震荡"，是一次脱胎换骨的"大手术"。一夜之间，人民军队有 60 万干部被列为"编外"，陆军部队

---

① 中共中央文献研究室编：《邓小平年谱（一九七五——一九九七）》下，中央文献出版社 2004 年版，第 1012 页。

的建制单位有 1/4 要撤销，其中包括那些有着几十年光荣历史，立过赫赫战功的部队。

然而，全军上下坚决贯彻落实军委决策。广大指战员克服各种困难和阻力，坚定不移地服从党中央、中央军委的号令，妥善处理各种关系，保持部队工作的连续性，保证训练、战备等工作的正常进行，顺利地落实了党中央精简整编的重大战略决策。

在面临被撤销的福州军区，有些干部要军区司令员江拥辉找中央军委首长，建议不要撤销福州军区。江拥辉语重心长地劝大家："百万大裁军是党中央、中央军委做出的英明决策，我们必须无条件服从。至于撤销哪个军区，要等军委决定，我们谁也没有权力去干扰军委决策。我自己不能去找门子，也不准你们去拉关系。"在江拥辉和福州军区其他领导的共同努力下，福州军区撤销后的移交工作进行得非常顺利。

济南军区某团，前身是毛泽东于 1929 年在井冈山组建的"中央军委警卫营"。抗日战争时期改为"八路军总部特务团"，内称"朱德警卫团"。在著名的保卫黄崖洞战斗以后，毛泽东在给朱德的贺电中号召："全军学习'朱德警卫团'黄崖洞守备战。"该团要合并组建的风声传开后，干部、战士一时想不通。于是，团队请来老政委讲传统，组织重新认识团史，"针尖对麦芒"地对出现的各种问题做工作。经过努力，大家终于明白：珍惜荣誉，应该成为服从大局的动力，不应该成为阻力；光荣传统应该在精简整编中发扬光大。

1987 年 4 月 4 日，在全国人大六届五次全会举行的中外记者招待会上，人民解放军副总参谋长徐信宣布："中国人民解放军精简整编的任务已基本完成！裁减员额 100 万后，军队的总定额为 300 万。"

历时三年的"百万大裁军"，取得显著成效：

大军区数量由原来的 11 个调整为 7 个：沈阳军区、北京军区、兰州军区、济南军区、南京军区、广州军区、成都军区。调整后的军区，战区范围扩大，兵源充足，物质资源雄厚，战役纵深加大，从而提高了大军区的独立作战能力。

总参谋部、总政治部、总后勤部和各大军区机关都在原定额基础上精简近一半。军级以上单位减少 31 个，师、团级单位撤销 4054 个；各级领导班子都减少副职，机关部队的 76 种职务由军官改为士兵担任，全军官兵比例达到了 1：3.3。结合精简整编，按照革命化、年轻化、知识化、专业化的方针调整配备了三总部、大军区、军兵种的领导班子。有人把这形象地比喻为既"消肿"，又"输血"。

解放军军事学院、政治学院、后勤学院合并为国防大学，撤并部分其他院校。

保留陆军的军统一整编为集团军，将装甲兵部队全部，炮兵、高炮部队大部及部分野战工兵部队编入陆军集团军序列，有的增编了电子对抗分队，有的还组建了陆航团。陆军集团军的组建，是人民解放军建设现代化合成军队的重要一步。

总之，经过此次体制改革和精简整编，人民军队建设发生了重要变化，朝着机构精干、指挥灵便、反应快速、提高效率、增强战斗力的目标迈出了坚实的一步。

14. 提出"一国两制"伟大构想，开辟实现祖国统一的新途径

实现国家统一，是中国历史上的统治者经常要面对的一个难题。

历史上的统一，只有武力征服一种手段，都是以惨烈的牺牲和巨大的破坏为代价的。用"一个国家，两种制度"的伟大构想实现祖国和平统一大业，是邓小平的伟大创造，开辟了以和平方式实现祖国统一的新途径。

"一国两制"方针最初是针对台湾问题的。解决台湾问题、实现祖国完全统一，是全体中华儿女共同愿望，是中华民族根本利益所在。20世纪 50 年代，中国政府就曾设想以和平方式解决台湾问题。1955 年 5月，周恩来总理在全国人民代表大会常务委员会上即提出：中国人民解决台湾问题有两种可能的方式，即战争的方式与和平的方式，中国人民愿意在可能的条件下，争取用和平的方式解决问题。1956 年 4 月，毛泽东主席又提出："和为贵"、"爱国一家"、"爱国不分先后"等政策主张。但由于某些外国势力的干预等原因，这些主张未能付诸实践。

自 70 年代末开始，国内国际形势发生了一些重要变化：中美建立外交关系，实现了关系正常化；中国共产党召开十一届三中全会，决定把党和国家的工作中心转移到经济建设上来。与此同时，海峡两岸的中国人、港澳同胞以及海外侨胞、华人，都殷切期望两岸携手合作，共同振兴中华。在这样的历史条件下，党中央在毛泽东、周恩来等老一辈革命家关于争取和平解放台湾思想的基础上，着眼于对整个国家民族利益与前途的考虑，本着尊重历史、尊重现实、实事求是、照顾各方利益的原则，探索思考以和平方式实现祖国统一的新途径，"一国两制"构想开始萌芽。

1978 年 10 月 8 日，邓小平在会见日本文艺家江藤淳时，就提出"如果实现祖国统一，我们在台湾的政策将根据台湾的现实来处理"的思想。同年 11 月，在会见缅甸总统吴奈温时，邓小平明确谈到统一后台湾的某些制度和生活方式可以不动。他说："在解决台湾问题时，我们会尊重台湾的现实。比如，台湾的某些制度可以不动。美日在台湾的投资可以不动，那边的生活方式可以不动。"1979年1月1日，全国人大常委会发表《告台湾同胞书》，郑重宣告了中国政府和平解决台湾问题的大政方针，表示在实现国家统一时，一定"尊重台湾现状和台湾各界人士的意见，采取合情合理的政策和办法"，呼吁两岸就结束军事对峙状态进行商谈。1979年1月30日，邓小平访美期间，在同美国参议员、众议院议员会面时也明确指出："我们不再用'解放台湾'这个提法了。只要台湾回归祖国，我们将尊重那里的现实和现行制度。我们一方面尊重台湾的现实，另一方面一定要使台湾回到祖国的怀抱"。① 这些重要谈话，可以说是"一国两制"构想的最初萌芽。12月，邓小平在会见日本首相大平正芳时提出了广为流传的"三个不变"，即：统一后"台湾的制度不变，生活方式不变，台湾与外国的民间关系不变，包括外国在台湾的投资、民间交往照旧。""台湾作为一个地方政府，可以拥有自己的自卫的军事力量。条件只有一条，那就是，台湾要作为中国不可分的一部分。"② 上述一系列谈话，成为"一国两制"构想形成的基本框架。

此后，"一国两制"构想进一步具体化。

1981年9月30日，全国人大常委会委员长叶剑英发表了《关于台湾回归祖国实现和平统一的方针政策》的谈话，进一步阐明了关于台湾回归祖国，实现和平统一的九条方针政策，简称"叶九条"。谈话表示"国家实现统一后，台湾可作为特别行政区，享有高度的自治权"，并建议由两岸执政的国共两党举行对等谈判。

---

① 中共中央文献研究室编：《邓小平年谱（一九七五——一九九七）》上，中央文献出版社2004年版，第478页。

② 中共中央文献研究室编：《邓小平年谱（一九七五——一九九七）》下，中央文献出版社2004年版，第582、583页。

1982 年 1 月 11 日，邓小平在接见来华访问的美国华人协会主席李耀滋时，正式提出了"一个国家两种制度"的概念，他指出："九条方针是以叶副主席的名义提出来的，实际上就是一个国家两种制度。两种制度是可以允许的。他们不要破坏大陆的制度，我们也不破坏他们那个制度。国家的统一是我们整个中华民族的愿望。"①

1983 年 6 月 25 日，邓小平在会见美国西东大学教授杨力宇时，进一步阐述了实现台湾和祖国大陆和平统一的六条具体构想，简称"邓六条"。他说：和平统一已成为国共两党的共同语言。但不是我吃掉你，也不是你吃掉我。祖国统一后，台湾特别行政区可以有自己的独立性，可以实行同大陆不同的制度。"司法独立，终审权不须到北京。台湾还可以有自己的军队，只是不能构成对大陆的威胁。大陆不派人驻台，不仅军队不去，行政人员也不去。台湾的党、政、军等系统，都由台湾自己来管。中央政府还要给台湾留出名额。"

从"叶九条"到"邓六条"，"一国两制"科学构想的内容更加完备、明确和系统化，"一国两制"方针的大体框架基本形成。

1984 年，邓小平进一步就"一国两制"提出了许多重要思想，其中主要包括：

（1）"一国两制"的主体是社会主义。在台港澳地区实行资本主义，是否会影响大陆的社会主义呢？对此，邓小平给予了明确回答。他指出，"'一国两制'除了资本主义，还有社会主义，就是中国的主体、十亿人口的地区坚定不移地实行社会主义。……主体是很大的主体，社会主义是在十亿人口地区的社会主义，这是个前提，没有这个前提不

---

① 中共中央文献研究室编：《邓小平年谱（一九七五——一九九七）》下，中央文献出版社 2004 年版，第 797 页。

行。在这个前提下，可以容许在自己身边，在小地区和小范围内实行资本主义。我们相信，在小范围内容许资本主义存在，更有利于发展社会主义。"①

（2）"一国两制"方针长期不变。针对部分人（包括外国人）担心中国"政策多变"问题，邓小平多次阐明相关政策："'一个国家，两种制度'，我们已经讲了很多次了，全国人民代表大会已经通过了这个政策。有人担心这个政策会不会变，我说不会变。"他指出：我们讲"五十年不变"，"不是随随便便、感情冲动而讲的，是考虑到中国的现实和发展的需要。"②邓小平用"五十年不变"这一形象化的语言，强调了大陆坚定不移地落实"一国两制"政策的决心，同时也向全世界展示了中国将信守诺言的庄严承诺，这为推动"一国两制"的实施创造了必要条件。

（3）用"一国两制"办法解决中国统一问题也是一种和平共处。邓小平创造性地把列宁提出的和平共处原则运用到解决国家统一问题上来。他认为："根据中国自己的实践，我们提出'一个国家，两种制度'的办法来解决中国的统一问题，这也是一种和平共处。"指出"和平共处的原则不仅在处理国际关系问题上，而且在一个国家处理自己内政问题上，也是一个好办法。"③

1985 年 3 月，第六届全国人大三次会议正式把"一国两制"确定为中国的一项基本国策。至此，中国共产党和中国政府用"一国两制"解决台、港、澳问题，实现国家统一的基本方针正式确立。

"一国两制"新主张，为打破几十年海峡两岸敌对状态，实现国共

---

① 《邓小平文选》第三卷，人民出版社 1993 年版，第 103 页。

② 《邓小平文选》第三卷，人民出版社 1993 年版，第 103 页。

③ 《邓小平文选》第三卷，人民出版社 1993 年版，第 96—97 页。

两党第三次合作，推动祖国和平统一的进程，开辟了广阔的前景。

"一国两制"源于解决台湾问题，成功地运用于解决香港问题。中英两国关于香港问题的接触，始于 1979 年，至 1984 年，中英两国签署了关于香港问题的联合声明，香港回归遂成定局。中英两国获得了双赢。有"铁娘子"之称的英国首相撒切尔夫人由衷地对邓小平说：这是您倡导的"一国两制"的胜利。

按照邓小平"一国两制"的构想，20 世纪末，分离了一个半世纪的香港、澳门顺利回归祖国。之后，对峙了几十年的国共两党相逢一笑泯恩仇，两岸实现了"三通"。祖国统一成为不可阻挡的历史潮流。

2017 年 10 月 18 日，习近平总书记在党的十九大报告中用了较大篇幅论述"一国两制"事业和港澳工作，指出："事实证明，'一国两制'是解决历史遗留的香港、澳门问题的最佳方案，也是香港、澳门回归后保持长期繁荣稳定的最佳制度"，"保持香港、澳门长期繁荣稳定，实现祖国完全统一，是实现中华民族伟大复兴的必然要求。"关于台湾问题，习近平指出："解决台湾问题、实现祖国完全统一，是全体中华儿女共同愿望，是中华民族根本利益所在。必须继续坚持'和平统一、一国两制'方针，推动两岸关系和平发展，推进祖国和平统一进程。"[1]

2019 年 10 月，党的十九届四中全会通过的《中共中央关于坚持和完善中国特色社会主义制度、推进国家治理体系和治理能力现代化若干重大问题的决定》，从 15 个方面系统总结我国国家制度和国家治理体系的显著优势，其中一个重要方面就是"坚持'一国两制'，保持香港、

---

[1] 《党的十九大报告辅导读本》，人民出版社 2017 年版，第 54、24—25、55 页。

澳门长期繁荣稳定，促进祖国和平统一的显著优势"。① 这充分表明了
"一国两制"事业在党和国家事业全局中的重要地位。

15. 旗帜鲜明反对资产阶级自由化，果断平息八九政治风波

1988 年末至 1989 年初，在若干大城市特别是在北京，极少数人利
用党和政府工作中的失误和人民群众对物价上涨的焦虑，以及对一些党
员干部中存在腐败现象的不满情绪，开始进行煽动反对共产党的领导、
反对社会主义制度的活动。

中国共产党面临一场新的严峻考验。邓小平后来说："这场风波迟
早要来。这是国际的大气候和中国自己的小气候所决定了的，是一定要
来的，是不以人们的意志为转移的。"②

从国际环境来看，第二次世界大战以后，资本主义世界度过战后危
机重新获得发展，特别是新的科学技术革命使生产力得到迅速发展，这
使一些人感到意外而产生困惑。与此同时，一些社会主义国家在决策上
发生严重失误，致使经济建设和社会发展进程中遇到许多困难，社会主
义制度的优越性未能很好地发挥出来，影响到社会主义在人们心目中的
形象，因而产生"社会主义不如资本主义"的错误思潮。这时，一些西
方国家的政治势力乘机积极推行"和平演变"战略，扬言资本主义对社

---

① 《中共中央关于坚持和完善中国特色社会主义制度、推进国家治理体系和治理能力
现代化若干重大问题的决定》，《新华每日电讯》2019 年 11 月 6 日。

② 《邓小平文选》第三卷，人民出版社 1993 年版，第 302 页。

会主义将"不战而胜"，有计划地通过多种渠道对社会主义国家进行思想、政治渗透，支持和扶植各种反共反社会主义活动，导致苏联和东欧社会主义国家政局动荡不断加剧。这些，使中国国内一些主张搞资产阶级自由化的人受到鼓舞。

从国内环境来看，在拨乱反正过程中出现了一股资产阶级自由化思潮，盲目崇拜西方资本主义国家的"民主""自由"，否定共产党的领导，否定社会主义制度。1979 年初，在这股思潮刚刚冒头的时候，邓小平就作了《坚持四项基本原则》的讲话。其后，他又严肃地提出了反对精神污染、反对资产阶级自由化的任务。然而，在一段时间里，主持中央工作的领导人在推进改革开放、发展经济的同时，未能使反对资产阶级自由化方针得到认真贯彻执行，资产阶级自由化思潮不但没有受到遏制，相反地愈益发展以致泛滥。

邓小平对不安定因素始终保持高度警觉。1989 年初，他在不同场合多次指出，中国的问题，压倒一切的是需要稳定；民主是我们的目标，但国家必须保持稳定。3 月 4 日，邓小平在同赵紫阳的谈话中特别提醒说："凡是妨碍稳定的就要对付，不能让步，不能迁就。""我们搞四化，搞改革开放，关键是稳定。"压倒一切的是需要稳定。"中国不能乱，这个道理要反复讲，放开讲。要放出一个信号：中国不允许乱。"①

1989 年 4 月 15 日，胡耀邦逝世。在中央举行悼念活动期间，广大人民群众以各种方式表达自己的哀思，但也出现一些不正常情况。极少数别有用心的人借机制造谣言，蛊惑人心，利用大小字报指名污蔑、谩骂、攻击党和国家领导人，鼓动反对共产党的领导和社会主义制度，蛊

---

① 中共中央文献研究室编：《邓小平年谱（一九七五——一九九七）》下，中央文献出版社 2004 年版，第 1268 页。

惑群众举行示威游行。北京和其他一些大城市出现了较大规模的学潮和
动乱。北京甚至发生聚众冲击中共中央、国务院所在地中南海新华门的
严重事件，西安、长沙、成都等城市也发生一些不法分子打、砸、抢、
烧等犯罪活动。

学潮和动乱发生后，4月24日，中共北京市委、市人民政府向中
共中央提出对当前事态明确表明态度等建议。晚上，中央政治局常委会
议对事态发展进行了分析研究，认为一场有计划、有组织的反党、反社
会主义的政治动乱已经摆在面前，会议决定成立中央制止动乱小组，由
《人民日报》发表社论向全党和全国人民指出这场斗争的性质。

4月25日，邓小平在同李鹏、杨尚昆的谈话中，鲜明地指出了事
件的性质："这不是一般的学潮，是一场动乱。""要害是否定共产党的领
导，否定社会主义制度。""要旗帜鲜明，措施得力，反对和制止这一场
动乱。……坚决把动乱压下去。不然天无宁日，国无宁日，天天不得安
宁，甚至永远不得安宁。"①邓小平的谈话，为处理动乱确定了正确方针。

4月26日，《人民日报》发表题为《必须旗帜鲜明地反对动乱》的
社论，指出：极少数人"打着民主的旗号破坏民主法制，其目的是要搞
散人心，搞乱全国，破坏安定团结的政治局面。这是一场有计划的阴
谋，是一次动乱，其实质是要从根本上否定中国共产党的领导，否定
社会主义制度。这是摆在全党和全国各族人民面前的一场严重的政治
斗争"。

从5月13日起，极少数动乱的组织者和策划者煽动一些学生进行
绝食请愿，占据天安门广场，给政府施加压力。由于学生绝食引起社会

---

① 中共中央文献研究室编：《邓小平年谱（一九七五——一九九七）》下，中央文献
出版社2004年版，第1272—1273页。

上部分人从各种不同角度出发的同情，加上新闻媒体舆论的错误导向，前往"声援"的人越来越多，举世瞩目的中苏高级会晤也受到严重干扰。

为了防止事态进一步恶化，5月17日，中央政治局常委会议决定在北京部分地区实行戒严。5月19日晚，召开首都党政军机关干部大会，号召紧急行动起来，采取坚决果断措施，迅速结束动乱。根据国务院令，自5月20日10时起，首都部分地区实行戒严。但动乱策划者利用政府和戒严部队采取的克制态度，继续占据天安门广场，组织各种非法活动，最终发展成为一场反革命暴乱。

中央政治局在邓小平和其他老一辈革命家坚决有力的支持下，依靠人民，旗帜鲜明地反对动乱，于6月4日采取果断措施，一举平息了北京地区的反革命暴乱。此后，北京和其他大中城市很快恢复了正常秩序。

这场政治风波破坏了我国正常的社会秩序，扰乱了正常的经济建设进程，给党、国家和人民造成了重大损失。平息动乱和反革命暴乱的胜利，捍卫了我国社会主义性质的国家政权，巩固了我国的社会主义阵地和十年改革开放的成果，维护了人民根本利益，也给党和人民提供了有益的经验教训。

16. 鲜明宣示坚定不移贯彻党的十一届三中全会路线方针政策

八九政治风波的发生，促使中国共产党更加冷静地思考过去、现实和未来。

　　八九政治风波刚过，邓小平就斩钉截铁地说，我们提出的"一个中心、两个基本点"没有错，我们"三步走"的发展战略没有错，我们的路线、方针、政策不能变。

　　1989 年 6 月 9 日，邓小平在接见首都戒严部队军以上干部时发表重要讲话，尖锐地提出了两个需要人们正确认识的问题：

　　一是党的十一届三中全会制定的路线方针政策，包括发展战略的"三部曲"（即"三步走"），正确不正确？是不是因为发生了这次动乱，我们制定的路线方针政策的正确性就发生了问题？我们的目标是不是一个"左"的目标？是否还要继续用它作为我们今后奋斗的目标？

　　二是党的十三大概括的"一个中心、两个基本点"的基本路线对不对？两个基本点，即四项基本原则和改革开放，是不是错了？

　　这两个问题，是中国乃至世界都高度关注的问题，因为这是直接关系到中国向哪个方向发展、走哪条道路的根本问题。

　　对此，邓小平作了明确的回答。他指出，我们的一些基本提法，从发展战略到方针政策，包括改革开放，都是对的，不能因为这次事件的发生，就说我们的战略目标错了；十三大概括的"一个中心、两个基本点"的基本路线没有错。四项基本原则本身没有错，改革开放这个基本点也没有错。我们制定的基本路线方针政策，照样干下去，坚定不移地干下去。邓小平强调："要坚定不移地执行党的十一届三中全会以来制定的一系列路线、方针、政策，要认真总结经验，对的要继续坚持，失误的要纠正，不足的要加点劲。"①邓小平认为，如果说有错误的话，就是坚持四项基本原则还不够一贯，没有把它作为基本思想来教育人民，教育学生，教育全体干部和共产党员；要说不够，就是改革开放得还不

---

① 《邓小平文选》第三卷，人民出版社 1993 年版，第 308 页。

够。邓小平要求很冷静地考虑一下过去，也考虑一下未来，以便使我们的失误纠正得更快，使我们的长处发扬得更好。

邓小平的重要讲话，初步总结了改革开放十年来的经验教训，为政治风波后中国的改革发展指明了方向。

6 月 23—24 日，党的十三届四中全会召开。全会分析国内发生政治风波的性质及原因，初步总结了经验教训，明确了当前和今后一个时期党的方针和任务，明确宣告，要继续坚决执行党的十一届三中全会以来的路线方针政策，继续坚决执行党的十三大确定的"一个中心、两个基本点"的基本路线。四项基本原则是立国之本，必须毫不动摇、始终一贯地加以坚持；改革开放是强国之路，必须坚定不移、一如既往地贯彻执行，绝不回到闭关锁国的老路上去。

这次审议并通过了李鹏代表中共中央政治局作的《关于赵紫阳同志在反党反社会主义的动乱中所犯错误的报告》。全会认为，赵紫阳在关系党和国家生死存亡的关键时刻犯了支持动乱和分裂党的错误，对动乱的形成和发展负有不可推卸的责任，其错误的性质和造成的后果是极为严重的。全会撤销了赵紫阳党内一切领导职务，选举江泽民为中央委员会总书记。

6 月 24 日，江泽民在党的十三届四中全会上的讲话中指出："这次中央领导机构作了一些人事调整，但是，党的十一届三中全会以来的路线和基本政策没有变，必须继续贯彻执行。在这个最基本的问题上，我要十分明确地讲两句话：一句是坚定不移，毫不动摇。一句是全面执行，一以贯之。"①

这一鲜明的政治宣示，对于帮助广大党员干部全面理解、自觉执行

---

① 《江泽民文选》第一卷，人民出版社 2006 年版，第 57 页。

党的十一届三中全会以来的路线方针政策，保证我国改革开放和现代化建设事业沿着中国特色社会主义道路健康发展，具有重大意义。

1989 年 9 月 16 日，邓小平会见美国前总统尼克松，更加坚定地说："我可以肯定地告诉你，谁也不能阻挡中国的改革开放继续下去。为什么？道理很简单，不搞改革开放就不能继续发展，经济要滑坡。走回头路，人民生活要下降。改革的趋势是改变不了的。不管我在不在，不管我是否还担任职务，十年来由我主持制定的一系列方针政策绝对不会改变。我相信我的同事们会这样做。"①

17. 邓小平果断建立新的中央领导集体，突出强调维护党的核心

在 1989 年春夏之交的政治风波中，中国共产党经受住了血与火的考验。但是，这场政治风波的发生，也暴露了中央领导层存在的问题。尤其是当时党的总书记赵紫阳犯了支持动乱和分裂党的错误，这使得尽快建立第三代党的领导集体变得更加迫切。

在这种情况下，邓小平果断决策——更换中央领导层，组建新的中央领导集体。

邓小平作为中国共产党的老一辈革命家，既是第一代领导集体的重要成员，又是第二代领导集体的核心，他熟悉我们党从开头到现在的历史，对许多重大事件的历史过程都比较了解。从第一代领导集体在执政

---

① 《邓小平文选》第三卷，人民出版社 1993 年版，第 332 页。

以后没能很好地解决领导权力顺利交接的问题，特别是在后期形成的领导集体年龄老化、领导人实际上的终身制等弊端中，邓小平深知正确树立党的领导核心、坚持党的集体领导、实现党内领导权力顺利交接对于党和人民事业的极端重要性。加之，第二代领导集体的主体是久经考验的老一辈无产阶级革命家，但他们又都是七八十岁的老人了，这使得选拔和培养接班人成为当务之急。

作为党的第二代领导集体的核心，邓小平主持了第三代领导班子的组建。他深知，建立一个什么样的领导集体，既关系到中国以什么样的形象出现在世人面前，更是一个关系到中国能否长治久安的问题。这是一个十分重要的问题。

在当时，按斗争的经验、按工作的成就、按政治思想水平，邓小平曾选拔和培养了两个接班人，这在当时是最好的选择。后来，回顾这段历史，邓小平说："'文化大革命'结束，我出来后，就注意这个问题。我发现靠我们这老一代解决不了长治久安的问题，于是我们推荐别的人，真正要找第三代。但是没有解决问题，两个人都失败了，而且不是在经济上出问题，都是在反对资产阶级自由化的问题上栽跟头。"①面对这种情况，邓小平以极大的政治勇气，及时否定了自己曾经看重的两个人，并经过反复比较，最后确定江泽民为党的第三代领导集体的核心。

1989 年 5 月 31 日，邓小平在同两位中央负责同志谈话时明确指出：有两件事情需要向人民作出交代。第一，要更换领导层。这是最重要的一条。第二，要扎扎实实做几件事情，体现出我们是真正反对腐败，不是假的。他提出要真正建立中国共产党历史上第三代领导

---

① 《邓小平文选》第三卷，人民出版社 1993 年版，第 380 页。

集体。

1989 年 6 月 23—24 日，党的十三届四中全会召开。全会审议并通过了李鹏代表中共中央政治局作的《关于赵紫阳同志在反党反社会主义的动乱中所犯错误的报告》，指出：赵紫阳在关系党和国家生死存亡的关键时刻犯了支持动乱和分裂党的错误，对动乱的形成和发展负有不可推卸的责任，其错误的性质和造成的后果是极为严重的。他在担任党和国家重要领导职务期间，虽然在改革开放和经济工作方面做了一些有益的工作，但是在指导思想上和实际工作中也有明显失误。特别是他主持中央工作以来，消极对待坚持四项基本原则、反对资产阶级自由化的方针，严重忽视党的建设、精神文明建设和思想政治工作，给党的事业造成了严重的损失。鉴于赵紫阳的上述错误，全会决定，撤销他的中央委员会总书记、中央政治局常务委员会委员、中央政治局委员、中央委员会委员和中共中央军事委员会第一副主席的职务①，对他的问题继续进行审查。

全会选举江泽民为中央委员会总书记；增选江泽民、宋平、李瑞环为中央政治局常务委员会委员；决定增补李瑞环、丁关根为中央书记处书记；免去胡启立中央政治局常务委员会委员、中央政治局委员、中央书记处书记的职务，免去芮杏文、阎明复中央书记处书记的职务。中国共产党第三代领导集体由此建立。

这一时期，总结经验教训，邓小平明确提出了建立第三代领导集体的条件和选拔第三代领导集体成员的标准。

邓小平首先强调，"新的中央领导机构要使人民感到面貌一新，感

---

① 1989 年 6 月 29 日至 7 月 6 日举行的七届全国人大常委会第八次会议决定，撤销赵紫阳的中华人民共和国中央军事委员会副主席职务。

到是一个实行改革的有希望的领导班子。这是最重要的一条。这是向人民亮相啊！人民是看实际的。"①改革开放是大势所趋，人心所向。要保证我国改革开放的政策长期不变，就必须建立一个坚持改革开放政策，具有改革开放形象的党中央领导集体。因此，他要求："进入新的政治局、书记处特别是常委会的人，要从改革开放这个角度来选。新的领导机构要坚持做几件改革开放的事情，证明你们起码是坚持改革开放，是真正执行十一届三中全会以来的改革开放政策的。这样人民就可以放心了"。他还特别强调："第三代的领导要取信于民，要得到人民对这个集体的信任，使人民团结在一个他们所相信的党中央领导集体周围。"②

与此同时，邓小平还提出新的中央领导集体"眼界要非常宽阔，胸襟要非常宽阔"，强调"这是对我们第三代领导人最根本的要求"。1989年5月31日，他在同两位中央负责同志谈话时说："毫无疑问，就从政的经验、斗争的经验来说，我们的班子有弱点，这是事实。"③"进入中央最高层的每个成员，都要不再是过去的自己，不再停留在过去的水平上，因为责任不同了。每个人从自身的角度，包括自己的作风等方面，都要有变化，要自觉地变化。领导这么一个国家不容易呀！责任不同啊！最重要的问题是要胸襟开阔。要从大局看问题，放眼世界，放眼未来，也放眼当前，放眼一切方面。"④

上述重要论述和要求，是形成党的第三代领导集体的政治基础。也正是有了这个基础，党的第三代领导集体才顺利产生并承担起领导全党全国人民进行改革开放和现代化建设的历史重任。

---

① 《邓小平文选》第三卷，人民出版社 1993 年版，第 296 页。
② 《邓小平文选》第三卷，人民出版社 1993 年版，第 299 页。
③ 《邓小平文选》第三卷，人民出版社 1993 年版，第 298 页。
④ 《邓小平文选》第三卷，人民出版社 1993 年版，第 300 页。

值得注意的是，在新的中央领导集体建立的过程中，邓小平联系我们党的历史，突出强调了树立和维护党的领导核心的极端重要性。6月16日，他在同中央几位负责人谈话时说："任何一个领导集体都要有一个核心，没有核心的领导是靠不住的"。我们党"第一代领导集体的核心是毛主席。因为有毛主席作领导核心，'文化大革命'就没有把共产党打倒。第二代实际上我是核心。因为有这个核心，即使发生了两个领导人的变动，都没有影响我们党的领导，党的领导始终是稳定的"。①现在进入第三代领导集体，也必须有一个核心，这个核心就是江泽民。希望新的常委会从开始工作的第一天起，就要注意树立和维护这个集体和这个集体中的核心，都要以高度的自觉性来理解和处理这个问题。他表示："新的领导班子一经建立了威信，我坚决退出，不干扰你们的事。希望大家能够很好地以江泽民同志为核心，很好地团结。"②

这年的9月4日，在新的中央领导集体已卓有成效地开展工作的情况下，邓小平决定从中央领导岗位上完全退下来，向中央政治局正式提出辞去中央军事委员会主席职务的请求。11月6—9日召开的党的十三届五中全会同意邓小平的这一请求，决定江泽民为中央军事委员会主席③。全会对邓小平从党和国家的根本利益出发，在自己身体还健康的时候辞去现任职务，身体力行地为废除干部领导职务终身制所作出的表率，表示了崇高的敬意。

11月12日，党的十一届五中全会结束3天后，邓小平与新任中央军委主席江泽民一道，来到京西宾馆，看望参加军委扩大会议的军队高

---

① 《邓小平文选》第三卷，人民出版社1993年版，第310页。

② 《邓小平文选》第三卷，人民出版社1993年版，第301页。

③ 1990年3月，七届全国人大三次会议接受邓小平辞去中华人民共和国中央军事委员会主席职务的请求，选举江泽民为中华人民共和国中央军事委员会主席。

级干部并发表讲话。他说：军委领导更换了人，我认为，确定以江泽民同志为核心的党中央，是全党作出的正确选择，他是合格的军委主席，因为他是合格的党的总书记。

这样，经过党的十三届四中、五中全会，顺利实现了中央领导集体的新老交替，这对于保证党的政策的稳定性、连续性，实现党和国家的长治久安，具有极为重大的意义。

18. 一手抓改革开放，一手抓惩治腐败

1989 年 6 月 16 日，邓小平同几位中央负责同志谈话时指出："只有社会主义才能救中国，只有社会主义才能发展中国。在这一点上，这次暴乱对我们的启发十分大，十分重要，使我们头脑更加清醒起来。不走社会主义道路，中国就没有前途。"① 新的中央领导集体当务之急要抓三件事情：第一，经济不能滑坡。第二，做几件使人民满意的事情，主要是两个方面，一个是更大胆地改革开放，另一个是抓紧惩治腐败。第三，平息暴乱抓到底。同时要聚精会神抓党的建设。邓小平特别强调："这个党该抓了，不抓不行了。"②

聚精会神抓党的建设，抓紧惩治腐败，这是邓小平总结八九政治风波发生的深刻教训作出的重要决策。

八九政治风波的发生，首先是由国际上反共反社会主义的敌对势力

---

① 《邓小平文选》第三卷，人民出版社 1993 年版，第 311 页。

② 《邓小平文选》第三卷，人民出版社 1993 年版，第 312、313、314 页。

和社会思潮煽动起来的，但也暴露出我们党内存在严重问题。几年来，特别是赵紫阳主持中央工作以来，由于他在思想上、政治上、组织上纵容、支持资产阶级自由化，削弱党的领导和思想政治工作，加上在其他方面的失误，加剧了党内思想混乱、组织涣散、纪律松弛，助长了腐败现象的滋生，严重损害了党群关系，削弱了党的战斗力。特别是从这场政治斗争看，有些党组织严重不纯，一些党员不同程度地卷入动乱，极少数党员甚至成为动乱和反革命暴乱的策划者、组织者、煽动者、指挥者；有的党组织软弱涣散，放弃领导，个别的甚至支持动乱，公开同党和政府相对抗。国内外敌对势力所以能够兴风作浪，以至制造动乱和反革命暴乱，问题主要出在党内。

对此，邓小平也明确指出：这次（指 1989 年政治风波）出这样的乱子，其中一个原因，是由于腐败现象的滋生。在这次事件中，没有反对改革开放口号，比较集中的口号是反对腐败。对某些人来说，这个口号是一个陪衬，但对我们来说，要惩治腐败。不惩治腐败，确实有失败的危险。新的领导人要认真抓这个问题。要清理我们自己工作中的错误，"扎扎实实做几件事情，体现出我们是真正反对腐败，而不是假的"。① 他告诫新的中央领导集体：惩治腐败这个关我们必须过，要兑现，要拿事实给人民看。"我们一手抓改革开放，一手抓惩治腐败，这两件事结合起来，对照起来，就可以使我们的政策更加明朗，更能获得人心。"②

根据邓小平的指示，1989 年 7 月 28 日，中共中央、国务院作出《关于近期做几件群众关心的事的决定》，要求从党中央、国务院的领导同

---

① 《邓小平文选》第三卷，人民出版社 1993 年版，第 297 页。

② 《邓小平文选》第三卷，人民出版社 1993 年版，第 314 页。

志做起，在制止腐败和带头廉洁奉公、艰苦奋斗方面先做七件事，即：进一步清理整顿公司；坚决制止高干子女经商；取消对领导同志少量食品的"特供"；严格按规定配车，禁止进口小轿车；严格禁止请客送礼；严格控制领导干部出国；严肃认真地查处贪污、受贿、投机倒把等犯罪案件，特别是抓紧查处大案要案。这些惩治腐败举措的实施，取得了良好社会效果。

8月28日，中共中央政治局举行全体会议，讨论并通过《中共中央关于加强党的建设的通知》，要求从现在起，各级党委必须按照党的基本路线的要求，聚精会神地抓党的建设，下决心解决好当前党的建设中的迫切问题。否则，不仅我们国家长期积累下来的各种严重问题不可能得到解决，而且会留下隐患，难免发生新的政治风波。各级党组织认真贯彻该通知精神和工作部署，针对一部分党员不同程度地卷入政治风波的问题，对在政治风波中的重点人和重点事认真进行了清查、清理，以纯洁党的组织；认真考察领导干部在这场政治斗争全过程中的思想认识和实际表现，加强领导班子建设；切实搞好思想整顿，加强党的思想教育，克服把坚持四项基本原则和坚持改革开放对立起来的错误观点；发扬党的优良作风，克服消极、腐败现象；加强党建理论的学习、宣传和研究，帮助党政干部在复杂环境中澄清模糊认识，分清理论是非等。

1990年11月，中共中央批转中央纪律检查委员会《关于加强党风和廉政建设的意见》，要求各级党组织严肃执行党的纪律，认真查处违纪案件，并进一步提出坚决纠正行业不正之风和认真清理党政干部违纪违法建私房和用公款超标准装修住房两个问题。中央强调，加强党风廉政建设，必须从领导机关和领导干部抓起，必须贯彻"一要坚决，二要持久"的方针。

上述重大举措，有力地促进了我国的政治稳定和社会稳定，为治理整顿、深化改革创造了重要的思想政治条件。

19. 邓小平发表南方谈话，坚定推进改革开放

1989 年政治风波过后，中国政局走向稳定。但国际局势接连发生重大变化，中国共产党面临的国际国内形势依然复杂严峻：以美国为首的一些西方国家掀起反华浪潮，对中国施加政治压力和经济"制裁"，企图排斥、孤立中国。这时，国际共产主义运动发生重大曲折，从 1989 年下半年起，东欧各国长期执政的共产党先后失去执政地位。接着，1991 年初，苏联局势急剧变化，苏共失去执政地位，年底苏联解体，社会主义在世界范围内的实践陷入低潮。随着东欧国家的剧变和苏联的解体，第二次世界大战后形成的社会主义阵营不复存在，持续几十年的东西方冷战格局宣告结束，世界开始走向多极化。

客观地讲，世界的这种大变动、大改组，对我国的改革开放既是重大机遇，又是严峻挑战。一方面，在多极化进程中，我国打破西方国家的"制裁"后，回旋余地增大。经济全球化进程加快，经济结构调整继续在世界范围内进行，高新技术产业迅猛发展，为我国加入全球性竞争与合作格局提供了机遇。另一方面，我国经济运行中存在的深层次问题尚未得到根本解决，在治理整顿期间，经济发展速度有所放缓。同时，世界社会主义发生的曲折对我国也产生一定的负面影响，有人对社会主义的前途缺乏信心，也有人对改革开放产生怀疑，提出姓"社"还是姓"资"的疑问。

这样，"中国向何处去"的问题又一次尖锐地摆到中国共产党和中国人民面前。是走资产阶级自由化的邪路、走封闭僵化的老路，还是坚定不移继续走中国特色社会主义的新路？

在这个重要历史关头，邓小平又一次表现出他一贯的坚定信念、非凡胆略和远见卓识。面对复杂情势，邓小平反复强调稳定压倒一切，提出了冷静观察、稳住阵脚、沉着应对、韬光养晦、善于守拙、决不当头、有所作为等一系列指导方针，并于 1992 年 1 月 18 日至 2 月 21 日先后到武昌、深圳、珠海、上海等地视察，发表了重要谈话，史称"南方谈话"。

在推进改革开放问题上，邓小平指出，革命是解放生产力，改革也是解放生产力。改革开放胆子要大一些，敢于试验，不能像小脚女人一样。看准了的，就大胆地试，大胆地闯。改革开放迈不开步子，不敢闯，说来说去就是怕资本主义的东西多了，走了资本主义道路。要害是姓"资"还是姓"社"的问题。判断的标准，应该主要看是否有利于发展社会主义社会的生产力，是否有利于增强社会主义国家的综合国力，是否有利于提高人民的生活水平。针对一些人对改革开放的责难，邓小平强调指出，右可以葬送社会主义，"左"也可以葬送社会主义。中国要警惕右，但主要是防止"左"。他强调要总结经验，对的就坚持，不对的赶快改，新问题出来抓紧解决。

在计划与市场的关系这一长期困扰和束缚人们思想的重大问题上，邓小平精辟地指出："计划多一点还是市场多一点，不是社会主义与资本主义的本质区别。计划经济不等于社会主义，资本主义也有计划；市场经济不等于资本主义，社会主义也有市场。计划和市场都是经济手段。"更为重要的是，在这一系列的阐述中，关于社会主义本质的问题被鲜明地提了出来。邓小平指出："社会主义的本质，是解放生产力，发展生产力，消灭剥削，消除两极分化，最终达到共同富裕。"① 社会主义要赢得与资本主义相比较的优势，就必须大胆吸收和借鉴人类社会创造的一切文明成果，吸收和借鉴当今世界各国包括资本主义发达国家的一切反映现代社会化生产规律的先进经营方式、管理方法。这一重要思想，从根本上解除了把计划经济和市场经济看作属于社会基本制度范畴的思想束缚，使人们在计划与市场关系问题上的认识有了新的重大突破，为建立社会主义市场经济奠定了理论基础。

抓住机遇、加快发展，把改革开放和现代化建设继续推向前进，是邓小平在谈话中反复强调的重大问题之一。他深刻阐述了我国发展面临的挑战和机遇，指出，现在，周边一些国家和地区经济发展比我们快，如果我们不发展或发展得太慢，老百姓一比较就有问题了。所以，能发展就不要阻挡，有条件的地方要尽可能搞快点，只要是讲效益，讲质量，搞外向型经济，就没有什么可以担心的。他还强调说，抓住时机，发展自己，关键是发展经济。邓小平深刻总结了国内外发展经验，指出：从我们自己这些年的经验来看，经济发展隔几年上一个台阶，是能够办得到的。从国际经验来看，一些国家在发展过程中，都曾经有过高速发展时期，或若干高速发展阶段。日本、南朝鲜、东南亚一些国家和地区，就是如此。现在，我们国内条件具备，国际环境有利，再加上发挥社会主义制度能够集中力量办大事的优势，在今后的现代化建设长过程中，出现若干个发展速度比较快、效益比较好的阶段，是必要的，也是能够办到的。我们就是要有这个雄心壮志！②

邓小平认为，解决中国的发展问题，关键是要坚持党的基本路线不

① 《邓小平文选》第三卷，人民出版社 1993 年版，第 373 页。

② 《邓小平文选》第三卷，人民出版社 1993 年版，第 375—377 页。

动摇。他强调，要坚持党的十一届三中全会以来的路线、方针、政策，关键是坚持"一个中心、两个基本点"。不坚持社会主义，不改革开放，不发展经济，不改善人民生活，只能是死路一条。基本路线要管一百年，动摇不得。

在谈话中，邓小平还阐述了其他一些具有战略指导意义的重要思想。如：在整个改革开放的过程中，必须始终注意坚持四项基本原则；要坚持两手抓，一手抓改革开放，一手抓打击各种犯罪活动，这两只手都要硬；中国的事情能不能办好，社会主义和改革开放能不能坚持，经济能不能快一点发展起来，国家能不能长治久安，从一定意义上说，关键在人。党的十一届三中全会确立的这条中国的发展路线，是否能够坚持得住，要靠大家努力，特别是要教育后代等。

面对世界社会主义出现的低潮，邓小平满怀信心地指出：我坚信，世界上赞成马克思主义的人会多起来的，因为马克思主义是科学。社会主义经历一个长过程发展后必然代替资本主义，这是社会历史发展不可逆转的总趋势。从一定意义上说，某种暂时复辟也是难以完全避免的规律性现象。一些国家出现严重曲折，社会主义好像被削弱了，但人民经受锻炼，从中吸取教训，将促使社会主义向着更加健康的方向发展。

邓小平的南方谈话，从根本上澄清了关系中国社会主义事业前途命运的一系列重大政治是非、思想是非和理论是非，不仅对当时的改革和建设具有十分重要的指导作用，而且对中国整个社会主义现代化建设事业具有重大而深远的意义。

在南方谈话的指导下，1992年5月16日，中共中央政治局通过《关于加快改革，扩大开放，力争经济更好更快地上一个新台阶的意见》，国务院相继作出一系列加快改革开放和经济发展的决定。南方谈话强有力地推动了改革开放和社会主义现代化建设新一轮举世瞩目的大发展。

20. 确立建立社会主义市场经济体制的改革目标

我国经济体制改革确定什么样的目标模式，是关系整个社会主义现代化建设全局的一个重大问题。这个问题的核心，是正确认识和处理计划与市场的关系。1992 年 10 月，党的十四大明确宣布：我国经济体制改革的目标是建立社会主义市场经济体制。

这是中国共产党人对社会主义经济体制的一次真正变革，是我国经济体制改革和中国特色社会主义道路探索中的一个具有重大现实意义和深远历史意义的决策。

社会主义市场经济体制是一种史无前例的体制，也是中外经济学经典中从来没有过的一个概念。传统经济学理论，包括西方经济学理论和马克思经济学理论，都不认为社会主义能搞市场经济。西方经济学理论认为，商品交换和市场经济都是建立在私有制的基础上的，社会主义国家只要坚持搞公有制，就不能搞市场经济。马克思恩格斯曾设想，在消灭了资本主义私有制以后，未来社会将不存在商品货币关系。社会内部的无政府状态将为有计划的自觉组织所代替。列宁则更加明确地指出："只要还存在着市场经济，只要还保持着货币权力和资本力量，世界上任何法律也无力消灭不平等和剥削，只有实行巨大的社会化的计划经济制度，同时把所有的土地、工厂、工具的所有权交给工人阶级，才能消灭一切剥削。"

正是在上述理论的指导下，自俄国社会主义十月革命发生以后，包括苏联、东欧、中国在内的所有社会主义国家，都无一例外地建立和实行了计划经济体制。市场经济姓"资"，是资本主义特有的东西，计划经济姓"社"，是社会主义经济的基本特征，成了天经地义的信条和不可冒犯的戒律。计划与市场的关系，成为长期困扰和束缚人们思想的一个重大问题。

党的十一届三中全会以后，中国共产党在解放思想、实事求是的思想路线指导下，坚持实践是检验真理的唯一标准，从社会主义初级阶段的实际出发，突破传统理论观点的束缚，从理论和实践上对计划经济和市场经济关系进行了大胆探索。

针对当时党内对计划经济和市场经济关系问题的困扰，早在 1979 年 11 月，邓小平在会见美国不列颠百科全书出版公司副总裁吉布尼时说："说市场经济只存在于资本主义社会，只有资本主义的市场经济，这肯定是不正确的。社会主义为什么不可以搞市场经济，这个不能说是资本主义。我们是计划经济为主，也结合市场经济，但这是社会主义的市场经济。"①

在邓小平的引导下，我们党在实行改革开放的过程中，不断深化对计划与市场关系的认识，逐步形成了以市场为取向的经济体制改革思路。

1982 年，党的十二大正式提出"计划经济为主、市场调节为辅"的观点。

1984 年，党的十二届三中全会正式提出"社会主义经济是公有制基础上的有计划的商品经济"的观点。

1987 年，党的十三大正式提出社会主义有计划商品经济的体制"总体上来说应当是国家调节市场，市场引导企业"的观点。

---

① 中共中央文献研究室编：《邓小平年谱（一九七五——一九九七）》上，中央文献出版社 2004 年版，第 580—581 页。

1992 年初，邓小平在南方谈话中鲜明地提出："计划多一点还是市场多一点，不是社会主义与资本主义的本质区别。计划经济不等于社会主义，资本主义也有计划；市场经济不等于资本主义，社会主义也有市场。计划和市场都是经济手段。"① 这一重要论断，从根本上解除了把计划经济和市场经济看作属于社会基本制度范畴的思想束缚，使人们在计划与市场关系问题上的认识有了新的重大突破，为社会主义市场经济理论的提出和我国经济体制改革指明了方向。

在上述认识和实践基础上，1992 年 6 月 9 日，江泽民在中央党校省部级干部进修班上的讲话中，首次肯定了"社会主义市场经济体制"的提法。同年 10 月召开的党的十四大，明确我国经济体制改革的目标是建立社会主义市场经济体制。这是我国经济体制改革目标的重大突破。

1993 年 11 月，党的十四届三中全会审议通过《中共中央关于建立社会主义市场经济体制若干问题的决定》，将党的十四大提出的经济体制改革的目标和原则具体化，明确了建立社会主义市场经济体制的基本任务和要求，勾画了新体制的总体规划和基本框架，由以下六个方面构成：

第一，必须坚持以公有制为主体、多种经济成分共同发展的方针，进一步转换国有企业经营机制，建立适应市场经济要求，产权清晰、权责明确、政企分开、管理科学的现代企业制度。

第二，建立全国统一开放的市场体系，实现城乡市场紧密结合，国内市场与国际市场相互衔接，促进资源的优化配置。

第三，转变政府管理经济的职能，建立以间接手段为主的完善的宏

---

① 《邓小平文选》第三卷，人民出版社 1993 年版，第 373 页。

观调控体系，保证国民经济的健康运行。

第四，建立以按劳分配为主体，效率优先、兼顾公平的收入分配制度，鼓励一部分地区一部分人先富起来，走共同富裕的道路。

第五，建立多层次的社会保障制度，为城乡居民提供同我国国情相适应的社会保障，促进经济发展和社会稳定。

第六，围绕以上环节建立相应的法律法规体系，为市场经济的健康运作提供完备的法律保障。

上述《决定》，构建起社会主义市场经济的四梁八柱，成为 20 世纪 90 年代推进经济体制改革的行动纲领。

实践证明，正是这一改革方向的正确选择和种种改革举措的步步实施，才使我国经济体制改革进入到制度创新的崭新阶段，有力地推动了我国经济持续多年的高速发展。

21. 确立邓小平理论为党的指导思想

1997 年 2 月 19 日，邓小平逝世的噩耗传遍全国和全世界。全国各族人民陷于巨大的悲痛之中。国际国内都在观察和猜测中国将向何处去，走什么路。有的担心中国转向，有的希望中国转向，一时之间议论纷纷。中国共产党面临着举什么旗、走什么路、如何把中国特色社会主义事业继续推向前进的历史抉择。

在这个重大历史关头，以江泽民同志为核心的党中央在 1997 年 9 月的党的十五大上鲜明宣示：高举邓小平理论伟大旗帜，把建设有中国特色社会主义事业全面推向二十一世纪。大会首次使用"邓小平理论"

这个概念，并把邓小平理论同马克思列宁主义、毛泽东思想一起作为党的指导思想写入党章，作为指引中国继续前进的旗帜。

这是中国共产党经过近 20 年改革开放和社会主义现代化建设的成功实践作出的历史性决策。

邓小平理论是在和平与发展成为时代主题的历史条件下，在我国改革开放和现代化建设的实践中，在总结我国社会主义胜利和挫折的历史经验并借鉴其他社会主义国家兴衰成败历史经验的基础上，逐步形成和发展起来的。它第一次比较系统地初步回答了建设有中国特色社会主义的一系列基本问题，指导党制定了在社会主义初级阶段的基本路线，成为中国特色社会主义理论体系的奠基之作。

这一科学理论，经受住了"两大历史关头"重大考验而为全党和全国人民所认可、所掌握。

第一个历史关头，是 20 世纪 70 年代末，在经过"文化大革命"之后，中国社会主义发展陷入困境，中国向何处去的问题尖锐提到党和人民面前。当人们普遍束缚于"两个凡是"，对党和国家前途命运迷茫困惑之时，邓小平坚定地支持真理标准大讨论，有力推动了党和人民的思想大解放。党的十五大报告高度评价邓小平那篇实际上成为十一届三中全会主题报告的讲话——《解放思想，实事求是，团结一致向前看》"是在'文化大革命'结束以后，中国面临向何处去的重大历史关头，冲破'两个凡是'的禁锢，开辟新时期新道路、开创建设有中国特色社会主义新理论的宣言书"①。由此而来的，是全党工作重心从以阶级斗争为纲转到以经济建设为中心，是"一个中心、两个基本点"的基本路线逐步确立，是几年之内就从根本上扭转党和国家在政治上经济上的

---

① 《十五大以来重要文献选编》上，人民出版社 2000 年版，第 10 页。

困难局面，并由此启动了整个 20 世纪 80 年代的中国大发展。十一届三中全会作为开辟新道路的决策全会，成为邓小平理论开始形成和发展的标志。

第二个历史关头，是 10 年后，也就是 20 世纪 80 年代末 90 年代初，在国内发生政治风波，国际发生苏东剧变，中国向何处去的问题又一次尖锐地提到党和人民面前的紧要关头，邓小平又以他一贯的坚定信念、非凡胆略和远见卓识，发表了著名的南方谈话。党的十五大报告高度评价它"是在国际国内政治风波严峻考验的重大历史关头，坚持十一届三中全会以来的理论和路线，深刻地回答长期束缚人们思想的许多重大认识问题，把改革开放和现代化建设推进到新阶段的又一个解放思想、实事求是的宣言书"。① 南方谈话从根本上澄清了关系中国社会主义事业前途命运的一系列重大政治是非、思想是非和理论是非，从而有力地推动了改革开放和社会主义现代化建设新一轮举世瞩目的大发展。

从鲜明的历史比较（"文化大革命"的内乱和十一届三中全会以来的兴旺）和国际比较（社会主义在一系列国家遭到严重曲折而中国特色社会主义岿然屹立）中，我们深切地认识到，在当代中国，只有把马克思主义同当代中国实践和时代特征结合起来的邓小平理论，而没有别的理论能够解决社会主义的前途和命运问题。正是在邓小平理论指导下，我们在国际国内风云变幻与严峻挑战中终于找到了一条实现国家繁荣富强和人民共同富裕的光明大道。

党的十五大报告深刻阐述了邓小平理论的历史地位和指导意义，指

---

① 《十一届三中全会以来历次党代会、中央全会报告公报决议决定》下册，中国方正出版社 2008 年版，第 600 页。

出，中国共产党是非常重视理论指导的党。党从诞生之日起，就将马克思列宁主义确立为自己的指导思想。马克思列宁主义同中国实际相结合有两次历史性飞跃，产生了两大理论成果。第一次飞跃的理论成果是被实践证明了的关于中国革命和建设的正确的理论原则和经验总结，它的主要创立者是毛泽东，我们党把它称为毛泽东思想。第二次飞跃的理论成果是建设有中国特色社会主义理论，它的主要创立者是邓小平，我们党把它称为邓小平理论。这两大理论成果都是党和人民实践经验和集体智慧的结晶。

党的十五大确立邓小平理论为党的指导思想，这是我们党经过近二十年改革开放和社会主义现代化建设的成功实践作出的历史性决策。作出这个决策，表明新的中央领导集体和全党把邓小平开创的中国特色社会主义事业全面推向新世纪的决心和信念，也反映了全国人民的共识和心愿。

22. 推进党的建设新的伟大工程，提出党的建设总目标和两大历史性课题

办好中国的事，关键在党。改革开放和发展社会主义市场经济是中国共产党人领导开展的一场新的伟大革命、一个全新的事业。在新的历史条件下，必须确保党始终成为领导全国人民建设中国特色社会主义的坚强核心。特别是党的十四大确立了建立社会主义市场经济体制的改革目标，党所处的环境和所肩负的任务有了很大变化，党的建设面临许多新情况新问题，党的建设的目标、任务和需求需要进一步加以明确。这

就要求中国共产党结合新的实际，积极探索在改革开放和发展条件下加强党的建设的目标、任务和途径，科学回答建设一个什么样的党、怎样建设党的基本问题。在推进中国特色社会主义进程中成功把党的建设新的伟大工程推向 21 世纪。

正是在这种背景下，1994 年 9 月，党的十四届四中全会作出《关于加强党的建设几个重大问题的决定》，第一次把党的建设提到新的伟大工程的高度，明确提出了新时期党的建设的总目标和总任务，这就是："在当代世界风云变幻的条件下，在当代中国改革开放和现代化建设的伟大变革中，把党建设成为用建设有中国特色社会主义理论武装起来、全心全意为人民服务、思想上政治上组织上完全巩固、能够经受住各种风险、始终走在时代前列的马克思主义政党，就是以邓小平同志为核心的第二代中央领导集体开创的、以江泽民同志为核心的第三代中央领导集体正在领导全党继续进行的新的伟大的工程。"①

围绕这个总目标和总任务，全会提出重点解决好以下三个问题：一是坚持和健全民主集中制，特别要注重制度建设；二是加强和改进党的基层组织建设；三是培养和选拔德才兼备的领导干部特别是年轻干部。大会指出："这三个方面的工作做好了，党的组织就会更加坚强、更加巩固，就能够从组织上保证第二步战略目标的实现，使中国更好地迈入二十一世纪。"这是中国共产党在改革开放和发展社会主义市场经济新形势下，加强党的建设的重大举措。

1997 年 9 月，党的十五大围绕建设一个什么样的党、怎样建设党的问题，对党的建设的总目标和总任务作出新概括，强调"要把党建设

---

① 《十一届三中全会以来历次党代会、中央全会报告公报决议决定》（下册），中国方正出版社 2008 年版，第 540 页。

成为用邓小平理论武装起来、全心全意为人民服务、思想上政治上组织上完全巩固、能够经受住各种风险、始终走在时代前列、领导全国人民建设有中国特色社会主义的马克思主义政党"。要求全党"按照新的伟大工程的总目标，从思想上、组织上、作风上全面加强党的建设，不断提高领导水平和执政水平，不断增强拒腐防变的能力，以新的面貌和更强大的战斗力，带领人民完成新的历史任务"①。

这是面向新世纪加强和改进党的建设带有根本性的历史思考。其中，"不断提高领导水平和执政水平，不断增强拒腐防变的能力"，是新的历史条件下党的建设的重大理论命题和实践任务。此后，根据世纪之交国内外形势的发展变化，江泽民又把"增强抵御风险的能力"作为党的建设面临的历史性课题加以思考，于 2000 年 1 月 14 日在十五届中央纪委第四次全会上，完整地提出了"提高领导水平和执政水平、增强拒腐防变和抵御风险的能力"这两大历史性课题，要求全党加以认真研究和解决，使党更加坚强有力、更加朝气蓬勃，带领全国各族人民继续胜利前进。

党的建设总目标和两大历史性课题的提出，丰富了马克思主义党的建设理论，适应了发展社会主义市场经济对党的建设的新要求，为新的历史条件下加强和改进党的建设指明了方向。

党的十四大以后，全党紧密结合推进改革开放和发展社会主义市场经济的实践，按照党的建设总目标和总要求，紧紧围绕两大历史性课题，扎实推进党的各方面建设，在用邓小平理论武装全党、完善党的民主集中制、推进党的基层组织建设、加强党员队伍建设和干部队伍建设，以及加强党风廉政建设和反腐败斗争等方面，均取得新的重大进展。

---

① 《江泽民文选》第二卷，人民出版社 2006 年版，第 43 页。

23. 确立"三个代表"重要思想为党的指导思想

党的十三届四中全会以后，以江泽民同志为主要代表的中国共产党人，在推进中国特色社会主义伟大事业和党的建设新的伟大工程过程中，高举毛泽东思想、邓小平理论伟大旗帜，科学分析国内形势和党所处的历史方位，深入思考面临的新情况新问题，形成许多新思想新观点，创立了"三个代表"重要思想，丰富和发展了中国特色社会主义理论体系。2002 年 11 月，迈入新世纪的中国共产党召开了第十六次全国代表大会。大会通过的《中国共产党章程（修正案）》，把"三个代表"重要思想同马克思列宁主义、毛泽东思想、邓小平理论一道，作为必须长期坚持的指导思想写入党章。

确立"三个代表"重要思想为党的指导思想，这是党的十六大的一个历史性决策和贡献。

"三个代表"重要思想是在科学判断党的历史方位基础上形成的。中国共产党历经革命、建设和改革开放，已经从领导人民为夺取全国政权而奋斗的党，成为领导人民掌握全国政权并长期执政的党；已经从受到外部封锁和实行计划经济条件下领导国家建设的党，成为对外开放和发展社会主义市场经济条件下领导国家建设的党。党所处的地位和环境、党所肩负的历史任务的重大变化，给党的建设带来了新活力，同时也提出了许多新课题。正是在上述历史条件下，江泽民对改革开放和发展社会主义市场经济条件下建设一个什么样的党、怎样建设党这一重大问题作出新的判断和认识。

2000 年 2 月 20 日，江泽民出席广东省高州市领导干部"三讲"教育会议并发表重要讲话，提出了"五个始终"的要求，即"我们要使党始终保持工人阶级先锋队性质，始终代表最广大人民群众的利益，始终成为社会先进生产力的代表，始终领导全国各族人民促进社会生产力的发展，始终坚强有力地发挥好领导核心作用，也必须结合新的历史条件进一步从思想上、组织上和作风上把党建设好"。①

2000 年 2 月 21—25 日，江泽民在广东考察期间，从全面总结党的历史经验和如何适应新形势新任务的要求出发，完整地提出了"三个代表"重要思想。他指出："总结我们党七十多年的历史，可以得出一个重要结论，这就是：我们党之所以赢得人民的拥护，是因为我们党在革命、建设、改革的各个历史时期，总是代表着中国先进生产力的发展要求，代表着中国先进文化的前进方向，代表着中国最广大人民的根本利益，并通过制定正确的路线方针政策，为实现国家和人民的根本利益而不懈奋斗。"他强调："人类又来到一个新的世纪之交和新的千年之交。在新的历史条件下，中国共产党如何更好地做到这'三个代表'，是一个需要全党同志特别是党的高级干部深刻思考的重大课题。"他要求"所有共产党员和领导干部，都要深刻认识和牢牢把握这'三个代表'，用以指导自己的思想和行动"。②

"三个代表"重要思想是新时期执政党建设理论的新突破。它既继承和发展了马克思列宁主义、毛泽东思想和邓小平理论，同时又反映了当代世界和中国的发展变化对我们党和国家提出的新要求，回答和解决了在改革开放和发展社会主义市场经济条件这一新的历史条件下"建设什么样的党、怎样建设党"的问题，具有鲜明的时代特征，是中国化马

---

① 　江泽民：《论党的建设》，中央文献出版社 2001 年版，第 381 页。

② 　《江泽民文选》第三卷，人民出版社 2006 年版，第 2、3 页。

克思主义的最新成果，是中国共产党面向新世纪全面加强党的建设的思想指南和行动纲领。

正基于此，党的十六大报告全面阐述"三个代表"重要思想的科学内涵和根本要求，指出，贯彻"三个代表"重要思想，关键在坚持与时俱进，核心在坚持党的先进性，本质在坚持执政为民。要求全党同志要牢牢把握这个根本要求，不断增强贯彻"三个代表"重要思想的自觉性和坚定性。

为了进一步增强全党全国各族人民贯彻"三个代表"重要思想的自觉性和坚定性，党的十六大以后，党中央采取一系列重大举措，推动"三个代表"重要思想的深入学习贯彻，使"三个代表"重要思想更加深入人心，有力地推动了党和国家各项事业的发展。

24. 提出科学发展观并确立为党的指导思想

党的十六大以后，正当全党全国人民为实现全面建设小康社会的奋斗目标而奋斗的时候，2003 年 2 月中下旬，一场突如其来的非典型性肺炎(简称"非典")疫病灾害暴发了，至 4 月中下旬波及全国 26 个省(自治区、直辖市)，对人民群众身体健康和生命安全构成严重威胁，给经济社会发展带来严重冲击。面对考验，党中央、国务院坚持把人民群众身体健康和生命安全放在第一位，作出一手抓防治"非典"不放松、一手抓经济建设中心不动摇的重大决策。在党中央、国务院坚强领导下，各地区、各部门、各单位和社会各界团结一致、齐心协力，共克时艰，有效控制住了"非典"疫情。

"非典"的发生和蔓延，是一场突发性的灾害，但由此引起党和政府对影响经济社会发展的突出矛盾和问题的思考，主要是：经济结构不合理和粗放型经济增长方式还没有根本改变；经济发展和社会发展、城市发展和农村发展、区域发展不够协调；人口资源环境压力加大；就业、社会保障、教育、医疗等民生问题比较突出，特别是公共卫生事业发展滞后，公共卫生体系存在缺陷；突发事件应急机制不健全，处理和管理危机能力不强，一些地方和部门缺乏应对突发事件的准备和能力等。这些突出矛盾和问题，迫切要求党中央对我国经济社会发展作出新的决策和部署。

经过深入细致的分析和研究，党中央认为，解决问题的关键，是要解决实现什么样的发展、怎样发展的问题。

基于这种认识，2003 年 4 月，胡锦涛对广东考察时，提出要坚持全面的发展观。同年 8 月底 9 月初，他在江西考察时明确使用"科学发展观"概念，提出要牢固树立协调发展、全面发展、可持续发展的科学发展观。

2003 年 10 月，党的十六届三中全会通过的《中共中央关于完善社会主义市场经济体制若干问题的决定》，第一次在党的正式文件中完整地提出了科学发展观，要求"坚持以人为本，树立全面、协调、可持续的发展观"，按照"五个统筹"①的要求，完善社会主义市场经济体制。《决定》明确提出"坚持以人为本，树立全面、协调、可持续的发展观，促进经济社会和人的全面发展"，是深化经济体制改革的指导方针和实际工作中必须坚持的重要原则，从而将新的发展思路与党的性质和宗旨、党的执政理念和要求内在地联系在一起，体现了马克思主义的基本

① "五个统筹"，即统筹城乡发展、统筹区域发展、统筹经济社会发展、统筹人与自然和谐发展、统筹国内发展和对外开放。

立场和观点。至此，科学发展观作为一个重大战略思想已经初步形成。

2004年3月10日，在中央人口资源环境工作座谈会上，胡锦涛对科学发展观的科学内涵、基本要求和指导意义作了全面阐述，指出：坚持以人为本，就是要以实现人的全面发展为目标，从人民群众的根本利益出发谋发展、促发展，不断满足人民群众日益增长的物质文化需要，切实保障人民群众的经济、政治和文化权益，让发展的成果惠及全体人民。全面发展，就是要以经济建设为中心，全面推进经济、政治、文化建设，实现经济发展和社会全面进步。协调发展，就是要统筹城乡发展、统筹区域发展、统筹经济社会发展、统筹人与自然和谐发展、统筹国内发展和对外开放，推进生产力和生产关系、经济基础和上层建筑相协调，推进经济、政治、文化建设的各个环节、各个方面相协调。可持续发展，就是要促进人与自然的和谐，实现经济发展和人口、资源、环境相协调，坚持走生产发展、生活富裕、生态良好的文明发展道路，保证一代接一代地永续发展。

这是中国共产党从新世纪新阶段党和国家事业发展全局出发，正确判断我国发展的阶段性特征，总结我国发展实践，借鉴国外发展经验，适应新的发展要求，提出的一个重大战略思想，一种新的发展思路。

科学发展观提出后，在实践中不断得到丰富和完善，指导地位和要求越来越明晰。2007年10月，党的十七大深刻分析国际国内形势发展变化和新世纪新阶段我国发展一系列新的阶段性特征，以科学发展观为指导，对实现全面建设小康社会的宏伟目标作出新部署，提出要增强发展协调性，努力实现经济又好又快发展；扩大社会主义民主，更好保障人民权益和社会公平正义；加强文化建设，明显提高全民族文明素质；加快发展社会事业，全面改善人民生活；建设生态文明，基本形成节约能源资源和保护生态环境的产业结构、增长方式、消费模式。

大会对科学发展观的时代背景、科学内涵、精神实质和根本要求，进行了全面系统的阐述。指出：科学发展观的第一要义是发展，核心是以人为本，基本要求是全面协调可持续，根本方法是统筹兼顾。科学发展观是对党的三代中央领导集体关于发展的重要思想的继承和发展，是马克思主义关于发展的世界观和方法论的集中体现，是同马克思列宁主义、毛泽东思想、邓小平理论和"三个代表"重要思想既一脉相承又与时俱进的科学理论，是我国经济社会发展的重要指导方针，是发展中国特色社会主义必须坚持和贯彻的重大战略思想。在新的发展阶段继续全面建设小康社会、发展中国特色社会主义，必须坚持以邓小平理论和"三个代表"重要思想为指导，深入贯彻落实科学发展观。

为此，党的十七大决定将这一成果写入党章，明确规定：科学发展观，是同马克思列宁主义、毛泽东思想、邓小平理论和"三个代表"重要思想既一脉相承又与时俱进的科学理论，是我国经济社会发展的重要指导方针，是发展中国特色社会主义必须坚持和贯彻的重大战略思想。

把科学发展观写入党章，充分体现了党对中国特色社会主义发展规律认识的深化，对于坚持和发展中国特色社会主义具有重大而深远的意义。

25. 建立健全教育、制度、监督并重的惩治和预防腐败体系

党风廉政建设和反腐败斗争关系党的生死存亡。党越是长期执政，反腐倡廉的任务越艰巨，越要坚定不移地反对腐败，越要提高拒腐防变

和抵御风险的能力，这是执政党长期面临的历史性课题。

进入新世纪新阶段，随着改革开放和社会主义市场经济的深入发展，党风廉政建设和反腐败斗争呈现出许多新特点，腐败现象滋生蔓延的土壤和条件依然存在，腐败现象在一些领域易发多发，反腐败斗争的形势还比较严峻。一些地方、部门和单位的违纪违法案件不断发生，特别是少数高级干部的腐败案件造成了很坏的社会影响；形式主义、官僚主义作风，弄虚作假、铺张浪费现象仍然突出；损害群众利益的不正之风屡禁不止。从实践看，教育不扎实，制度不健全，监督不得力，仍然是腐败现象滋生蔓延的重要原因，这些情况要求我们党既要增强反腐败斗争的紧迫感，又要充分认识其长期性、艰巨性和复杂性，树立长期作战的思想，有效解决反腐败工作体制、机制和工作方式存在的与新形势新任务不相适应的问题。

党中央对改革开放和发展社会主义市场经济条件下党风廉政建设和反腐败斗争的长期性、复杂性、艰巨性始终保持着清醒的认识，着眼于保持党的先进性和纯洁性，始终把党风廉政建设和反腐败斗争放在突出位置。2003年10月，党的十六届三中全会在《中共中央关于完善社会主义市场经济体制若干问题的决定》中指出："加强党风廉政建设、反对和防止腐败，是建立和完善社会主义市场经济体制的重要保证，必须贯穿于改革开放和现代化建设全过程。"为此，《决定》提出："要坚持标本兼治、综合治理，注重思想道德教育，加强廉政法制建设，完善监督制约机制，建立健全与社会主义市场经济体制相适应的教育、制度、监督并重的惩治和预防腐败体系"①。这是以胡锦涛同志为总书记的党中

---

① 《十一届三中全会以来历次党代会、中央全会报告公报决议决定》（下册），中国方正出版社 2008 年版，第 832 页。

央从加强党的执政能力建设的战略高度，科学总结党执政 55 年来反腐倡廉的经验、准确把握我国现阶段反腐倡廉形势作出的重大战略决策。

这一战略决策的提出，标志着中国共产党对执政规律和反腐倡廉工作规律认识的进一步深化，是在发展社会主义市场经济和对外开放条件下深入开展党风廉政建设和反腐败工作的新要求，是从源头上防治腐败的根本举措，对于提高党的执政能力、巩固党的执政地位，走出一条中国特色反腐倡廉道路，具有十分重要的意义。

2004 年 1 月，十六届中央纪委第三次全会对建立健全惩治和预防腐败体系作出部署。9 月，党的十六届四中全会通过的《中共中央关于加强党的执政能力建设的决定》提出坚持标本兼治、综合治理、惩防并举、注重预防的方针。

2005 年 1 月，中共中央印发《建立健全教育、制度、监督并重的惩治和预防腐败体系实施纲要》（以下简称《实施纲要》），全面阐述了构建惩治和预防腐败体系的指导思想、主要目标、工作任务和基本要求，确定到 2010 年，建成惩治和预防腐败体系的基本框架。再经过一段时间的努力，建立起思想道德教育的长效机制、反腐倡廉的制度体系、权力运行的监控机制，建成完善的惩治和预防腐败体系。《实施纲要》还明确提出四条工作原则：（1）坚持与完善社会主义市场经济体制、发展社会主义民主政治、建设社会主义先进文化、构建社会主义和谐社会相适应。要为完善社会主义市场经济体制，实现社会主义民主政治的制度化、规范化和程序化，发展社会主义先进文化、构建社会主义和谐社会提供保证。（2）坚持教育、制度、监督并重。教育是基础，制度是保证，监督是关键。三者统一于惩治和预防腐败体系之中，相互促进，共同发挥作用。既要从严治标，更要着力治本，惩防并举，注重预防。（3）坚持科学性、系统性、可行性相统一。理论与实际相结合，立足全党，着眼全局，总体规划，分阶段实施；注重科学合理、系统配套和可操作性，充分发挥惩治和预防腐败体系的整体效能。（4）坚持继承与创新相结合。认真运用党反腐倡廉的基本经验，借鉴国外反腐败的有益做法，加强全局性、前瞻性问题的研究，解决新问题，总结新经验，在继承中发展，在发展中创新。

2008 年 6 月，中共中央印发《建立健全惩治和预防腐败体系2008—2012 年工作规划》，清晰地勾勒出以后 5 年反腐倡廉建设的路线图，明确了教育、制度、监督、改革、纠风、惩治等 6 项基本工作，为从整体上推进惩治和预防腐败体系建设，不断提高反腐倡廉建设的系统性和实效性提供了重要指导。

《实施纲要》和《工作规划》是推进惩治和预防腐败体系建设的指导性文件。它们的颁布，标志着惩治和预防腐败体系建设进入新的阶段。

在《实施纲要》和《工作规划》指导下，党风廉政建设和反腐败工作不断取得新成效。

在反腐倡廉建设基本思路方面，逐步确立了领导干部廉洁自律、查办违法违纪案件、纠正部门和行业不正之风的反腐败工作格局。在反腐倡廉的领导体制和工作机制方面，形成了党委统一领导、党政齐抓共管、纪委组织协调、部门各负其责、依靠群众支持和参与的体制机制。在权力运行机制方面，按照结构合理、配置科学、程序严密、制约有效的原则，逐步建立健全决策权、执行权、监督权既相互制约又相互协调的权力结构和运行机制，推进权力运行程序化和公开透明，加强对权力的制约和监督，逐步形成了由党内监督、人大监督、政府内部监督、政协民主监督、司法监督、公民监督和舆论监督组成的具有中国特色的监督体系。

在反腐倡廉制度建设方面，根据党章，制定印发了《中国共产党纪律处分条例》《中国共产党党员权利保障条例》等党内法规，以及《中国共产党党员领导干部廉洁从政若干准则》《关于领导干部报告个人有关事项的规定》《关于实行党风廉政建设责任制的规定》等一系列制度规定。

与此同时，依法查处大案要案，加大惩处力度，坚决查处了陈良宇、薄熙来、刘志军、许宗衡等一批重大违纪违法案件，彰显了党反对腐败的坚强决心。据统计，自 2007 年 11 月至 2012 年 6 月，全国纪检监察机关共立案 64.37 万多件，结案 63.9 万多件，给予党纪政纪处分 66.8 万多人。涉嫌犯罪被移送司法机关处理 2.4 万多人。全国共查办商业贿赂案件 8.13 万多件，涉案金额 222 多亿元①。面向全党全社会的反腐倡廉教育也纳入全党宣传教育总体部署和干部教育培训整体规划中，列入各级党校、行政学院和干部培训院校课程。

实践证明：确立标本兼治、综合治理、惩防并举、注重预防的方针，建立健全惩治和预防腐败体系，走出了一条中国特色反腐倡廉道路，党风廉政建设和反腐败斗争成效明显，为保持党的先进性和纯洁性发挥了重要作用，为党领导改革开放和社会主义现代化建设提供了有力保证。

---

① 中共中央文献研究室编：《十八大以来重要文献选编》上，中央文献出版社 2014 年版，第 52 页。

第三篇
中华民族迎来了从富起来到强起来的伟大飞跃

经过长期努力，党的十八大以后，中国特色社会主义进入了新时代。在新时代，中国共产党人把马克思主义基本原理同新时代中国具体实际结合起来，团结带领人民进行伟大斗争、建设伟大工程、推进伟大事业、实现伟大梦想，推动党和国家事业取得全方位、开创性历史成就，发生深层次、根本性历史变革，中华民族迎来了从富起来到强起来的伟大飞跃。

1. 确定全面建成小康社会的战略目标

党的十八大根据我国经济社会发展实际，提出要在十六大、十七大确立的全面建设小康社会目标的基础上，到 2020 年实现全面建成小康社会的宏伟目标。这是"两个一百年"奋斗目标的第一个奋斗目标，是中华民族伟大复兴征程上的一座重要里程碑。如期全面建成小康社会、实现第一个百年奋斗目标，就能为二十一世纪中叶实现社会主义现代化和中华民族伟大复兴奠定坚实基础。这一宏伟目标，是在经历"总体小康"到"全面小康"、"全面建设"到"全面建成"的发展阶段中提出来的。

小康是中国式现代化的话语范畴。在中国古代，小康代表了人民安居乐业、生活比较富裕的理想社会状态。《诗经·大雅》中就有"民亦劳止，汔可小康。惠此中国，以绥四方"的句子；《礼记·礼运》中具体描绘的小康，是仅次于"大同"的美好社会。可以说，小康是几千年来中国人民向往的生活。

改革开放之初，邓小平创造性地提出建设小康社会和现代化建设"三步走"的战略构想，赋予了小康社会以新的时代内涵。他在 1979 年会见日本首相大平正芳时提出：到本世纪末，中国的现代化所要达到的是一个小康的状态[①]；在 1984 年会见日本首相中曾根康弘时提出："翻两番，国民生产总值人均达到八百美元，就是到本世纪末在中国建立一个小康社会"[②]；在 1987 年会见意大利共产党领导人时指出："我国经济发展分三步走，

[①] 参见《邓小平文选》第二卷，人民出版社 1994 年版，第 237 页。

[②] 《邓小平文选》第三卷，人民出版社 1993 年版，第 54 页。

本世纪走两步，达到温饱和小康，下个世纪用三十年到五十年时间再走一步，达到中等发达国家的水平。这就是我们的战略目标"[①]。小康成为我们党向人民作出的庄严承诺。

千年理想，一朝实现。当二十世纪结束的时候，党领导人民胜利地实现了邓小平提出的"三步走"中的第一步和第二步战略目标，人均国民生产总值比 1980 年翻了两番，综合国力有了很大增强，中国人民世世代代期盼的温饱问题得到解决，人民生活在总体上达到小康水平。

小康社会是进入了，但此时我们进入的这个小康社会，是低水平的、不全面的、发展很不平衡的小康。巩固和提高这个小康水平，还需要进行分阶段的、长时期的努力奋斗。基于这个考虑，党的十六大报告明确提出了全面建设小康社会的奋斗目标，指出"要在本世纪头二十年，集中力量，全面建设惠及十几亿人口的更高水平的小康社会"[②]，并明确提出了四个具体的建设目标。党的十七大适应国内外形势新变化和人民群众过上更好生活的新期待，从经济、政治、文化、社会、生态文明建设五个方面提出实现全面建设小康社会的新要求。

到 2012 年党的十八大召开时，全面建设小康社会的时间过半、任务过半，但剩下的任务都是难啃的骨头，越到最后任务越艰巨。一方面，随着经济社会的发展，一系列阶段性特征集中体现，发展中不平衡、不协调、不可持续问题成为当前和今后一个时期我国经济社会发展的突出矛盾和问题。另一方面，我国发展的外部环境发生了深刻变化，世界格局进入深度调整期，国际政治经济秩序发生深刻变化，国际力量对比发生新的分化组合，世界政治、经济、社会等领域不稳定性不确定

---

① 《邓小平文选》第三卷，人民出版社 1993 年版，第 251 页。
② 《中国共产党第十六次全国代表大会文件汇编》，人民出版社 2002 年版，第 18 页。

性因素明显增多，国际金融危机带来国际政治经济格局大调整大变革，我国发展的重要战略机遇期的内涵和条件发生了深刻变化。

基于对国际国内形势的判断，党的十八大郑重提出"到二〇二〇年实现全面建成小康社会宏伟目标"①，并从五个方面提出了新的要求：经济持续健康发展，人民民主不断扩大，文化软实力显著增强，人民生活水平全面提高，资源节约型、环境友好型社会建设取得重大进展。② 这个目标，与全面建设小康社会的目标只有一字之变，但内涵、标准、要求都有了质的飞跃。全面建成小康社会，强调的不仅是"小康"，更重要、更难做到的是"全面"，不仅要在总量和速度上完成目标，更要解决发展不平衡、不协调、不可持续问题。全面小康，是"五位一体"全面进步的小康，要求经济建设、政治建设、文化建设、社会建设、生态文明建设全面推进；是惠及全体人民的小康，全面小康的路上，一个都不能少；是城乡区域共同的小康，没有农村和贫困地区的全面小康，就没有全国的全面小康。2015 年 10 月，党的十八届五中全会审议通过《中共中央关于制定国民经济和社会发展第十三个五年规划的建议》，对全面建成小康社会目标要求作出具体明确。党的十九大根据我国社会主要矛盾变化，对决胜全面建成小康社会提出新要求，强调要紧扣我国社会主要矛盾变化，统筹推进经济建设、政治建设、文化建设、社会建设、生态文明建设，坚定实施科教兴国战略、人才强国战略、创新驱动发展战略、乡村振兴战略、区域协调发展战略、可持续发展战略、军民融合发展战略，突出抓重点、补短板、强弱项，特别是要坚决打好防范化解

---

① 《中国共产党第十八次全国代表大会文件汇编》，人民出版社 2012 年版，第 15—16 页。

② 参见《中国共产党第十八次全国代表大会文件汇编》，人民出版社 2012 年版，第 16—17 页。

重大风险、精准脱贫、污染防治的攻坚战，使全面建成小康社会得到人民认可、经得起历史检验。

全面建成小康社会的战略目标，体现了我们党对社会主义现代化发展进程的科学把握，表明了建设小康社会务求必成的底气和决心，反映了顺应人民过上美好生活期盼的庄严承诺和历史担当，极大地调动了广大人民群众的积极性、主动性、创造性。在这一目标引领下，各级按照党中央确定的战略部署，明确路线图、时间表，强化责任，狠抓落实，攻坚克难，到 2020 年胜利完成了党中央确定的主要目标和任务，向人民交上了一份合格答卷，实现了几千年来中国人民的夙愿。

2. 提出实现中华民族伟大复兴的中国梦

2012 年 11 月 29 日，习近平等中央政治局常委和中央书记处的同志在国家博物馆参观《复兴之路》展览。习近平提出"中国梦"，强调"实现中华民族伟大复兴，就是中华民族近代以来最伟大的梦想"①。

中国是一个历史悠久的文明古国，创造了灿烂的中华文明，成为世界上伟大的民族。近代以后，由于西方列强的入侵和封建统治的腐败，中国逐渐沦为半殖民地半封建社会，山河破碎，生灵涂炭，中华民族遭受了前所未有的苦难。1840 年第一次鸦片战争，区区几千人的英军对拥有 80 万大军的清王朝发动掠夺性攻击，把所谓"天朝上国"置于万

---

① 习近平：《承前启后　继往开来　继续朝着中华民族伟大复兴目标奋勇前进》，《人民日报》2012 年 11 月 30 日。

劫不复境地。1860 年第二次鸦片战争，英法联军攻入北京城，火烧圆明园。1894 年甲午战争，北洋水师全军覆灭。1900 年八国联军占领北京后，把大炮架在正阳门上，在紫禁城里举行了炫耀武力的"阅兵式"，中国带着这样的奇耻大辱走进 20 世纪。

在亡国灭种的严峻威胁面前，中国人民追求独立、自强的激情与呼号被唤起，"救亡图存"成为中华民族最刻骨铭心的字眼。但无论是太平天国运动、戊戌变法，还是义和团运动，都以失败告终。孙中山先生提出了"振兴中华"的口号，领导辛亥革命，也未能改变中国人民的悲惨命运。近代中国历史表明，旧式农民战争和软弱的资产阶级革命都不可能完成中华民族救亡图存和反帝反封建的历史任务，更不可能承担起实现民族复兴的历史使命。

中国共产党一经成立，就把实现共产主义为党的最高理想和最终目标，义无反顾肩负起实现中华民族伟大复兴的历史使命。在百年波澜壮阔的历史进程中，中国共产党初心不改、矢志不渝，团结带领人民进行了艰苦卓绝的斗争，完成新民主主义革命，建立中华人民共和国，完成社会主义革命，确立社会主义基本制度，进行改革开放新的伟大革命，使中国大踏步赶上时代。这些伟大胜利，让中华文明在现代化进程中焕发出新的蓬勃生机，让科学社会主义在二十一世纪焕发出新的蓬勃生机，让中华民族焕发出新的蓬勃生机。中国特色社会主义进入新时代，中国比历史上任何时期都更接近、更有信心和能力实现这个目标。在这样的背景下，习近平提出实现中华民族伟大复兴的中国梦，党的十九大将其确立为新时代坚持和发展中国特色社会主义的奋斗目标。

中国梦视野宽广、内涵丰富、意蕴深远。习近平多次强调，中国梦的本质是国家富强、民族振兴、人民幸福。国家富强，就是要全面建成小康社会，并在此基础上建设富强民主文明和谐美丽的社会主义现代化强国；民族振兴，就是要使中华民族更加坚强有力地自立于世界民族之林，为人类作出新的更大的贡献；人民幸福，就是要坚持以人民为中心，增进人民福祉，促进人的全面发展，朝着共同富裕方向稳步前进。中国梦是国家的梦、民族的梦，归根到底是人民的梦。人民是中国梦的主体，是中国梦的创造者和享有者。实现中国梦，必须紧紧依靠人民，必须不断为人民造福，汇聚起实现中国梦的强大力量。

党的十九大科学分析了实现伟大梦想面临的严峻挑战，进一步提出实现伟大梦想，必须进行伟大斗争、建设伟大工程、推进伟大事业。习近平指出："行百里者半九十。中华民族伟大复兴，绝不是轻轻松松、敲锣打鼓就能实现的。全党必须准备付出更为艰巨、更为艰苦的努力。"[①] 他在党的十九大报告中强调，我们党要团结带领人民有效应对重大挑战、抵御重大风险、克服重大阻力、解决重大矛盾，必须进行具有许多新的历史特点的伟大斗争；我们党要始终成为时代先锋、民族脊梁，始终成为马克思主义执政党，自身必须始终过硬；中国特色社会主义是改革开放以来党的全部理论和实践的主题，是党和人民历尽千辛万苦、付出巨大代价取得的根本成就，全党要更加自觉地增强道路自信、理论自信、制度自信、文化自信，始终坚持和发展中国特色社会主义。[②]

中国梦把国家的追求、民族的向往、人民的期盼融为一体，体现了中华民族和中国人民的整体利益，表达了每一个中华儿女的共同愿景，成为中华民族团结奋斗的"最大公约数"和"最大同心圆"，为实现中华民族伟大复兴凝聚起了势不可当的磅礴力量。

---

① 《中国共产党第十九次全国代表大会文件汇编》，人民出版社 2017 年版，第 12 页。

② 参见《中国共产党第十九次全国代表大会文件汇编》，人民出版社 2017 年版，第 12—14 页。

3. 进行具有许多新的历史特点的伟大斗争

党的十八大报告指出："发展中国特色社会主义是一项长期的艰巨的历史任务，必须准备进行具有许多新的历史特点的伟大斗争。"这个重要论断，是习近平主持报告起草工作时明确主张写进去的。十八大后，习近平反复强调进行伟大斗争。党的十九大报告统揽伟大斗争、伟大工程、伟大事业、伟大梦想，将"四个伟大"作为一个完整体系提出，并进行系统阐述，其中，排在第一位的是伟大斗争，它是统揽"四个伟大"的前提，伟大工程的建设、伟大事业的推进、伟大梦想的实现都要通过伟大斗争。伟大斗争的提出，郑重宣示了我们党以什么样的精神状态来履行使命任务、实现奋斗目标。

伟大斗争是根据时代变化提出来的。中国共产党的整个历史，就是一部伟大斗争史。今天提出伟大斗争的意义在于具有了许多新的历史特点。党的十八大，是我们党和国家的一个崭新的起点，中国特色社会主义进入新时代。从世情看，我们前所未有地靠近世界舞台中心，前所未有地接近实现中华民族伟大复兴的目标，前所未有地具有实现这个目标的能力和信心。中国的体量、制度、文化以及现代化道路的特殊性，决定了民族复兴过程会面临极为尖锐复杂的斗争。从国情看，全面深化改革，坚持和完善中国特色社会主义制度、推进国家治理体系和治理能力现代化，既要改进理念，又要触动利益，遇到的阻力之大可想而知。从党情看，应对和克服"四大考验""四种危险"，以永远在路上的执着守初心担使命，以党的自我革命推进社会革命，需要同一切影响党的先进性纯洁性的问题作坚决斗争。面对世情、国情、党情的巨大变化，"伟大斗争"也打上了新时代的烙印。习近平指出,"我们党要团结带领人民有效应对重大挑战、抵御重大风险、克服重大阻力、解决重大矛盾,必须进行具有许多新的历史特点的伟大斗争,任何贪图享受、消极懈怠、回避矛盾的思想和行为都是错误的"。①"各种敌对势力绝不会让我们顺顺利利实现中华民族伟大复兴,这就是为什么我们要郑重提醒全党必须准备进行具有许多新的历史特点的伟大斗争的一个原因。"②习近平对斗争的长期性复杂性艰巨性作出判断:"中华民族伟大复兴,绝不是轻轻松松、敲锣打鼓就能实现的,实现伟大梦想必须进行伟大斗争。在前进道路上我们面临的风险考验只会越来越复杂,甚至会遇到难以想象的惊涛骇浪。我们面临的各种斗争不是短期的而是长期的,至少要伴随我们实现第二个百年奋斗目标全过程。"③

怎样认识和把握新的历史特点的伟大斗争?2019年9月3日,习近平在2019年秋季学期中央党校(国家行政学院)中青年干部培训班开班式上,从坚定斗争意志、把准斗争方向、明确斗争任务、掌握斗争规律、讲求斗争方法等方面,科学回答了新时代的干部发扬斗争精神、增强斗争本领的重大理论和实践问题。强调:

必须增强"四个意识",坚定"四个自信",做到"两个维护",坚定斗争意志,当严峻形势和斗争任务摆在面前时,骨头要硬,敢于出击,敢战能胜。

共产党人的斗争是有方向、有立场、有原则的,大方向就是坚持中

---

① 《党的十九大报告辅导读本》,人民出版社2017年版,第15页。

② 《习近平总书记重要讲话文章选编》,中央文献出版社、党建读物出版社2016年版,第227页。

③ 习近平:《发扬斗争精神增强斗争本领　为实现"两个一百年"奋斗目标而顽强奋斗》,《人民日报》2019年9月4日。

国共产党领导和我国社会主义制度不动摇。凡是危害中国共产党领导和我国社会主义制度的各种风险挑战，凡是危害我国主权、安全、发展利益的各种风险挑战，凡是危害我国核心利益和重大原则的各种风险挑战，凡是危害我国人民根本利益的各种风险挑战，凡是危害我国实现"两个一百年"奋斗目标、实现中华民族伟大复兴的各种风险挑战，只要来了，我们就必须进行坚决斗争，而且必须取得斗争胜利。

我们共产党人的斗争，从来都是奔着矛盾问题、风险挑战去的。领导干部要有草摇叶响知鹿过、松风一起知虎来、一叶易色而知天下秋的见微知著能力，对潜在的风险有科学预判，知道风险在哪里，表现形式是什么，发展趋势会怎样，该斗争的就要斗争。

在各种重大斗争中，要坚持增强忧患意识和保持战略定力相统一、坚持战略判断和战术决断相统一、坚持斗争过程和斗争实效相统一。要抓主要矛盾、抓矛盾的主要方面，坚持有理有利有节，合理选择斗争方式、把握斗争火候，在原则问题上寸步不让，在策略问题上灵活机动。要根据形势需要，把握时、度、效，及时调整斗争策略。要团结一切可以团结的力量，调动一切积极因素，在斗争中争取团结，在斗争中谋求合作，在斗争中争取共赢。

领导干部要经受严格的思想淬炼、政治历练、实践锻炼，在复杂严峻的斗争中经风雨、见世面、壮筋骨，真正锻造成为烈火真金。要学懂弄通做实党的创新理论，掌握马克思主义立场观点方法，夯实敢于斗争、善于斗争的思想根基。要坚持在重大斗争中磨砺，越是困难大、矛盾多的地方，越是形势严峻、情况复杂的时候，越能练胆魄、磨意志、长才干。领导干部要主动投身到各种斗争中去，在大是大非面前敢于亮剑，在矛盾冲突面前敢于迎难而上，在危机困难面前敢于挺身而出，在歪风邪气面前敢于坚决斗争。

我们在工作中遇到的斗争是多方面的，改革发展稳定、内政外交国防、治党治国治军都需要发扬斗争精神、提高斗争本领。全面从严治党、坚持马克思主义在意识形态领域的指导地位、全面深化改革、推进供给侧结构性改革、推动高质量发展、消除金融领域隐患、保障和改善民生、打赢脱贫攻坚战、治理生态环境、应对重大自然灾害、全面依法治国、处理群体性事件、打击黑恶势力、维护国家安全，等等，都要敢于斗争、善于斗争。

党的十八大以来，以习近平同志为核心的党中央团结带领全党全军全国人民，发扬斗争精神，以坚韧不拔的战略定力对待伟大斗争，以马克思主义的政治智慧谋划伟大斗争，以革命者的勇气进行伟大斗争，以科学的方略展开伟大斗争，坚决战胜了各种挑战困难，赢得了斗争的主动权，抗住了大风大浪的冲击，取得了显著成效，党和国家各方面都开辟了新境界，中华民族这艘大航船劈波斩浪，在驶向伟大复兴的航程中行稳致远。

4. 吹响全面深化改革新号角

改革开放是党在新的时代条件下带领全国各族人民进行的新的伟大革命，是当代中国最鲜明的特色。从党的十一届三中全会作出把党和国家工作中心转移到经济建设上来、实行改革开放的历史性决策以来，我们党以巨大的政治勇气，锐意推进改革，不断扩大开放，中国人民的面貌、社会主义中国的面貌、中国共产党的面貌发生深刻变化，成就举世瞩目。党的十八大以来，中央反复强调，改革开放是决定当代中国命运的关键一招，也是决定实现"两个一百年"奋斗目标、实现中华民族伟大复兴的关键一招。

唯改革者进，唯创新者强，唯改革创新者胜。新时代，国内外环境都在发生极为广泛而深刻的变化，我国发展面临一系列突出矛盾和挑战，发展不平衡、不协调、不可持续的问题逐渐显现，改革进入攻坚期和深水区。已经是世界第二大经济体的中国，站在新的历史关口。党的十八大提出了全面深化改革开放的目标，强调必须以更大的政治勇气和智慧，不失时机深化重要领域改革，坚决破除一切妨碍科学发展的思想观念和体制机制弊端，构建系统完备、科学规范、运行有效的制度体系，使各方面制度更加成熟更加定型。为贯彻落实这一战略部署，2013年11月召开的十八届三中全会通过了《中共中央关于全面深化改革若干重大问题的决定》，吹响了全面深入改革的新号角。

《决定》深刻剖析了我国改革发展稳定面临的重大理论和实践问题，阐明了全面深化改革的重大意义和未来走向。指出，全面深化改革的总目标是完善和发展中国特色社会主义制度，推进国家治理体系和治理能力现代化。强调，到2020年，在重要领域和关键环节改革上取得决定性成果，完成提出的改革任务，形成系统完备、科学规范、运行有效的制度体系，使各方面制度更加成熟更加定型。

《决定》以改革为主线，突出全面深化改革新举措，突出重要领域和关键环节，突出经济体制改革牵引作用，提出了全面深化改革的指导思想、目标任务、重大原则，描绘了全面深化改革的新蓝图、新愿景、新目标，汇集了全面深化改革的新思想、新论断、新举措，凝聚了全党全社会关于全面深化改革的思想共识和行动智慧。

《决定》以亟待解决的重大问题为提领，从经济、政治、文化、社会、生态文明、国防和军队6个方面、15个领域，提出了336项重大举措，全部聚焦社会矛盾尖锐的问题，聚焦群众反映强烈的问题。《决定》强调：使市场在资源配置中起决定性作用和更好发挥政府作用，坚持和完善基本经济制度，深化财税体制改革，健全城乡发展一体化体制机制，推进协商民主广泛多层制度化发展，改革司法体制和运行机制，健全反腐败领导体制和工作机制，加快完善互联网管理领导体制，设立国家安全委员会，健全国家自然资源资产管理体制和完善自然资源监管体制。这些改革举措涉及范围之广、力度之大，被国际社会誉为世界上"最具雄心的改革计划"①，引领中国实现历史性巨变。

《决定》科学布局了全面深化改革的战略重点、优先顺序、主攻方向、工作机制、推进方式和时间表、路线图，形成了改革理论和政策的一系列新的重大突破，是全面深化改革的又一次总部署、总动员。《决定》成为新形势下全面深化改革的纲领性文件，标志着从 1978 年开始的中国改革开放进入到新阶段，掀开了中国改革浓墨重彩的新篇章。新加坡《联合早报》说，中国的改革幅度和力度"超预期"，"让国内外大吃一惊"。②

为贯彻落实好《决定》提出的改革举措，会议刚刚结束，2013 年12 月 30 日，中央政治局会议就决定成立中央全面深化改革领导小组，由习近平任组长，负责改革总体设计、统筹协调、整体推进、督促落实。2014 年春节前夕，习近平主持召开中央全面深化改革领导小组第一次会议，成立了经济体制和生态文明体制改革、民主法制领域改革、文化体制改革、社会体制改革、党的建设制度改革、纪律检查体制改革等 6 个专项小组，审议通过了《中央有关部门贯彻落实党的十八届

---

① 《聚焦当今"最具雄心的改革计划"》，《解放日报》2019 年 1 月 2 日。

② 《全面深化改革大潮正起——以习近平同志为总书记的党中央推进全面深化改革述评》，《人民日报》2014 年 9 月 9 日。

三中全会〈决定〉重要举措分工方案》，将改革任务分解细化，为保证任务落到实处明确了责任。2014 年 1 月至 2017 年 8 月，十八届中央全面深化改革领导小组共召开 38 次会议，审议通过一大批重要改革文件，推出 1500 多项改革举措，主要领域四梁八柱性质的改革主体框架基本确立。

百舸争流千帆竞，乘风破浪正远航。全面深化改革的壮丽画卷在中国大地上再次徐徐展开。2017 年党的十九大围绕党和国家事业发展新要求对全面深化改革作出新的部署，又提出了 158 项改革举措。2018 年 12 月 18 日，党中央隆重举行庆祝改革开放 40 周年大会，郑重宣誓将改革开放进行到底。在改革开放新的号角指引下，中国这艘巨轮向着中华民族伟大复兴的目标破浪前进。

5. 开启全面推进依法治国新征程

法律是治国之重器，法治是国家治理体系和治理能力的重要依托。全面推进依法治国，是解决党和国家事业发展面临的一系列重大问题，解放和增强社会活力、促进社会公平正义、维护社会和谐稳定、确保党和国家长治久安的根本要求，事关我们党执政兴国，事关人民幸福安康，事关党和国家长治久安。

我们党高度重视法治建设。长期以来，特别是党的十一届三中全会以来，我们党深刻总结社会主义法治建设的成功经验和深刻教训，把依法治国确定为党领导人民治理国家的基本方略，把依法执政确定为党治国理政的基本方式，积极建设社会主义法治，取得历史性成就。但同党和国家事业发展要求相比，同人民群众期待相比，同推进国家治理体系和治理能力现代化目标相比，法治建设还存在许多不适应、不符合的问题。这些问题，违背社会主义法治原则，损害人民群众利益，妨碍党和国家事业发展。面对新形势新任务，我们党要更好统筹国内国际两个大局，更好维护和运用我国发展的重要战略机遇期，更好统筹社会力量、平衡社会利益、调节社会关系、规范社会行为，使我国社会在深刻变革中既生机勃勃又井然有序，实现经济发展、政治清明、文化昌盛、社会公正、生态良好，实现我国和平发展的战略目标，必须更好发挥法治的引领和规范作用。

2014 年 10 月 23 日，党的十八届四中全会研究全面推进依法治国若干重大问题，通过《中共中央关于全面推进依法治国若干重大问题的决定》，第一次以中央全会决定的形式对全面依法治国作出顶层设计，在我国社会主义法治史上具有里程碑意义。《决定》旗帜鲜明地提出坚持走中国特色社会主义法治道路，明确了全面推进依法治国的总目标是建设中国特色社会主义法治体系，建设社会主义法治国家。《决定》坚持改革方向、问题导向，适应推进国家治理体系和治理能力现代化要求，直面法治建设领域突出问题，回应人民群众期待，对科学立法、严格执法、公正司法、全民守法、法治队伍建设、加强和改进党对全面推进依法治国的领导作出了全面部署，系统回答了党的领导和依法治国关系等一系列重大理论和实践问题，是新形势下全面推进依法治国的纲领性文件。

《决定》强调，完善以宪法为核心的中国特色社会主义法律体系，加强宪法实施；深入推进依法行政，加快建设法治政府；保证公正司法，提高司法公信力；增强全民法治观念，推进法治社会建设；加强法治工作队伍建设，着力建设一支忠于党、忠于国家、忠于人民、忠于法律的社会主义法治工作队伍；加强和改进党对法治工作的领导，把党的领导贯彻到全面推进依法治国全过程。

《决定》开启了法治中国建设的新时代，标志着我国社会主义法治国家建设按下了"快进键"、走上了"快车道"。数据显示，《决定》通过后的五年多时间里，全国人大常委会共审议通过统筹修改法律的决定16件，涉及修改法律101件次，国务院共发布9件关于清理行政法规的决定，涉及修改行政法规207件次，最高人民法院制定司法解释119件，最高人民法院、最高人民检察院共废止817件、确定修改187件司法解释或者司法解释性文件，中国特色社会主义法律体系不断完善。[①]2015年12月，中共中央、国务院印发《法治政府建设实施纲要（2015—2020年）》，将权力运行纳入法治轨道，推动政府依宪施政、依法行政，法治政府建设迈出坚实步伐。全面推进司法体制改革，从破解影响司法公正、制约司法效能的体制机制问题，推进到构建中国特色社会主义司法制度体系。科学立法、严格执法、公正司法、全民守法一体推进，法治国家、法治政府、法治社会建设相互促进，全面依法治国取得了举世瞩目的新进展、新成就，谱写了法治中国建设的崭新篇章。

6. 推进全面从严治党

治国必先治党，治党务必从严。中国共产党担负着团结带领人民全面建成小康社会、推进社会主义现代化、实现中华民族伟大复兴的重

---

① 《绘就全面依法治国的斑斓画卷——党的十八大以来我国全面推进依法治国新成就综述》，《人民日报》2018年9月7日。

任。党要团结带领人民进行伟大斗争、推进伟大事业、实现伟大梦想，必须毫不动摇坚持和完善党的领导，毫不动摇把党建设得更加坚强有力。同时，还要清醒地认识到我们党面临的执政环境是复杂的，影响党的先进性、弱化党的纯洁性的因素也是复杂的，党内存在的思想不纯、组织不纯、作风不纯等突出问题尚未得到根本解决。新形势下，党面临的执政考验、改革开放考验、市场经济考验、外部环境考验是长期的和复杂的，精神懈怠危险、能力不足危险、脱离群众危险、消极腐败危险是尖锐的和严峻的。基于这样的判断，以习近平同志为核心的党中央以更大力度推进党的建设新的伟大工程，坚定不移推进全面从严治党，不断进行自我革命，同一切影响党的先进性、弱化党的纯洁性的问题作坚决斗争，努力实现自我净化、自我完善、自我革新、自我提高，确保党始终成为中国特色社会主义事业的坚强领导核心。

党的十八大以来，以习近平同志为核心的党中央以刀刃向内的勇气向党内顽瘴痼疾开刀，以雷霆万钧之势推进全面从严治党，以钉钉子精神把管党治党要求落实落细，革弊鼎新、正本清源，清除了党内存在的严重隐患，化解了党面临的严重政治风险，在历史关键时刻挽救了领导中国革命、建设和改革事业取得伟大胜利的中国共产党，对党、对国家、对民族产生了不可估量的深远影响。

2016 年 1 月，习近平在第十八届中央纪律检查委员会第六次全体会议上指出："全面从严治党，核心是加强党的领导，基础在全面，关键在严，要害在治。'全面'就是管全党、治全党，面向 8700 多万党员、430 多万个党组织，覆盖党的建设各个领域、各个方面、各个部门，重点是抓住'关键少数'。'严'就是真管真严、敢管敢严、长管长严。'治'就是从党中央到省市县党委，从中央部委、国家机关部门党组（党委）到基层党支部，都要肩负起主体责任，党委书记要把抓好党建当作分内之事、必须担当的职责；各级纪委要担负起监督责任，敢于瞪眼黑脸，勇于执纪问责。"①2016 年 10 月 24—27 日，中国共产党第十八届中央委员会第六次全体会议在北京举行，全会审议通过《关于新形势下党内政治生活的若干准则》和修订后的《中国共产党党内监督条例》，就深入推进全面从严治党作出新的重大部署。

全面从严治党从作风建设破题。贯彻落实中央八项规定精神，狠抓群众反映强烈的"四风"问题，推动风气产生根本转变。从出台中央八项规定至 2017 年 6 月底，全国累计查处违反中央八项规定精神问题 17 万多起，处分 13 万多人。平均每天因违反中央八项规定精神被查处的问题超过 100 起。广大干部群众在一件件的小事中感受到了党风政风民风的变化。②

以猛药去疴、重典治乱的决心，以刮骨疗毒、壮士断腕的勇气反腐除恶。坚持反腐败无禁区、全覆盖、零容忍，坚持重遏制、强高压、长震慑，坚持"老虎""苍蝇"一起打。党的十八大之后五年间，经党中央批准立案审查的省军级以上党员干部及其他中管干部 440 人。其中，十八届中央委员、候补委员 43 人，中央纪委委员 9 人。全国纪检监察机关共接受信访举报 1218.6 万件（次），处置问题线索 267.4 万件，立案 154.5 万件，处分 153.7 万人，其中厅局级干部 8900 余人，县处级干部 6.3 万人，涉嫌犯罪被移送司法机关处理 5.8 万人。③ 这种反腐力度在新中国成立以来党的历史上是绝无仅有的。不敢腐的目标初步实现，不

---

① 习近平：《在第十八届中央纪律检查委员会第六次全体会议上的讲话》，人民出版社 2016 年版，第 16—17 页。

② 《形成反腐败斗争压倒性态势——党的十八大以来全面从严治党成就综述》，《人民日报》2017 年 8 月 17 日。

③ 《中国共产党第十九次全国代表大会文件汇编》，人民出版社 2017 年版，第 137 页。

能腐的笼子越扎越牢，不想腐的堤坝正在构筑，反腐败斗争取得了压倒性胜利，海晏河清、朗朗乾坤的党风政治生态逐步形成。

把党内监督作为全面从严治党重要抓手和重要保障，加强党内监督。改革创新监督方式方法，充分发挥巡视监督的"利剑"作用、派驻监督的"探头"作用。党的十八大期间中央纪委立案审查的中管干部案件中，超过60%的问题线索来自巡视①。从2016年底开始，国家监察体制改革，组建国家、省、市、县监察委员会，同党的纪律检查机关合署办公，这一改革实现了对所有行使公权力的公职人员监察全覆盖。

坚持思想建党与制度治党相结合。开展党的群众路线教育实践活动、"三严三实"专题教育、"两学一做"学习教育常态化制度化，补足精神之钙，打牢了思想建党的根基。同时，注重扎牢制度笼子，党的十八大期间，中央共出台或修订近80部党内法规，超过现有党内法规的40%②，为制度治党提供了根本保障。

全面从严治党的伟大实践试出了人心向背，厚植了党的执政根基，为党和国家各项事业发展提供了坚强政治保证。2014年12月13日，当习近平在江苏镇江世业镇永茂圩村考察时，拥有53年党龄的74岁老党员崔荣海握着习近平的手激动地说："总书记，您好！你是腐败分子的克星，全国人民的福星！"③ 国际社会对我们党全面从严治党给予了高度关注。英国诺森比亚大学纽卡斯尔商学院终身讲席教授熊榆表示，全面从严治党，加强党内监督，有利于增强中国共产党自我净化、自我完

---

① 《形成反腐败斗争压倒性态势——党的十八大以来全面从严治党成就综述》，《人民日报》2017年8月17日。

② 《形成反腐败斗争压倒性态势——党的十八大以来全面从严治党成就综述》，《人民日报》2017年8月17日。

③ 《"你是腐败分子的克星，全国人民的福星"》，《中国纪检监察报》2018年11月26日。

善、自我革新、自我提高的能力，有利于建立良好的政治生态，尤其在
国际政治经济形势复杂多变的背景下，西方政治制度的弊端不断暴露，
令中国共产党的先进性、中国社会主义制度优越性更加凸显，从严治党
将惠及多数群体。美国本笃会大学荣誉校长威廉·卡罗尔说，实现"两个
一百年"奋斗目标，需要人们目标一致，统一领导，而强调从严治党将
确保目标的实现。①

7. 确立"四个全面"战略布局

党的十八大以来，以习近平同志为核心的党中央，紧紧围绕坚持和
发展中国特色社会主义这个主题，深刻把握共产党执政规律、社会主义
建设规律、人类社会发展规律，带领全党全国各族人民励精图治、攻坚
克难，提出并形成了全面建成小康社会、全面深化改革、全面依法治
国、全面从严治党的战略布局，确立了新形势下党和国家各项工作的战
略目标和战略举措。这"四个全面"，是从我国发展现实需要中得出来
的，是从人民群众的热切期待中得出来的，是为推动解决我们面临的突
出矛盾和问题提出来的，是实现国家富强、民族振兴、人民幸福的战略
布局，实现了我们党治国理政方略的新飞跃。

"四个全面"战略布局不是党中央一次性作出的，而是经历了一个
过程。2014 年 12 月，习近平在江苏考察工作时首次明确提出"四个全

---

① 《十八大以来，全面从严治党成效卓著，国际社会怎么看?》，北京日报客户端 2018
年 8 月 25 日。

面"，强调要"主动把握和积极适应经济发展新常态，协调推进全面建成小康社会、全面深化改革、全面依法治国、全面从严治党，推动改革开放和社会主义现代化建设迈上新台阶。"① 党的十八届三中、四中、五中、六中全会相继就全面深化改革、全面依法治国、全面建成小康社会、全面从严治党进行了专题研究，完成了"四个全面"战略布局顶层设计。"四个全面"战略布局是新的历史条件下治国理政方略。这个战略布局，既有战略目标，也有战略举措，每个"全面"相互之间具有紧密的内在逻辑，是一个整体战略部署的有序展开。全面建成小康社会是战略目标，在"四个全面"中居于引领地位。全面深化改革、全面依法治国、全面从严治党是三大战略举措，为如期全面建成小康社会提供重要保障。这三大战略举措对实现全面建成小康社会战略目标一个都不能缺。不全面深化改革，发展就缺少动力，社会就没有活力。不全面依法治国，国家生活和社会生活就不能有序运行，就难以实现社会和谐稳定。不全面从严治党，党就做不到"打铁必须自身硬"，就难以发挥好领导核心作用。"四个全面"战略布局相辅相成、相互促进、相得益彰。"四个全面"战略布局完整地展现了以习近平同志为核心的党中央治国理政的总体框架，清晰地指出了党和国家各项工作的关键环节、重点领域、主攻方向。

"四个全面"战略布局的提出，不仅在国内反响热烈，国际社会也高度关注。印度尼西亚信息与发展研究中心主席乌玛尔·朱沃诺认为，"四个全面"将强化中国经济特有优势，对于中国避免重蹈其他国家经济转型失败的覆辙具有重大意义。② 土耳其中央银行北京经济参赞尤科

---

① 习近平：《在江苏调研时的讲话（2014年12月13日、14日）》，《人民日报》2014年12月15日。

② 《"四个全面"将强化中国经济特有优势》，《人民日报》2015年4月10日。

赛尔·戈迈兹说："'四个全面'战略布局透露出很强的信息：一个新的发展框架正在形成。这一发展框架不仅对中国民众很重要，对于外国人也很重要。因为它会影响到中国各方面的政策和战略，影响中国改革进程以及今后的经济走势。"①

按照"四个全面"战略布局的规划，我们党团结领导人民，奋进全面建成小康社会，蹄疾步稳推进全面深化改革，开启全面依法治国新征程，全面从严治党加强党的领导和党的建设，有力应对风险挑战，切实解决改革发展中的突出矛盾和问题，各项事业取得重大成就、开创崭新局面。

8. 作出经济发展进入"新常态"的重要判断

我们党总是科学判断所处形势，据以制定调整经济社会发展的策略。党的十一届三中全会根据世界经济发展和我国经济濒临崩溃边缘的严峻形势，果断作出实行改革开放的历史性决策，使我国经济保持了30多年的高速增长。我国经济总量在世界上的排名，改革开放之初是第十一名；2009年超过日本，居第二名。2010年，我国制造业规模超过美国，居世界第一。我们用几十年时间走完了发达国家几百年走过的发展历程，创造了世界发展的奇迹。同时，随着经济体制改革、对外开放的不断深入和国民经济的持续快速发展，我国经济发展呈现出新的阶段性特征。

---

① 《"四个全面"引领经济持续健康发展》，《人民日报》2015年4月10日。

"明者因时而变，知者随事而制。"党的十八大以来，我们对经济发展阶段性特征作出科学判断。2013 年，党中央作出我国经济发展正处于增长速度换挡期、结构调整阵痛期和前期刺激政策消化期"三期叠加"阶段的判断，强调要把握经济大势，保持调控定力。2014 年 5 月，习近平在河南考察工作时提出"新常态"重要论断，强调"从当前我国经济发展的阶段性特征出发，适应新常态，保持战略上的平常心态。"① 2014 年 7 月 29 日，习近平在中央政治局会议上对"三期叠加"进一步作了分析，强调经济工作要适应经济发展新常态。2014 年 11 月，习近平在亚太经合组织工商领导人峰会开幕式上演讲，概要分析了我国经济发展新常态下速度变化、结构优化、动力转换三大特点。

2014 年 12 月，习近平在中央经济工作会议上用对比的方法，从消费需求、投资需求、出口和国际收支、生产能力和产业组织方式、生产要素相对优势、市场竞争特点、资源环境约束、经济风险积累和化解、资源配置模式和宏观调控方式九个方面分析了"三期叠加"这个阶段经济发展的趋势性变化。习近平指出，"我国经济发展进入新常态后，增长速度正从 10% 左右的高速增长转向 7% 左右的中高速增长，经济发展方式正从规模速度型粗放增长转向质量效率型集约增长，经济结构正从增量扩能为主转向调整存量、做优增量并举的深度调整，经济发展动力正从传统增长点转向新的增长点。我国经济发展进入新常态，是我国经济发展阶段性特征的必然反映，是不以人的意志为转移的。认识新常态，适应新常态，引领新常态，是当前和今后一个时期我国经济发展的大逻辑。"② 这些变化，是我国经济向形态更高级、分工更优化、结构更

---

① 中共中央党史研究室：《党的十八大以来大事记》，《人民日报》2017 年 10 月 16 日。
② 《习近平谈治国理政》第二卷，外文出版社 2017 年版，第 233 页。

合理的阶段演进的必经过程。

2014 年中央经济工作会议要求，面对我国经济发展新常态，观念上要适应，认识上要到位，方法上要对路，工作上要得力。要深化理解、统一认识，把思想和行动统一到中央认识和判断上来，增强加快转变经济发展方式的自觉性和主动性。要坚持发展、主动作为。经济发展进入新常态，没有改变我国发展仍处于可以大有作为的重要战略机遇期的判断，改变的是重要战略机遇期的内涵和条件；没有改变我国经济发展总体向好的基本面，改变的是经济发展方式和经济结构。要更加注重满足人民群众需要，更加注重市场和消费心理分析，更加注重引导社会预期，更加注重加强产权和知识产权保护，更加注重发挥企业家才能，更加注重加强教育和提升人力资本素质，更加注重建设生态文明，更加注重科技进步和全面创新。

党的十九大报告进一步明确提出，我国经济已由高速增长阶段转向高质量发展阶段，正处在转变发展方式、优化经济结构、转换增长动力的攻关期，建设现代化经济体系是跨越关口的迫切要求和我国发展的战略目标。

"新常态"的重要判断，为我们应对经济发展面临的挑战、制定符合实际的经济政策、保证经济高质量发展，提供了科学依据和思路。

9. 贯彻新发展理念，推动经济高质量发展

改革开放以来，我们党总是根据形势和任务的变化，适时提出相应的发展理念和战略，引领和指导发展实践。从以经济建设为中心、发展

是硬道理，到发展是党执政兴国的第一要务，到坚持科学发展、全面协调可持续发展，到坚持"五位一体"总体布局，每一次发展理念、发展思路的创新和完善，都推动实现了发展的新跨越。

进入新时代，我国发展面临世界经济复苏低迷形势，遇到一些突出矛盾和问题。世界经济在大调整大变革之中出现了一些新的变化趋势，原有增长模式难以为继，科技创新孕育新的突破。我国发展的环境、条件、任务、要求等都发生了新的变化，我国经济发展进入新常态，转方式、调结构的要求日益迫切。面对这种新变化新情况，再坚持粗放型发展模式、简单地追求增长速度，显然行不通，必须确立新发展理念来引领和推动我国经济发展，不断开创经济发展新局面。

2015年10月，党的十八届五中全会坚持以人民为中心的发展思想，鲜明提出了创新、协调、绿色、开放、共享的发展理念。新发展理念，集中反映了我们党对我国发展规律的新认识，深刻揭示了实现更高质量、更有效率、更加公平、更可持续发展的必由之路，是关系我国发展全局的一场深刻变革。十八届五中全会通过的《中共中央关于制定国民经济和社会发展第十三个五年规划的建议》指出：创新是引领发展的第一动力。树立创新发展理念，把创新摆在国家发展全局的核心位置，不断推进理论创新、制度创新、科技创新、文化创新等各方面创新，让创新贯穿党和国家一切工作，让创新在全社会蔚然成风。协调是持续健康发展的内在要求。树立协调发展理念，牢牢把握中国特色社会主义事业总体布局，正确处理发展中的重大关系，重点促进城乡区域协调发展，促进经济社会协调发展，促进新型工业化、信息化、城镇化、农业现代化同步发展，在增强国家硬实力的同时注重提升国家软实力，不断增强发展整体性。绿色是永续发展的必要条件和人民对美好生活追求的重要体现。树立绿色发展理念，坚持节约资源和保护环境的基本国策，坚持可持续发展，坚定走生产发展、生活富裕、生态良好的文明发展道路，加快建设资源节约型、环境友好型社会，形成人与自然和谐发展现代化建设新格局，推进美丽中国建设，为全球生态安全作出新贡献。开放是国家繁荣发展的必由之路。树立开放发展理念，顺应我国经济深度融入世界经济的趋势，奉行互利共赢的开放战略，坚持内外需协调、进出口平衡、引进来和走出去并重、引资和引技引智并举，发展更高层次的开放型经济，积极参与全球经济治理和公共产品供给，提高我国在全球经济治理中的制度性话语权，构建广泛的利益共同体。共享是中国特色社会主义的本质要求。树立共享发展理念，坚持发展为了人民、发展依靠人民、发展成果由人民共享，作出更有效的制度安排，使全体人民在共建共享发展中有更多获得感，增强发展动力，增进人民团结，朝着共同富裕方向稳步前进。《建议》对贯彻新发展理念、制定国民经济和社会发展第十三个五年规划提出了具体建议，明确了"十三五"发展的方向、思路、重点任务、重大举措。

2016年3月16日，第十二届全国人民代表大会第四次会议批准了根据十八届五中全会《中共中央关于制定国民经济和社会发展第十三个五年规划的建议》制定的《中华人民共和国国民经济和社会发展第十三个五年规划纲要》。《纲要》通篇贯彻了新发展理念。

党的十九大把坚持新发展理念作为习近平新时代中国特色社会主义思想的一个基本方略郑重提出来，把新发展理念上升到党的指导思想层面。十九大进一步明确提出，我国经济已由高速增长阶段转向高质量发展阶段，并就贯彻新发展理念，建设现代化经济体系，从以下六个方面作出战略部署：深化供给侧结构性改革，加快建设创新型国家，实施乡村振兴战略，实施区域协调发展战略，加快完善社会主义市场经济体制，推动形成全面开放新格局。高质量发展，是能够很好满足人民日益增长的美好生活需要的发展，是体现新发展理念的发展，是创新成为第一动力、协调成为内生特点、绿色成为普遍形态、开放成为必由之路、共享成为根本目的的发展。

各级党组织和党员干部认真学习新发展理念，认真贯彻党的十九大关于以新发展理念引领经济高质量发展的战略部署，我国经济发展质量和效益不断提升。统计数据显示：2018 年 1—11 月，高技术制造业、装备制造业增加值分别快于规模以上工业 5.5 个和 2 个百分点；前三季度，服务业和消费对经济增长的贡献分别升至 60.8% 和 78%；到 2018 年底我国现行标准下农村贫困人口减少 85% 以上；前三季度全国生态保护和环境治理业的投资同比增长 33.7%，增速快于全部投资 28.3 个百分点。[①] 中国经济"进"的态势持续发展，"新"的力量不断壮大，新发展理念在指引中国经济高质量发展中展现出巨大力量。

10. 坚定文化自信，建设社会主义文化强国

文化是一个国家、一个民族的灵魂。文化兴国运兴，文化强民族强。没有高度的文化自信，没有文化的繁荣兴盛，就没有中华民族伟大复兴。改革开放以来，文化建设不断取得新成就，走出了中国特色社会主义文化发展道路。党的十七届六中全会还专门就深化文化体制改革推动社会主义文化大发展大繁荣作出决定。但文化建设也面临一系列新情

---

① 《坚持供给侧结构性改革主线，打好"三大攻坚战"——2018 年中央经济工作会议系列解读之二》，2018 年 12 月 23 日，见 http://www.xinhuanet.com/fortune/2018-12/23/c_1123891437.htm。

况新问题，文化发展同经济社会发展和人民日益增长的精神文化需求还不完全适应，中国特色社会主义进入新时代对文化建设提出更高的要求。2016 年 7 月 1 日，习近平在庆祝中国共产党成立 95 周年大会上明确提出，中国共产党人"坚持不忘初心、继续前进"，就要坚持"四个自信"即"中国特色社会主义道路自信、理论自信、制度自信、文化自信"。"四个自信"的提出，拓展了党的十八大提出的中国特色社会主义"三个自信"的维度，标志着我们党对中国特色社会主义有了更基础、更广泛、更深厚的把握，阐明了中国特色社会主义的文化本质。党的十八大报告、十九大报告对坚定文化自信、建设社会主义文化强国作出战略部署。习近平在全国宣传思想工作会议、文艺工作座谈会、哲学社会科学工作座谈会、网络安全和信息化工作座谈会、党的新闻舆论工作座谈会，以及中央政治局会议等不同场合从不同角度作出论述。《中共中央关于繁荣发展社会主义文艺的意见》《关于培育和践行社会主义核心价值观的意见》《关于实施中华优秀传统文化传承发展工程的意见》《关于加快构建中国特色哲学社会科学的意见》等一系列指导意见相继出台。这些重要论述、重大决策、重磅文件为坚定文化自信，建设中国特色社会主义文化强国提供了根本依据。

根据党中央的部署，坚定文化自信、建设社会主义文化强国的主要内容有：1. 坚持中国特色社会主义文化发展道路。坚定中国特色社会主义道路自信、理论自信、制度自信，说到底是要坚定文化自信。发展中国特色社会主义文化，就是以马克思主义为指导，坚守中华文化立场，立足当代中国现实，结合当今时代条件，发展面向现代化、面向世界、面向未来的，民族的科学的大众的社会主义文化，推动社会主义精神文明和物质文明协调发展。要坚持为人民服务、为社会主义服务，坚持百花齐放、百家争鸣，坚持创造性转化、创新性发展，不断铸就中华文化新辉煌。2. 建设具有强大凝聚力和引领力的社会主义意识形态。党和国家指导思想在我国社会主义意识形态中占据统摄地位，必须持续加强理论武装工作，必须坚持和加强党对意识形态工作的全面领导。建设具有中国特色、中国风格、中国气派的哲学社会科学，形成有效支撑社会主义意识形态的学科体系、学术体系、话语体系。坚持正确舆论导向，坚持正面宣传为主，唱响主旋律，弘扬正能量，做大做强主流思想舆论，提高新闻舆论传播力、引导力、影响力、公信力。3. 用社会主义核心价值观凝心聚力。把培育和践行社会主义核心价值观作为凝魂聚气、强基固本的基础工程，广泛开展社会主义核心价值观宣传教育，不断夯实中国特色社会主义的思想道德基础。培育和践行社会主义核心价值观，要着力培养担当民族复兴大任的时代新人，注重全方位贯穿、深层次融入，在落细、落小、落实上下工夫。要警惕借所谓"普世价值"抹黑我们党、我国社会主义制度和文化传统的行为，加快构建充分反映中国特色、民族特性、时代特征的价值体系，努力抢占价值体系的制高点。4. 推动中华优秀传统文化创造性转化、创新性发展。中华优秀传统文化是中华民族的根和魂，是中国特色社会主义植根的文化沃土。传承和弘扬中华优秀传统文化，要重点做好创造性转化和创新性发展，使之与现实文化相融相通，认真汲取其中的思想精华和道德精髓。5. 进行无愧于时代的文艺创造。推动文艺繁荣发展，要牢固树立马克思主义文艺观，始终坚持以人民为中心的创作导向，生产出无愧于我们这个伟大民族、伟大时代的优秀作品。6. 营造风清气正的网络空间。过不了互联网这一关，就过不了长期执政这一关。科学认识网络传播规律，提高用网治网水平，推动互联网这个最大变量变成事业发展的最大增量。深刻认识全媒体时代的挑战和机遇，推动媒体融合发展，加快构建融为一体、合而为一的全媒体传播格局。加强网络空间治理，构建良好网络秩序。7. 提高国家文化软实力。深化文化体制改革，推动公共文化服务标准化、均等化，大力推动文化领域供给侧结构性改革。讲好中国故事，传播好中国声音。[①]

建设社会主义文化强国必须深化文化体制改革，提供有力的组织和制度保障。截至 2019 年底，党的十八大以来，共推出 300 多项文化体制改革举措，基础性制度框架基本确立。制定了《深化文化体制改革实施方案》，编制了《国家"十三五"时期文化发展改革规划纲要》，出台"两个效益"相统一、媒体融合发展、新闻单位采编播管人事管理制度改革、文艺评奖改革、构建现代公共文化服务体系、实施中华优秀传统文化传承发展工程、国际传播能力建设等 40 多个改革文件，搭建起文化制度体系的"梁"和"柱"。党的十八届三中、四中、五中、六中全会确定的 104 项文化体制改革任务已完成 97 项，其余 7 项正在抓紧推进之中。[②]

在党中央的科学决策和有力领导下，社会主义文化强国建设取得重大进展，马克思主义在意识形态领域的指导地位更加鲜明，中国特色社会主义和中国梦深入人心，社会主义核心价值观和中华优秀传统文化广泛弘扬，主旋律更加响亮，正能量更加强劲，文化自信得到彰显，国家文化软实力和中华文化影响力大幅提升。据 2017 年 9 月 21 日媒体报道，《习近平谈治国理政》以 22 个语种全球发行 640 余万册。[③] 新华网消息，自 2017 年 11 月 7 日发行，至 2018 年 2 月 2 日，由外文出版社翻译出

---

① 参见中共中央宣传部：《习近平新时代中国特色社会主义思想学习纲要》，学习出版社、人民出版社 2019 年版，第 138—156 页。

② 卫庶等：《坚持中国特色社会主义文化发展道路——盘点 2017 年中国文化建设成果》，《人民日报（海外版）》2018 年 1 月 1 日。

③ 霍小光等：《主旋律更响亮 正能量更强劲——党的十八大以来宣传思想文化工作综述》，《人民日报》2017 年 9 月 21 日。

版的《习近平谈治国理政》第二卷中英文版全球发行已突破 1300 万册。[①]
截至 2019 年 12 月，中国已在 162 个国家（地区）建立 550 所孔子学
院和 1172 个中小学孔子课堂。孔子学院自创办以来，15 年来累计为数
千万各国学员学习中文、了解中国文化提供服务。[②] 世界上掀起了一股
中国文化热。中国理念、中国制度、中国方案得到越来越多国家和地区
的理解和认可。

11. 建设美丽中国

生态环境是人类生存和发展的根基，生态环境变化直接影响文明兴
衰演替。改革开放以来，我国经济发展取得巨大成就，也积累了大量生
态环境问题，成为明显的短板。各类环境污染呈高发态势，一段时间内
成为民生之患、民心之痛。随着我国社会主要矛盾发生变化，人民群众
对优美生态环境的需要成为这一矛盾的重要方面，广大人民群众热切期
盼加快提高生态环境质量。加强生态文明建设摆在了我们党全局工作的
突出地位。

党的十八大以来，我们党围绕生态文明建设提出了一系列新理念新
思想新战略，开展一系列根本性、开创性、长远性工作，生态文明理念
日益深入人心，污染治理力度之大、制度出台频度之密、监管执法尺度
之严、环境质量改善速度之快前所未有。2013 年 5 月，十八届中央政

---

① 《〈习近平谈治国理政〉第二卷全球发行突破 1300 万册》，新华网 2018 年 2 月 3 日，
见 http://www.xinhuanet.com/2018-02/03/c_129804776.htm。
② 《全球孔子学院达 550 所》，《人民日报（海外版）》2019 年 12 月 10 日。

治局进行第六次集体学习。习近平在主持学习时强调，以对人民群众、对子孙后代高度负责的态度和责任，真正下决心把环境污染治理好、把生态环境建设好，努力走向社会主义生态文明新时代。党的十八大期间，党和国家先后出台印发《中华人民共和国环境保护法》《关于加快推进生态文明建设的意见》《生态文明体制改革总体方案》《环境保护督察方案（试行）》《关于全面推行河长制的意见》《国家生态文明试验区（江西）实施方案》《国家生态文明试验区（贵州）实施方案》等法规文件。2015 年 11 月，习近平在出席气候变化巴黎大会开幕式时讲话强调，推动建立公平有效的全球应对气候变化机制，达成一个全面、均衡、有力度、有约束力的气候变化协议，提出全球气候治理的中国理念和主张。2016 年 9 月，中国向联合国交存气候变化《巴黎协定》批准文书。这一系列重大举措，推动了我国生态环境保护发生历史性、转折性、全局性变化。

同时，过去多年高增长积累的环境问题也不是一朝一夕之功就能解决的，生态环境治理成效并不稳固，稍有松懈就有可能出现反复。生态文明建设仍处于压力叠加、负重前行的关键期，已进入提供更多优质生态产品以满足人民日益增长的优美生态环境需要的攻坚期，也到了有条件有能力解决生态环境突出问题的窗口期。如果现在不抓紧，将来解决起来难度会更高、代价会更大、后果会更严重。

党的十九大历史性地提出了在全面建成小康社会决胜期坚决打好防范化解重大风险、精准脱贫、污染防治的攻坚战这一艰巨任务，对加快生态文明体制改革、建设美丽中国作出战略部署。提出：推进绿色发展，加快建立绿色生产和消费的法律制度和政策导向，构建市场导向的绿色技术创新体系，推进能源生产和消费革命，推进资源全面节约和循环利用，倡导简约适度、绿色低碳的生活方式；着力解决突出环境问题，持续实施大气污染防治行动，加快水污染防治，强化土壤污染管控和修复，提高污染排放标准，构建政府为主导、企业为主体、社会组织和公众共同参与的环境治理体系；加大生态系统保护力度。实施重要生态系统保护和修复重大工程，完成生态保护红线、永久基本农田、城镇开发边界三条控制线划定工作，开展国土绿化行动，完善天然林保护制度，健全耕地草原森林河流湖泊休养生息制度；改革生态环境监管体制。加强对生态文明建设的总体设计和组织领导，构建国土空间开发保护制度，坚决制止和惩处破坏生态环境行为。[①]2019 年，党的十九届四中全会通过《中共中央关于坚持和完善中国特色社会主义制度、推进国家治理体系和治理能力现代化若干重大问题的决定》，对"坚持和完善生态文明制度体系"作出部署。2020 年 3 月，中办、国办印发《关于构建现代环境治理体系的指导意见》。同时，中央加大对破坏生态环境问题的查处力度。在 2015 年到 2019 年开展的第一轮中央环保督察及"回头看"中，受理群众举报 21.2 万件，立案侦查 2303 件，行政和刑事拘留 2264 人，移交责任追究 509 个。[②]甘肃祁连山自然保护区生态严重破坏、秦岭北麓西安境内违建别墅、鄱阳湖放任违法捕捞等重大问题被查处。2019 年始，中央又开启了第二轮中央生态环境保护督察。这些重大决策部署，为推动生态环境根本好转、建设生态文明和美丽中国提供了有力保障。

在铁腕治污的强力推动下，生态环境质量持续好转，山更绿、水更清、天更蓝、土更净。2019 年 1 月至 11 月，我国 261 个 PM2.5 未达标地级及以上城市 PM2.5 平均浓度为 38 微克 / 立方米，比 2015 年同期下

---

① 参见《党的十九大报告辅导读本》，人民出版社 2017 年版，第 50—51 页。

② 《第一轮中央环保督察及"回头看"全部完成》，中国新闻网 2019 年 5 月 15 日，见 https://baijiahao.baidu.com/s?id=1633607795465872811&wfr=spider&for=pc。

降 22.4%，超过"十三五"约束性指标进度要求。2019 年 1 月至 10 月，全国地表水水质好于Ⅲ类断面比例同比提高 2.3 个百分点，劣 Ⅴ 类断面比例同比下降 1.9 个百分点。生态文明建设不断迈上新台阶。

12. 全面推进国防和军队改革，走中国特色强军之路

深化国防和军队改革，是实现中国梦强军梦的时代要求，是强军兴军的必由之路，也是决定军队未来的关键一招。深化国防和军队改革是为了设计和塑造军队未来。我们这支军队，靠改革创新走到现在，也要靠改革创新赢得未来。新形势下，世界新军事革命加速发展，主要国家都在加紧推进军事转型。我国安全面临的现实威胁呈上升趋势，各种矛盾问题汇集叠加。我军现代化水平与国家安全需求相比差距还很大，与世界先进军事水平相比差距还很大；我军打现代化战争能力还很不够，各级干部指挥现代化战争能力还很不够。面对长期制约国防和军队建设的体制性障碍、结构性矛盾、政策性问题，不改革，不全面改革，不彻底改革，我军是打不了仗、打不了胜仗的。必须全面实施改革强军战略，完善和发展中国特色社会主义军事制度，加快构建能够打赢信息化战争、有效履行使命任务的中国特色现代军事力量体系。

党的十八大以来，党中央对深化国防和军队改革高度重视。党的十八届三中全会将国防和军队改革纳入全面深化改革总体布局。2015 年 11 月 24 日至 26 日，中央军委改革工作会议召开，部署国防和军队改

革，发出了深化国防和军队改革的动员令。习近平主席在中央军委改革工作会议上指出："全面实施改革强军战略，坚定不移走中国特色强军之路。"① 会后，中央军委印发《关于深化国防和军队改革的意见》（以下简称《意见》），明确了深化国防和军队改革的指导思想、基本原则、总体目标和主要任务、组织领导。

《意见》指出，深化国防和军队改革总体目标是，牢牢把握"军委管总、战区主战、军种主建"的原则，以领导管理体制、联合作战指挥体制改革为重点，协调推进规模结构、政策制度和军民融合深度发展改革。2020 年前，在领导管理体制、联合作战指挥体制改革上取得突破性进展，在优化规模结构、完善政策制度、推动军民融合深度发展等方面改革上取得重要成果，努力构建能够打赢信息化战争、有效履行使命任务的中国特色现代军事力量体系，进一步完善中国特色社会主义军事制度。按照总体目标要求，2015 年，重点组织实施领导管理体制、联合作战指挥体制改革；2016 年，组织实施军队规模结构和作战力量体系、院校、武警部队改革，基本完成阶段性改革任务；2017 年至 2020年，对相关领域改革作进一步调整、优化和完善，持续推进各领域改革。政策制度和军民融合深度发展改革，成熟一项推进一项。《意见》明确了领导管理体制、联合作战指挥体制、军队规模结构、部队编成、新型军事人才培养、政策制度、军民融合发展、武装警察部队指挥管理体制和力量结构、军事法治体系等方面的主要任务。一场具有划时代意义的整体性、革命性变革正式启动。

此后，按照"军委管总、战区主战、军种主建"的总原则推进领导

---

① 《全面实施改革强军战略　坚定不移走中国特色强军之路》，《解放军报》2015 年11 月 27 日。

指挥体制改革，构建起中央军委—战区—部队的作战指挥体系、中央军委—军种—部队的领导管理体系，实现军队组织架构历史性变革。推进规模结构和力量编成改革，改变长期以来陆战型、国土防御型的力量结构和兵力布势，建设强大的现代化陆军、海军、空军、火箭军、战略支援部队、联勤保障部队和武装警察部队，构建起中国特色现代军事力量体系。对军事政策制度进行系统、深入改革，深化军队党的建设制度改革、创新军事力量运用政策制度、重塑军事力量建设政策制度、改革军事管理政策制度，建立健全中国特色社会主义军事政策制度体系。"三大战役"梯次接续、前后衔接、压茬推进。

在领导指挥体制上，打破总部体制、大军区体制和大陆军体制，成立陆军领导机构、火箭军、战略支援部队、联勤保障部队，调整武警部队领导指挥体制，组建 15 个军委机关职能部门，划设 5 大战区，健全军委联合作战指挥机构，组建战区联合作战指挥机构，构建起军委—战区—部队的作战指挥体系、军委—军种—部队的领导管理体系，领导指挥体制实现历史性变革，构建起"军委管总、战区主战、军种主建"的新格局。这种改革，使得军队的大脑更强了。在规模结构和力量编成上，陆军占全军总员额比例下降到 50% 以下；全军非战斗机构现役员额压减近一半，军官数量减少 30%；合成旅、空中突击旅、航母编队、空降兵军、联勤保障部队等一些新型作战力量列入部队编制，战略预警、远海防卫、远程打击、战略投送、信息支援等新型作战力量得到充实加强，从根本上改变了长期以来陆战型的力量结构，改变了国土防御型的兵力布势，改变了重兵集团、以量取胜的制胜模式，以精锐作战力量为主体的联合作战力量体系正在形成。军队的筋骨更壮了。在政策制度上，修订、出台《关于全面深入贯彻军委主席负责制的意见》《关于加强新时代军队党的建设的决定》《中华人民共和国现役军官法》《中国人民解放军文职人员条例》等法规，推进兵役制度、士官制度改革，深化军人工资、住房制度、医疗保障等改革，确保党对人民军队的绝对领导、军队党的建设制度不断完善，体现军事职业特点的军事力量建设政策制度逐步推出，基于联合、平战一体的军事力量运用政策制度和精准高效、全面规范、刚性约束的军事管理政策制度加紧构建。军队的活力更足了。通过这次国防和军队改革，我军实现了体制一新、结构一新、格局一新、面貌一新，在中国特色强军之路上迈出了坚定步伐。①

13. 推动构建人类命运共同体

　　人类生活在同一个地球村里，经济全球化大潮滚滚向前，新科技革命和产业变革深入发展，人类交往的世界性比过去任何时候都更深入、更广泛，各国相互联系和彼此依存比过去任何时候都更频繁、更紧密。同时，全球发展深层次矛盾突出，霸权主义、强权政治依然存在，保护主义、单边主义不断抬头，战乱恐袭、饥荒疫情此伏彼现，传统安全和非传统安全问题复杂交织。治理赤字、信任赤字、和平赤字、发展赤字，成为摆在全人类面前的严峻挑战。世界面临百年未有之变局，充满着风险挑战，站在了十字路口。2020 年春季突如其来的全球性新冠肺炎疫情再次说明了构建人类命运共同体的重要性。面对全球性挑战，没有哪个国家可以置身事外、独善其身，世界各国需要以负责任的精神同

---

① 参见《聚焦强军目标　重塑人民军队——十八届三中全会以来全面深化国防和军队改革综述》，《解放军报》2019 年 1 月 20 日。

舟共济、协调行动。

面对"世界怎么了、人类怎么办"的时代之问，习近平汲取中华优秀传统文化精髓，继承人类社会发展优秀成果，提出构建人类命运共同体，回答了"建设一个什么样的世界、如何建设这个世界"重大课题，为解决当今世界面临的现实问题、实现人类社会和平永续发展，提出了中国理念、中国方案。2015 年 9 月，习近平在纽约联合国总部出席第七十届联合国大会一般性辩论时发表重要讲话指出："当今世界，各国相互依存、休戚与共。我们要继承和弘扬联合国宪章的宗旨和原则，构建以合作共赢为核心的新型国际关系，打造人类命运共同体。"从联合国纽约总部到日内瓦总部，从博鳌亚洲论坛到瑞士达沃斯论坛，从二十国集团峰会到中国共产党与世界政党高层对话会，习近平在多个重大国际场合深刻阐释构建人类命运共同体理念。党的十九大把构建人类命运共同体确立为党的外交理想，作为十四个基本方略之一，对构建人类命运共同体作出战略阐述。

根据这一理念和主张，中国始终不渝走和平发展道路，不走"国强必霸"的路子，不以牺牲别国利益为代价来发展自己，但也决不放弃自己的正当权益。积极发展全球伙伴关系，以周边和大国为重点，以发展中国家为基础，以多边为舞台，以深化务实合作、加强政治互信、夯实社会基础、完善机制建设为渠道，全面发展同各国友好合作，不断完善我国全方位、多层次、立体化的外交布局，打造覆盖全球的"朋友圈"，与各国人民结伴而行、共创美好未来。以共建"一带一路"为实践平台推动构建人类命运共同体，把我国发展同沿线国家和世界其他国家发展结合起来。以推动建设新型国际关系为构建人类命运共同体的基本路径，秉持相互尊重、公平正义、合作共赢原则，走出一条对话而不对抗、结伴而不结盟的国与国交往新路。发挥负责任大国作用，积极参与引领全球治理体系改革和建设，始终秉持共商共建共享的全球治理观，推动全球治理体系朝着更加公正合理的方向发展。坚持对话协商、共建共享、合作共赢、交流互鉴、绿色低碳，建设持久和平、普遍安全、共同繁荣、开放包容、清洁美丽的世界。①

　　构建人类命运共同体战略思想，不但指导形成了大国特色、大国风格和大国气度的中国外交格局，而且受到国际社会的高度评价和热烈响应，已被多次写入联合国文件，产生日益广泛而深远的国际影响，成为中国引领时代潮流和人类文明进步方向的鲜明旗帜。联合国和一些国家官员表示，构建人类命运共同体被多次写入联合国文件，体现了国际社会对中国理念的广泛支持，也表明中国将为新时期的全球安全治理作出不懈努力的决心和信心。② 法国国际问题专家、欧中论坛创始人高大伟表示，人类命运共同体理念是 21 世纪对"大同"的重新诠释，随着中国的不断发展，饱含中国智慧的人类命运共同体理念必将对世界产生更加深刻的影响。③

14. 携手推进"一带一路"建设

　　早在西汉武帝时代，中国就开始开辟通往西域的丝绸之路。古丝绸

---

① 参见中共中央宣传部：《习近平新时代中国特色社会主义思想学习纲要》，学习出版社、人民出版社 2019 年版，第 210—221 页。

② 《"构建人类命运共同体"再次写入联合国决议》，《新华每日电讯》2017 年 11 月 3 日。

③ 《共建人类命运共同体　同塑全球治理新局面——海外专家学者积极评价习近平总书记在中央外事工作会议上的重要讲话》，《贵州日报》2018 年 6 月 25 日。

之路绵亘万里，延续千年，积淀了以和平合作、开放包容、互学互鉴、互利共赢为核心的丝绸之路精神。2008 年国际金融危机后，世界经济深度调整、贫富分化加剧，反全球化、民粹主义等思潮抬头。其深层次根源，仍然是发展不平衡问题。如何实现发展？是在弱肉强食、以邻为壑中掠夺，还是在求同存异、共生共荣中实现？人类可以作出完全不同的选择。习近平基于历史视野和大国责任，提出"一带一路"重大合作倡议，紧紧抓住发展这个最大公约数，着眼于世界各国人民追求和平与发展的共同梦想，致力于推动经济全球化朝着更加开放、包容、普惠、平衡、共赢的方向发展。这一重大合作倡议，就是要继承和发扬丝绸之路精神，把我国发展同沿线国家发展结合起来，把中国梦同沿线各国人民的梦想结合起来，赋予古代丝绸之路以全新的时代内涵。"一带一路"倡议，是习近平统筹国内国际两个大局，深刻思考人类前途命运以及中国和世界发展大势，为促进全球共同繁荣、打造人类命运共同体所作出的重大战略决策，是新时代中国对外开放和经济外交的顶层设计。

"一带一路"贯穿亚欧非大陆，一头是活跃的东亚经济圈，一头是发达的欧洲经济圈，中间是发展潜力巨大的腹地国家，发展空间巨大。2013 年 9 月 7 日、10 月 3 日，习近平总书记分别在哈萨克斯坦纳扎尔巴耶夫大学、印度尼西亚国会发表演讲，先后提出共同建设"丝绸之路经济带"与"21 世纪海上丝绸之路"的重大倡议，简称"一带一路"倡议。之后，习近平在国内外多个场合阐述"一带一路"倡议。党的十八届五中全会通过的《中共中央关于制定国民经济和社会发展第十三个五年规划的建议》和党的十九大报告，对推进"一带一路"建设作出了具体的部署和要求。"一带一路"倡议秉持和遵循共商共建共享原则，努力实现政策沟通、设施联通、贸易畅通、资金融通、民心相通，是发展的倡议、合作的倡议、开放的倡议。这一倡议的核心内涵，是促进基础设施建设和互联互通，加强经济政策协调和发展战略对接，促进协同联动发展，实现共同繁荣。这一倡议要实现的最高目标就是在"一带一路"建设国际合作框架内，各方携手应对世界经济面临的挑战，开创发展新机遇，谋求发展新动力，拓展发展新空间，实现优势互补、互利共赢，把"一带一路"真正打造成一条和平之路、繁荣之路、开放之路、创新之路和文明之路，不断朝着人类命运共同体方向迈进。①

在各方面积极参与下，"一带一路"国际合作展现出蓬勃生机与活力。2017年5月14日至15日，中国在北京主办了第一届"一带一路"国际合作高峰论坛。论坛取得了主要涵盖政策沟通、设施联通、贸易畅通、资金融通、民心相通5大类，共76大项、270多项具体成果。②2019年4月25日至27日，中国又主办了第二届"一带一路"国际合作高峰论坛。这次论坛取得的成果包括中方打出的举措或发起的合作倡议、在高峰论坛期间或前夕签署的多双边合作文件、在高峰论坛框架下建立的多边合作平台、投资类项目及项目清单、融资类项目、中外地方政府和企业开展的合作项目，共6大类、283项。③数据显示，2013年至2017年，中国与"一带一路"沿线国家货物贸易额累计超过5万亿美元，对外直接投资超过700亿美元，中国企业在沿线国家推进建设75个经贸合作区，上缴东道国的税费22亿美元，创造就业岗位21万个。④截至

---

① 参见中共中央宣传部：《习近平新时代中国特色社会主义思想学习纲要》，学习出版社、人民出版社2019年版，第212—214页。

② 《"一带一路"国际合作高峰论坛成果清单》，外交部网站2017年5月16日，见 https://www.fmprc.gov.cn/web/zyxw/t1461873.shtml。

③ 《第二届"一带一路"国际合作高峰论坛成果清单》，外交部网站2019年4月27日，见 https://www.fmprc.gov.cn/web/zyxw/t1658760.shtml。

④ 《中国与"一带一路"沿线国家货物贸易额累计超5万亿美元》，商务部网站2018年4月15日，见 http://www.mofcom.gov.cn/article/i/jyjl/e/201804/20180402732360.shtml。

2019 年 8 月底，已有 136 个国家和 30 个国际组织与中国签署了 195 份共建"一带一路"合作文件。[①]联合国大会、安理会、联合国亚太经社会、亚太经合组织、亚欧会议、大湄公河次区域合作等有关决议或文件都纳入或体现了"一带一路"建设内容。"一带一路"从倡议走向实践、从愿景变为行动，进展和成果超出预期，合作伙伴越来越多，影响力和号召力日益增强，正在成为中国参与全球开放合作、改善全球经济治理体系、促进全球共同发展繁荣、推动构建人类命运共同体的中国方案，开辟了中国参与和引领全球开放合作的新境界，在世界发展史上具有里程碑意义。

15. 确立习近平同志为党中央的核心、全党的核心

船重千钧，掌舵一人。一个国家、一个政党，领导核心至关重要。这是我们党的宝贵经验。党的十八大以来，习近平带领全党全军全国各族人民，总揽战略全局，把握发展大势，进行了新的伟大斗争实践，开创了中国特色社会主义伟大事业和党的建设新的伟大工程新局面，在改革发展稳定、内政外交国防、治党治国治军等各方面取得了一系列具有重要现实意义和深远历史意义的成就，实现了党和国家事业的继往开来，赢得了全党全军全国各族人民的衷心拥护，受到了国际社会的高度赞誉。习近平在新的伟大斗争实践中、在领导中国人民进行中华民族伟

[①] 《"一带一路"绘宏图》，《解放军报》2019 年 11 月 28 日。

大复兴的追梦历程中，以其坚定信仰信念、鲜明人民立场、非凡政治智慧、顽强意志品质、强烈历史担当、高超政治艺术，赢得了全党全军全国各族人民衷心拥护爱戴，赢得了国际社会高度赞誉，客观上已经成为党中央的核心、全党的核心。在十八届六中全会文件征求意见的过程中，地方和部门以及军队，都希望这次全会明确习近平为党中央的核心、全党的核心。2016 年 10 月 24 日至 27 日，党的十八届六中全会在北京举行。全会顺应党和人民呼声，确立习近平同志为党中央的核心、全党的核心。这是党和国家政治生活中的一件大事，是推进全面从严治党的一件大事，是历史的选择、人民的选择，众望所归、当之无愧、名副其实。全会号召，全党同志紧密团结在以习近平同志为核心的党中央周围，全面深入贯彻本次全会精神，牢固树立政治意识、大局意识、核心意识、看齐意识，坚定不移维护党中央权威和党中央集中统一领导，继续推进全面从严治党，共同营造风清气正的政治生态，确保党团结带领人民不断开创中国特色社会主义事业新局面。①

　　党的十八届六中全会后，党中央围绕维护习近平同志党中央的核心、全党的核心地位，提出严肃政治要求，作出一系列重大举措。2016 年 12 月，习近平在中央政治局民主生活会上讲话指出："中央政治局的同志要牢固树立政治意识、大局意识、核心意识、看齐意识，坚持以党的旗帜为旗帜、以党的方向为方向、以党的意志为意志，当政治上的明白人。"② 2017 年 10 月，党的十九大把习近平总书记党中央的核心、全党的核心地位郑重写入党章，强调"牢固树立政治意识、大局意识、核心意识、看齐意识，坚定维护以习近平同志为核心的党中央权威和集中

---

① 《中国共产党第十八届中央委员会第六次全体会议公报》，人民出版社 2016 年版，第 20 页。

② 《论坚持党对一切工作的领导》，中央文献出版社 2019 年版，第 170 页。

统一领导"。① 十九大刚刚结束，2017 年 10 月 27 日，十九届中共中央
政治局会议审议《中共中央政治局关于加强和维护党中央集中统一领导
的若干规定》，要求："中央政治局要带头树立政治意识、大局意识、核心
意识、看齐意识，严格遵守党章和党内政治生活准则，全面落实党的十九
大关于加强和维护党中央集中统一领导的各项要求，自觉在以习近平同志
为核心的党中央集中统一领导下履行职责、开展工作，坚决维护习近平
总书记作为党中央的核心、全党的核心的地位"；"要坚持每年向党中央
和总书记书面述职"。②2018 年 7 月全国组织工作会议召开。中共中央
政治局委员、中央组织部部长陈希在总结讲话中要求，"坚决维护习近
平总书记的核心地位，坚决维护党中央权威和集中统一领导"③。2018 年
10 月 1 日起施行的《中国共产党纪律处分条例》规定：党的纪委建设必
须"坚决维护习近平总书记党中央的核心、全党的核心地位，坚决维护
党中央权威和集中统一领导"。2019 年 1 月 31 日通过的《中共中央关
于加强党的政治建设的意见》指出："坚决维护党中央权威和集中统一
领导，最关键的是坚决维护习近平总书记党中央的核心、全党的核心地
位。要教育引导党员干部从历史和现实、理论和实践、国内和国际的结
合上深刻认识、强化认同，不断增强拥护核心、跟随核心、捍卫核心的
思想自觉政治自觉行动自觉，始终同以习近平同志为核心的党中央保持
高度一致"；"要把坚决做到'两个维护'作为首要政治纪律"。④2019 年

---

① 《中国共产党章程》，人民出版社 2017 年版，第 10 页。

② 《习近平主持中央政治局会议　研究部署学习宣传贯彻党的十九大精神》，《人民日
报》2017 年 10 月 28 日。

③ 习近平：《切实贯彻落实新时代党的组织路线　全党努力把党建设得更加坚强有
力》，《人民日报》2018 年 7 月 5 日。

④ 《中共中央关于加强党的政治建设的意见》，人民出版社 2019 年版，第 8、19 页。

2 月 28 日，人民日报评论员文章指出："党的十八大以来党和国家事业之所以能够取得历史性成就、发生历史性变革，最根本的就是形成和确立了习近平总书记党中央的核心、全党的核心地位，坚持了党中央权威和集中统一领导。"①

"万山磅礴必有主峰，龙衮九章但挈一领。"② 拥有一个全党公认的领袖，是我们党成熟的重要标志。十八届六中全会明确习近平总书记的核心地位，正式提出"以习近平同志为核心的党中央"，这是我们党和国家的根本利益所在，是坚持和加强党的领导的根本保证，是进行具有新的历史特点的伟大斗争、坚持和发展中国特色社会主义伟大事业的迫切需要。我们党是按照民主集中制原则组织起来的马克思主义政党，集中统一是党的政治优势。到 2016 年，我们党经过长期发展，已经拥有党员 8900 多万名、基层党组织 450 多万个，党员人数比英国、法国、德国等国家的总人口还要多；我国总人口 13 亿多，经济社会发展又极不平衡。这样一个超大型的马克思主义政党，领导着这样一个世界人口最多的国家进行社会主义现代化建设，管党治党难度之大，治国理政任务之艰巨、情况之复杂，是世界上其他任何政党都无法比拟的。没有党中央的核心、全党的核心，就难以形成党中央的权威和集中统一领导、难以做到全党全国一盘棋，在应对困难挑战风险时形成磅礴的力量，就会导致各自为阵、各自为政，那就什么事情都干不成。

各级党组织和全体党员自觉站在党和国家前途命运的战略高度，把维护核心作为最高的政治要求，作为最重要的政治纪律和政治规矩，不断增强拥护核心、跟随核心、捍卫核心的思想自觉、政治自觉、行动自

---

① 　人民日报评论员：《把党的政治建设摆在首位》，《人民日报》2019 年 2 月 28 日。
② 　[清] 曾国藩：《复陈右铭太守书》，载王文濡编：《续古文观止》，花山文艺出版社 1991 年版，第 179 页。

党，始终同以习近平同志为核心的党中央保持高度一致，有力地保证了从严治党要求和党的路线方针政策的贯彻落实。党的十八大以来，以习近平同志为核心的党中央，面对国内外的严峻复杂形势，团结带领全党全军全国各族人民，克服党自身所面临的种种"考验""危险"，破解一系列"最复杂""最敏感"问题，战胜前进道路上的一个个"拦路虎""绊脚石"，夺取了重大胜利，彰显了维护核心的极端重要性。

16. 提出增强"四个意识"

党的领导是做好党和国家各项工作的根本保证，是战胜一切困难和风险的"定海神针"。坚持党的领导，首先是坚持党中央的集中统一领导。坚决维护党中央权威、保证全党令行禁止，是党和国家前途命运所系，是全国各族人民根本利益所在。中国共产党在近百年的伟大斗争中，经受各种严峻挑战考验，发展成为世界上的第一大党、强党，连续执政并且长期执政下去。党领导的事业不断取得胜利，原因很多，党拥有坚强的领导核心、高度权威的中央，全党各级党组织和全体党员自觉地维护核心、维护党中央权威，是不可或缺的政治和组织因素。早在延安时期，我们党就提出核心和看齐的要求。到 2016 年，我们党发展成为拥有 8800 多万名党员、440 多万个党组织的党。这样一个大党，在有着 13 亿多人口的、经济社会发展极不平衡的大国长期执政，形成有权威的党中央核心至关重要，全党自觉向党中央看齐至关重要。

2016 年 1 月 29 日召开的中央政治局会议，首次提出增强"四个意识"。会议强调："中国共产党领导是中国特色社会主义制度的最大优势，加强党的领导关键是坚持党中央集中统一领导。只有增强政治意识、大局意识、核心意识、看齐意识，自觉在思想上政治上行动上同以习近平同志为总书记的党中央保持高度一致，才能使我们党更加团结统一、坚强有力，始终成为中国特色社会主义事业的坚强领导核心。"2016年7月1日，习近平在庆祝中国共产党成立95周年大会上的讲话中面向全党提出增强"四个意识"。他说："全党同志要增强政治意识、大局意识、核心意识、看齐意识，切实做到对党忠诚、为党分忧、为党担责、为党尽责。"在2016年10月党的十八届六中全会上，"四个意识"被写进《关于新形势下党内政治生活的若干准则》中："全党必须牢固树立政治意识、大局意识、核心意识、看齐意识，自觉在思想上政治上行动上同党中央保持高度一致。"2016年12月，习近平在主持中共中央政治局民主生活会时再次强调，中央政治局的同志要牢固树立政治意识、大局意识、核心意识、看齐意识，坚持以党的旗帜为旗帜、以党的方向为方向、以党的意志为意志，当政治上的明白人。之后，"四个意识"被写进党的十九大报告、中国共产党章程和党的重要文件中，成为对各个党组织和全体党员的政治要求。十九大报告强调："必须增强政治意识、大局意识、核心意识、看齐意识，自觉维护党中央权威和集中统一领导，自觉在思想上政治上行动上同党中央保持高度一致"。十九大党章强调："牢固树立政治意识、大局意识、核心意识、看齐意识，坚定维护以习近平同志为核心的党中央权威和集中统一领导，保证全党的团结统一和行动一致，保证党的决定得到迅速有效的贯彻执行。"

增强"四个意识"，要求全党各个党组织和全体党员必须自觉同以习近平同志为核心的党中央保持高度一致，在思想上高度认同，政治上坚决维护，组织上自觉服从，行动上紧紧跟随。在思想上同党中央保持高度一致，就是要深刻领会、准确把握习近平新时代中国特色社会主义思想，用以观察事物、判断形势、分析和解决问题，用以武装头脑、指导实践、推动工作。在政治上同党中央保持高度一致，就是要始终保持高度的政治警觉性和政治敏锐性，坚定政治立场，坚持正确政治方向，始终与党中央同心同德，对党中央绝对忠诚，真正做到在政治上信得过、过得硬、靠得住。在组织上同党中央保持高度一致，就是在任何情况下，都必须自觉置身于党组织之中，时刻牢记党员的义务和责任，充分相信组织、信任党中央。在行动上同党中央保持高度一致，就是要自觉向党中央看齐，向习近平总书记看齐，向党的基本理论、基本路线和基本方略看齐，把"四个意识"落实到一言一行上、体现到本职工作中。①

"四个意识"的提出，标志着中国政治、中国治理进入一个新阶段，以习近平同志为核心的党中央，将以更大的权威与担当，带领党和人民进行伟大斗争、建设伟大工程、推进伟大事业、实现伟大梦想。"四个意识"不仅为全面从严治党、加强党的政治建设指明了方向，而且为党员干部修身做人、谋事创业提供了重要遵循。在任何时候、任何情况下，都应绷紧政治这根弦，自觉维护党中央核心，维护习近平核心地位。

"四个意识"是一个意蕴深刻、相互联系的有机整体，集中体现了根本的政治方向、政治立场、政治要求，是检验党员、干部政治素养的基本标准。增强"四个意识"、自觉维护习近平总书记的核心地位，对维护党中央权威、维护党的团结和集中统一领导，对全党全军全国各族人民更好凝聚力量、抓住机遇、战胜挑战，对全党团结一心、不忘初

---

① 参见中共中央宣传部：《习近平新时代中国特色社会主义思想三十讲》，学习出版社2018年版，第65—66页。

心、继续前进，对保证党和国家兴旺发达、长治久安，具有十分重大的意义。

17. 在全党深入开展党的群众路线教育实践活动

中国共产党的根基在人民，力量在人民。群众路线是我们党的生命线和根本工作路线，密切联系群众是我们党的优良作风。我们党坚持全心全意为人民服务的宗旨，紧紧依靠群众，取得了革命、建设、改革的伟大胜利。进入新时代，党员、干部贯彻落实党的群众路线总体上是好的，但出现了一些不符合为民务实清廉要求的问题，党内脱离群众的现象大量存在，特别是有的领导机关、领导班子和一些领导干部形式主义、官僚主义、享乐主义突出，奢靡之风严重。这就有必要集中开展一场群众路线教育实践活动，解决人民群众反映强烈的突出问题。为此，党的十八大决定在全党深入开展以为民务实清廉为主要内容的党的群众路线教育实践活动。

根据党的十八大部署要求，2013 年 5 月 9 日，中共中央印发《关于在全党深入开展党的群众路线教育实践活动的意见》。党的群众路线教育实践活动从 2013 年 6 月开始，自上而下分两批开展，至 2014 年 9 月底基本结束。

2013 年 6 月 18 日，党中央召开党的群众路线教育实践活动工作会议。习近平在会上强调，这次教育实践活动的主要任务是聚焦作风建设，集中解决形式主义、官僚主义、享乐主义和奢靡之风这"四风"问题。

反对形式主义，着重解决工作不实的问题，教育引导党员、干部改进学风文风会风，改进工作作风，在大是大非面前敢于担当、敢于坚持原则，真正把心思用在干事业上，把工夫下到察实情、出实招、办实事、求实效上。反对官僚主义，着重解决在人民群众利益上不维护、不作为的问题，教育引导党员、干部深入实际、深入基层、深入群众，坚持民主集中制，虚心向群众学习，真心对群众负责，热心为群众服务，诚心接受群众监督，坚决整治消极应付、推诿扯皮、侵害群众利益的问题。反对享乐主义，着重克服及时行乐思想和特权现象，教育引导党员、干部牢记"两个务必"，克己奉公，勤政廉政，保持昂扬向上、奋发有为的精神状态。反对奢靡之风，着重狠刹挥霍享乐和骄奢淫逸的不良风气，教育引导党员、干部坚守节约光荣、浪费可耻的思想观念，做到艰苦朴素、精打细算，勤俭办一切事情。

这次教育实践活动借鉴延安整风经验，明确提出"照镜子、正衣冠、洗洗澡、治治病"的总要求。照镜子，主要是以党章为镜，对照党的纪律、群众期盼、先进典型，对照改进作风要求，在宗旨意识、工作作风、廉洁自律上摆问题、找差距、明方向。正衣冠，主要是在照镜子的基础上，按照为民务实清廉的要求，勇于正视缺点和不足，严明党的纪律特别是政治纪律，敢于触及思想、正视矛盾和问题，从自己做起，从现在改起，端正行为，自觉把党性修养正一正、把党员义务理一理、把党纪国法紧一紧，保持共产党人良好形象。洗洗澡，主要是以整风的精神开展批评和自我批评，深入分析发生问题的原因，清洗思想和行为上的灰尘，既解决实际问题，更解决思想问题，保持共产党人政治本色。治治病，主要是坚持惩前毖后、治病救人方针，区别情况、对症下药，对作风方面存在问题的党员、干部进行教育提醒，对问题严重的进行查处，对不正之风和突出问题进行专项治理。

教育活动中，各级坚持以整风精神开展批评和自我批评。广大党员、干部深入查摆问题，深挖问题根源，自我剖析触及痛处，相互批评不留情面。专题民主生活会和组织生活会敢于揭短亮丑、真刀真枪、见筋见骨，点准了穴位，戳到了麻骨，开出了辣味，起到了脸红心跳、出汗排毒、治病救人、加油鼓劲的作用。许多党员、干部普遍反映，自己经历了一次严格的党内政治生活锻炼，思想受到洗礼，灵魂受到触动。

教育实践活动坚持领导带头。早在 2012 年 12 月，中央政治局就制定了《十八届中央政治局关于改进工作作风、密切联系群众的八项规定》，对改进调查研究、精简会议活动、精简文件简报、规范出访活动、改进警卫工作、改进新闻报道、严格文稿发表、厉行勤俭节约等作出规定，给自己立规矩，为全党树样子。中央政治局召开专题民主生活会，中央政治局常委同志分别出席指导联系点省区党委常委班子和县委常委班子专题民主生活会。习近平亲自指导河北省委常委班子专题民主生活会和兰考县委常委班子专题民主生活会，调研指导党的群众路线教育实践活动。

教育活动聚焦作风建设，着力转作风改作风纠"四风"，形式主义、官僚主义、享乐主义和奢靡之风得到有力整治，群众反映强烈的突出问题得到有效解决。活动以解决问题开局亮相、以正风肃纪先声夺人、以专项整治寻求突破，对"四风"问题进行大排查、大检修、大扫除，刹住了"四风"蔓延势头。各级从月饼粽子、烟花爆竹、贺卡挂历等"小事小节"入手，从人民群众反映强烈的违规公款吃喝、公款旅游、大办婚丧喜庆事宜、滥发钱物、出入私人会所等具体问题抓起，狠刹了公款送月饼、贺卡、节礼和年货等行为，坚决整治了"会所中的歪风""培训中心的腐败"，坚决整治了"裸官"、"走读"、"吃空饷"、"收红包"及购物卡、参加天价培训、党政领导干部在企业兼职等问题，广泛查处了吃拿卡要、庸懒散浮拖问题，高高在上、挥霍浪费、脱离群众现象明显扭转，党风、政风和社会风气为之一新。各级根据中央八项规定精神，在联系服务群众、规范权力运行等方面制定和修订了一批工作制度和管理制度，扎紧了制度笼子，强化了对不良作风的刚性约束，按规矩办事、按规矩用权意识显著增强。不少领导干部说，过去习以为常、司空见惯的"四风"问题不敢小视了，一人说了就算、一拍脑袋就定、一拍胸脯就办不大行得通了，什么饭都敢吃、什么人都敢交、什么事都敢做受到节制了，头脑中在这几方面的"紧箍咒"自觉勒紧了。

2014年10月8日，党的群众路线教育实践活动总结大会举行，习近平对新形势下如何开展党内集中教育活动进行经验总结，对新形势下全面推进从严治党提出明确要求。

这次教育实践活动取得了实实在在的成效，使党在群众中的威信和形象进一步树立，党心民心进一步凝聚，为全党进行具有许多新的历史特点的伟大斗争作了思想上组织上作风上的重要准备，其重大意义随着时间的推移不断显现出来。

18. 深刻阐述共产党人的初心和使命

党的十九大报告把"不忘初心、牢记使命"写进大会主题，明确提出：中国共产党人的初心和使命，就是为中国人民谋幸福，为中华民族谋复兴。大会聚焦初心和使命对新时代中国特色社会主义建设作出全面战略部署。

中国共产党一经成立，就确立了为人民服务的宗旨，把实现共产主义作为党的最高理想和最终目标，义无反顾肩负起实现中华民族伟大复兴的历史使命。在九十多年波澜壮阔的历史进程中，无论是弱小还是强大，无论是顺境还是逆境，我们党都初心不改、矢志不渝。同时，在中国特色社会主义现代化建设的征程上，党也面临着"四种考验""四大危险"，一些党组织和党员干部中存在着迷失初心淡忘使命的问题，忘记了自己从哪里来到哪里去，为了谁依靠谁。新的形势和任务对中国共产党人的初心和使命提出新的要求。

百年大党，初心不改。党的十八大以来，以习近平同志为核心的党中央追溯初心，强化使命意识。2012 年 11 月 15 日，党的十八届一中全会召开的当天，习近平在新当选的十八届中央政治局常委同中外记者见面时指出，我们的责任，就是要团结带领全党全国各族人民，继续为实现中华民族伟大复兴而努力奋斗。2016 年 7 月 1 日，习近平在庆祝中国共产党成立 95 周年大会上讲话指出，一切向前走，都不能忘记走过的路；走得再远、走到再光辉的未来，也不能忘记走过的过去，不能忘记为什么出发，要求全党同志一定要不忘初心、继续前进。2017 年 10 月 31 日，党的十九大闭幕仅一周，习近平就带领中共中央政治局常委瞻仰上海中共一大会址和浙江嘉兴南湖红船，重温入党誓词，强调只有不忘初心、牢记使命、永远奋斗，才能让中国共产党永远年轻。

根据党的十九大部署，从 2019 年 6 月到 2019 年 11 月，以县处级以上领导干部为重点，自上而下分两批在全党开展了"不忘初心、牢记使命"主题教育。通过教育，各级党组织和广大党员、干部提高了知信行合一能力，增强了守初心、担使命的思想自觉和行动自觉，强化了宗旨意识和为民情怀，涵养了风清气正的政治生态，消除了一些可能动摇党的根基、阻碍党的事业的因素，推动了改革发展稳定各项工作。

2019 年 10 月 31 日，党的十九届四中全会通过《中共中央关于坚持和完善中国特色社会主义制度　推进国家治理体系和治理能力现代化若干重大问题的决定》，明确提出建立不忘初心、牢记使命的制度，把不忘初心、牢记使命作为加强党的建设的永恒课题和全体党员、干部的终身课题，形成长效机制，坚持不懈锤炼党员、干部忠诚干净担当的政治品格。

共产党人初心和使命的提出，是加强党的自我革命的重要举措，有力推动了全党更加自觉地为新时代党的历史使命努力奋斗。

19. 作出中国特色社会主义进入新时代的科学判断

历史车轮滚滚向前，时代潮流浩浩荡荡。一个国家、一个民族要振兴，就必须在历史前进的逻辑中前进、在时代发展的潮流中发展。中国特色社会主义进入新时代，是新中国成立以来特别是改革开放以来我国社会发展进步的必然结果，是我国社会主要矛盾变化的必然结果，也是我们党团结带领全国各族人民开创光明未来的必然要求。

明确中国特色社会主义进入新时代，这是我们党在科学把握世情国情党情深刻变化的基础上，作出的一项关系全局的重大战略考量。从发展阶段看，党的十八大以来，改革开放和社会主义现代化建设取得历史性成就，党的理论创新实现了新飞跃，党的执政方式和执政方略有重大创新，发展理念和发展方式有重大转变，发展环境和发展条件有重大变化，发展水平和发展要求变得更高。这些说明，我国发展站到了新的历史起点上，中国特色社会主义进入新的发展阶段。

从社会主要矛盾看，改革开放以后，我们党在对历史经验和我国国情作出科学分析的基础上，提出我国社会的主要矛盾是"人民日益增长的物质文化需要同落后的社会生产之间的矛盾"。随着改革开放的深入推进，随着中国特色社会主义的深入发展，我国社会主要矛盾发生了重大变化。人民不仅对物质文化生活提出了更高要求，而且在民主、法治、公平、正义、安全、环境等方面的要求日益增长。同时，我国社会生产力水平总体上显著提高，社会生产能力在很多方面进入世界前列，更加突出的问题是发展不平衡不充分。这说明，我国社会主要矛盾已经由人民日益增长的物质文化需要同落后的社会生产之间的矛盾，转化为人民日益增长的美好生活需要和不平衡不充分的发展之间的矛盾。从奋斗目标看，党的十九大到二十大是"两个一百年"奋斗目标的历史交汇期，我们既要全面建成小康社会、实现第一个百年奋斗目标，又要乘势而上开启全面建设社会主义现代化国家新征程，向第二个百年奋斗目标进军。另外，从国际地位看，我国正处在从大国走向强国的关键时期，已不再是国际秩序的被动接受者，而是积极的参与者、建设者、引领者。这些重大变化，都需要从新的历史方位、新的时代坐标来科学认识和全面把握。[①]

基于以上变化，党的十九大报告指出："经过长期努力，中国特色社会主义进入了新时代，这是我国发展新的历史方位。"[②] 这一重大政治论断，赋予党的历史使命、理论遵循、目标任务以新的时代内涵，为我们深刻把握当代中国发展的新阶段新特征，科学制定党的路线方针政策，提供了时代坐标和基本依据。

---

① 参见中共中央宣传部：《习近平新时代中国特色社会主义思想学习纲要》，学习出版社、人民出版社 2019 年版，第 13—14 页。

② 《党的十九大报告辅导读本》，人民出版社 2017 年版，第 10 页。

中国特色社会主义进入新时代，在中华人民共和国发展史上、中华民族发展史上具有重大意义，在世界社会主义发展史上、人类社会发展史上也具有重大意义。这意味着近代以来久经磨难的中华民族迎来了从站起来、富起来到强起来的伟大飞跃，迎来了实现中华民族伟大复兴的光明前景；意味着，科学社会主义在 21 世纪的中国焕发出强大生机活力，在世界上高高举起了中国特色社会主义伟大旗帜；意味着，中国特色社会主义道路、理论、制度、文化不断发展，拓展了发展中国家走向现代化的途径，给世界上那些既希望加快发展又希望保持自身独立性的国家和民族提供了全新选择，为解决人类问题贡献了中国智慧和中国方案。[①]

新时代是中国特色社会主义新时代。这个新时代，既同改革开放以来的发展历程一脉相承，又体现了很多与时俱进的新特征。这个新时代，是承前启后、继往开来、在新的历史条件下继续夺取中国特色社会主义伟大胜利的时代，是决胜全面建成小康社会、进而全面建设社会主义现代化强国的时代，是全国各族人民团结奋斗、不断创造美好生活、逐步实现全体人民共同富裕的时代，是全体中华儿女勠力同心、奋力实现中华民族伟大复兴中国梦的时代，是我国日益走近世界舞台中央、不断为人类作出更大贡献的时代。[②]

中国特色社会主义进入了新时代的重大判断，为我国发展标定了新的历史方位，为提出习近平新时代中国特色社会主义思想和基本方略提供了时代依据，为作出决胜全面建成小康社会、夺取新时代中国特色社会主义伟大胜利战略部署瞄准了逻辑起点，为不忘初心、牢记使命，以

---

① 参见《党的十九大报告辅导读本》，人民出版社 2017 年版，第 10—11 页。

② 参见《党的十九大报告辅导读本》，人民出版社 2017 年版，第 11 页。

永不懈怠的精神状态和一往无前的奋斗姿态推动党的自我革命和伟大社会革命吹响了冲锋号。

20. 确立习近平新时代中国特色社会主义思想为党必须长期坚持的指导思想

时代是思想之母，实践是理论之源。当代中国正经历着我国历史上最为广泛而深刻的社会变革，也正在进行着人类历史上最为宏大而独特的实践创新。中国特色社会主义进入新时代，这是一个需要理论而且一定能够产生理论的时代，是一个需要思想而且一定能够产生思想的时代。

党的十八大以来，以习近平同志为主要代表的中国共产党人，顺应时代发展，从理论和实践结合上系统回答了新时代坚持和发展什么样的中国特色社会主义、怎样坚持和发展中国特色社会主义这个重大时代课题，创立了习近平新时代中国特色社会主义思想。

党的十九大将习近平新时代中国特色社会主义思想确立为党必须长期坚持的指导思想并写进党章，实现了党的指导思想的与时俱进。这是党的十九大最重大的理论创新、最重要的政治成果、最深远的历史贡献。第十三届全国人民代表大会第一次会议通过的宪法修正案，郑重地把习近平新时代中国特色社会主义思想载入宪法，实现了国家指导思想的与时俱进。

习近平新时代中国特色社会主义思想，是对马克思列宁主义、毛泽东思想、邓小平理论、"三个代表"重要思想、科学发展观的继承和发展，是马克思主义中国化最新成果，是党和人民实践经验和集体智慧的结晶，是中国特色社会主义理论体系的重要组成部分，是全党全国人民为实现中华民族伟大复兴而奋斗的行动指南，必须长期坚持并不断发展。习近平同志是这一思想的主要创立者。

习近平新时代中国特色社会主义思想内涵十分丰富，涵盖新时代坚持和发展中国特色社会主义的总目标、总任务、总体布局、战略布局和发展方向、发展方式、发展动力、战略步骤、外部条件、政治保证等基本问题，并根据新的实践对经济、政治、法治、科技、文化、教育、民生、民族、宗教、社会、生态文明、国家安全、国防和军队、"一国两制"和祖国统一、统一战线、外交、党的建设等各方面作出新的理论概括和战略指引。

习近平新时代中国特色社会主义思想的核心内容是"八个明确"和"十四个坚持"。

"八个明确"，就是明确坚持和发展中国特色社会主义，总任务是实现社会主义现代化和中华民族伟大复兴，在全面建成小康社会的基础上，分两步走在本世纪中叶建成富强民主文明和谐美丽的社会主义现代化强国；明确新时代我国社会主要矛盾是人民日益增长的美好生活需要和不平衡不充分的发展之间的矛盾，必须坚持以人民为中心的发展思想，不断促进人的全面发展、全体人民共同富裕；明确中国特色社会主义事业总体布局是"五位一体"、战略布局是"四个全面"，强调坚定道路自信、理论自信、制度自信、文化自信；明确全面深化改革总目标是完善和发展中国特色社会主义制度、推进国家治理体系和治理能力现代化；明确全面推进依法治国总目标是建设中国特色社会主义法治体系、建设社会主义法治国家；明确党在新时代的强军目标是建设一支听党指挥、能打胜仗、作风优良的人民军队，把人民军队建设成为世界一流军队；明确中国特色大国外交要推动构建新型国际关系，推动构建人类命运共同体；

明确中国特色社会主义最本质的特征是中国共产党领导，中国特色社会主义制度的最大优势是中国共产党领导，党是最高政治领导力量，提出新时代党的建设总要求，突出政治建设在党的建设中的重要地位。

"十四个坚持"，就是坚持党对一切工作的领导，坚持以人民为中心，坚持全面深化改革，坚持新发展理念，坚持人民当家作主，坚持全面依法治国，坚持社会主义核心价值体系，坚持在发展中保障和改善民生，坚持人与自然和谐共生，坚持总体国家安全观，坚持党对人民军队的绝对领导，坚持"一国两制"和推进祖国统一，坚持推动构建人类命运共同体，坚持全面从严治党。

习近平新时代中国特色社会主义思想，蕴含着中国共产党人为人民谋幸福的初心、为民族谋复兴的使命、为世界谋大同的担当，彰显着解放思想、实事求是、与时俱进活的灵魂，充满着对马克思主义的坚定信仰、对社会主义和共产主义的坚定信念，展现了当代中国共产党人的政治品格、价值追求、精神风范，是新时代中国共产党的思想旗帜，是国家政治生活和社会生活的根本指针，是当代中国马克思主义、二十一世纪马克思主义。[①]

21. 强调坚持党对一切工作的领导

党的十八大以来，以习近平同志为核心的党中央把坚持和加强党的

[①]　本条目主要参见中共中央宣传部：《习近平新时代中国特色社会主义思想学习纲要》，学习出版社、人民出版社 2019 年版，第 6—11 页。

全面领导，作为做好党和国家各项工作的根本保证，充分发挥党总揽全局、协调各方的领导核心作用，推动党和国家事业取得历史性成就、发生历史性变革。党的十九大在总结理论和实践成功经验基础上，把坚持党对一切工作的领导写进习近平新时代中国特色社会主义思想，明确"中国特色社会主义最本质的特征是中国共产党领导，中国特色社会主义制度的最大优势是中国共产党领导，党是最高政治领导力量"，"党政军民学，东西南北中，党是领导一切的"。① 这一重大成果，极大深化了我们党对共产党执政规律、社会主义建设规律、人类社会发展规律的认识，丰富发展了马克思主义执政党建设的理论。十九大党章把"党政军民学，东西南北中，党是领导一切的"鲜明地予以宣示，十三届全国人大一次会议通过的宪法修正案明确"中国共产党领导是中国特色社会主义最本质的特征"，坚持党对一切工作的领导成为全党全国人民的根本政治准则和根本法律依据。

坚持党对一切工作的领导，是历史和人民选择的，是由党的性质宗旨决定的，是实现中华民族伟大复兴的根本保证。中国共产党是中国工人阶级的先锋队，同时是中国人民和中华民族的先锋队，在推动中国历史前进中发挥着无可替代的领导核心作用。中国近代史说明，如果没有中国共产党领导，我们的国家、我们的民族不可能取得今天这样的成就，也不可能具有今天这样的国际地位，是历史和人民选择了中国共产党领导中华民族伟大复兴的事业。实践证明，坚持党对一切工作的领导，是党和国家的根本所在、命脉所在，是全国各族人民的利益所在、幸福所在，是做好党和国家各项工作的根本保证、战胜一切困难和风险的"定海神针"。

---

① 《中国共产党第十九次全国代表大会文件汇编》，人民出版社 2017 年版，第 16 页。

　　围绕坚持党对一切工作的领导，党中央在政治建设、治理体系设计上做出一系列重大决定和改革举措。提出坚决维护习近平总书记党中央的核心、全党的核心地位，坚决维护党中央权威和集中统一领导。党的十八届六中全会正式确立习近平总书记党中央的核心、全党的核心地位，党的十九大把习近平总书记党中央的核心、全党的核心地位写入党章。十八届六中全会通过的《关于新形势下党内政治生活的若干准则》中规定，"坚持党的领导，首先是坚持党中央的集中统一领导。一个国家、一个政党，领导核心至关重要。全党必须牢固树立政治意识、大局意识、核心意识、看齐意识，自觉在思想上政治上行动上同党中央保持高度一致。""涉及全党全国性的重大方针政策问题，只有党中央有权作出决定和解释。""全党必须自觉服从党中央领导。全国人大、国务院、全国政协，中央纪律检查委员会，最高人民法院、最高人民检察院，中央和国家机关各部门，人民军队，各人民团体，各地方，各企事业单位、社会组织，其党组织都要不折不扣执行党中央决策部署。""全党必须严格执行重大问题请示报告制度。全国人大常委会、国务院、全国政协，中央纪律检查委员会，最高人民法院、最高人民检察院，中央和国家机关各部门，各人民团体，各省、自治区、直辖市，其党组织要定期向党中央报告工作。"党的十九大后，党中央专门做出《中共中央政治局关于加强和维护党中央集中统一领导的若干规定》，对中央政治局同志维护党中央集中统一领导定出规矩。

　　为更好地坚持党对一切工作的领导，党和国家注重完善党的领导的体制机制。党的十八届三中全会《中共中央关于全面深化改革若干重大问题的决定》强调，"全面深化改革必须加强和改善党的领导，充分发挥党总揽全局、协调各方的领导核心作用"。十九届三中全会通过的《中共中央关于深化党和国家机构改革的决定》，提出深化党和国家机构改革的首要任务是，完善坚持党的全面领导的制度，加强党对各领域各方面工作领导，确保党的领导全覆盖，确保党的领导更加坚强有力。对建立健全党对重大工作的领导体制机制、强化党的组织在同级组织中的领导地位、更好发挥党的职能部门作用、统筹设置党政机构、推进党的纪律检查体制和国家监察体制改革，提出一系列重大改革举措。十九届四中全会通过的《中共中央关于坚持和完善中国特色社会主义制度、推进国家治理体系和治理能力现代化若干重大问题的决定》，对完善坚定维护党中央权威和集中统一领导的各项制度、健全党的全面领导制度，作出重大部署，强调、推动全党增强"四个意识"、坚定"四个自信"、做到"两个维护"，自觉在思想上政治上行动上同以习近平同志为核心的党中央保持高度一致，坚决把维护习近平总书记党中央的核心、全党的核心地位落到实处；健全党中央对重大工作的领导体制，健全维护党的集中统一的组织制度；完善党领导人大、政府、政协、监察机关、审判机关、检察机关、武装力量、人民团体、企事业单位、基层群众自治组织、社会组织等制度，完善党领导各项事业的具体制度，完善党和国家机构职能体系。

加强党对一切工作的领导，必须加强党的建设，全面增强党的执政本领。党的十九大报告围绕全面增强执政本领，对增强学习本领、政治领导本领、改革创新本领、科学发展本领、依法执政本领、群众工作本领、狠抓落实本领、驾驭风险本领提出要求，强调着力提高党把方向、谋大局、定政策、促改革的能力和定力，牢牢把握工作主动权。2019年1月31日，中共中央印发《中共中央关于加强党的政治建设的意见》，提出加强党的政治建设，必须坚持和加强党的全面领导，完善党的领导体制，改进党的领导方式，承担起执政兴国的政治责任，对坚定政治信仰，坚持党的领导，提高政治能力，净化政治生态，全面推进党的政治建设各方面工作作出部署，提出要求。

坚持党对一切工作的领导，为坚持和发展中国特色社会主义提供了坚强的政治保证，在伟大斗争中彰显出党的领导和中国特色社会主义强大制度优势。

22. 突出加强党的政治建设

党的政治建设是党的根本性建设。只有加强党的政治建设，才能坚持党的政治方向正确、政治原则、政治路线，才能统一全党意志、凝聚全党力量，为实现党的纲领和目标而共同奋斗。党内存在的很多问题，原因都是党的政治建设没有抓紧抓实抓好。党的十八大以来，随着全面从严治党不断推进，党内存在的突出矛盾和问题从政治上暴露得越来越充分。以习近平同志为核心的党中央着眼于从政治上建设党，坚定不移推进全面从严治党，在强化党的领导、严肃党内政治生活、加强党内监督、严明党的纪律、严厉整顿作风、坚决进行反腐败斗争等方面采取一系列重大举措，取得了显著成效，特别是严肃查处周永康、薄熙来、郭伯雄、徐才厚、孙政才、令计划等野心家、阴谋家，清除了重大政治隐患，挽救了党，巩固了党的集中统一领导，党内政治生活气象更新，党内政治生态明显好转，党的团结统一更加巩固，党的面貌、党在人民群众中的形象发生了历史性变化，党在革命性锻造中更加坚强。

党的十九大总结十八大以来加强党的政治建设的经验，明确提出党的政治建设这个重大命题，强调党的政治建设是党的根本性建设，要把党的政治建设摆在首位，以党的政治建设为统领全面推进党的各项建设。十九大从五个方面对加强党的政治建设作出部署：全党要坚定执行党的政治路线，严格遵守政治纪律和政治规矩，在政治立场、政治方向、政治原则、政治道路上同党中央保持高度一致；要尊崇党章，严格执行新形势下党内政治生活若干准则，增强党内政治生活的政治性、时代性、原则性、战斗性，自觉抵制商品交换原则对党内生活的侵蚀，营造风清气正的良好政治生态；完善和落实民主集中制的各项制度，坚持民主基础上的集中和集中指导下的民主相结合，既充分发扬民主，又善于集中统一；弘扬忠诚老实、公道正派、实事求是、清正廉洁等价值观，坚决防止和反对个人主义、分散主义、自由主义、本位主义、好人主义，坚决防止和反对宗派主义、圈子文化、码头文化，坚决反对搞两面派、做两面人；全党同志特别是高级干部要加强党性锻炼，不断提高政治觉悟和政治能力，把对党忠诚、为党分忧、为党尽职、为民造福作为根本政治担当，永葆共产党人政治本色。

2018年6月29日，习近平总书记在中央政治局第六次集体学习时发表重要讲话，专门就加强党的政治建设进行深刻阐述，明确提出要把准政治方向、坚持党的政治领导、夯实政治根基、涵养政治生态、防范政治风险、永葆政治本色、提高政治能力等要求。

为深入贯彻落实习近平新时代中国特色社会主义思想和党的十九大精神，切实加强党的政治建设，坚持和加强党的全面领导，推进全面从严治党向纵深发展，2019年1月31日，党中央作出了《中共中央关于加强党的政治建设的意见》（以下简称《意见》）。《意见》明确提出，加强党的政治建设目的是坚定政治信仰，强化政治领导，提高政治能力，净化政治生态，实现全党团结统一、行动一致。着眼于这一目标要求，《意见》就加强党的政治建设主要作了以下部署。一是坚定政治信仰。《意见》着眼夯实党的政治建设思想根基，强调坚持用党的科学理论武装头脑，最重要的就是用习近平新时代中国特色社会主义思想武装全党、教育人民，牢固树立共产主义远大理想和中国特色社会主义共同理想，坚定"四个自信"，坚定执行党的政治路线，坚决站稳政治立场，牢记初心使命，凝聚起同心共筑中国梦的磅礴力量。二是强化政治领导。《意见》抓住党的政治领导这个根本要求，就坚持和加强党的全面领导特别是坚决做到"两个维护"、完善党的领导体制、改进党的领导方式提出了明确要求。三是提高政治能力。《意见》着眼于提高各级各类组织和党员、干部的政治能力，针对不同主体分别提出要求。强调进一步增强党组织政治功能，彰显国家机关政治属性，发挥群团组织政治作用，强化国有企事业单位政治导向，不断提高党员干部特别是领导干部政治本领。四是净化政治生态。《意见》提出要把营造风清气正的政治生态作为基础性、经常性工作，着力增强党内政治生活的政治性、时代性、原则性、战斗性，严明党的政治纪律和政治规矩，发展积极健康的党内政治文化，突出政治标准选人用人，永葆共产党人清正廉洁的政治本色，推动实现正气充盈、政治清明。①

各地区各部门认真贯彻党的十九大精神和《意见》，加强组织领导、强化责任担当，建立健全推进党的政治建设工作责任制，各级领导机关特别是高级干部带头贯彻《意见》，加强对党的政治建设的监督检查和巡视巡察，对落实党的政治建设责任不到位、推进党的政治建设工作不力以及违反党的政治纪律和政治规矩的行为严肃追责问责，党的政治建设各项要求得到认真落实，党的创造力、凝聚力、战斗力显著增强，党的团结统一更加巩固，为贯彻习近平新时代中国特色社会主义思想和党

---

① 参见《为加强党的政治建设提供基本遵循——中央办公厅负责人就〈中共中央关于加强党的政治建设的意见〉答记者问》，《人民日报》2019 年 2 月 28 日。

的十九大精神提供了坚强政治保证。在 2019 年组织开展的十九届中央第三轮、第四轮巡视中，中央巡视组受理群众信访举报 9 万余件次，向中央纪委国家监委、中央组织部等移交了一批问题线索。2019 年，全国纪检监察机关共立案审查违反政治纪律案件 1.8 万件，处分 2 万人，其中中管干部 23 人，严肃了党的政治纪律。①

23. 深化党和国家机构改革

深化党和国家机构改革是推进国家治理体系和治理能力现代化的一场深刻变革。新中国成立后，在党的领导下，我国确立了社会主义基本制度，逐步建立起具有我国特点的党和国家机构职能体系。在社会主义建设和改革开放过程中，我们党积极推进党和国家机构改革，各方面机构职能不断优化、逐步规范，实现了从计划经济条件下的机构职能体系向社会主义市场经济条件下的机构职能体系的重大转变。党的十八大以来，以习近平同志为核心的党中央紧紧围绕完善和发展中国特色社会主义制度、推进国家治理体系和治理能力现代化这个总目标全面深化改革，加强党的领导，坚持问题导向，突出重点领域，深化党和国家机构改革，在一些重要领域和关键环节取得重大进展。

面对新时代新任务新要求，党和国家机构设置和职能配置同统筹推进"五位一体"总体布局、协调推进"四个全面"战略布局的要求不完

---

① 赵乐际：《坚持和完善党和国家监督体系 为全面建成小康社会提供坚强保障——在中国共产党第十九届中央纪律检查委员会第四次全体会议上的工作报告》，《人民日报》2019 年 2 月 25 日。

全适应，同实现国家治理体系和治理能力现代化的要求不完全适应的问题凸显。主要是：党的机构设置不够健全有力，党政机构职责重叠，仍存在叠床架屋问题，政府机构职责分散交叉，政府职能转变还不彻底，中央地方机构上下一般粗问题突出，群团改革、事业单位改革还未完全到位，等等。① 党中央决定，在全面深化改革进程中，下决心解决党和国家机构职能体系中存在的障碍和弊端，加快推进国家治理体系和治理能力现代化。

2018 年 2 月 26 日至 28 日，党的十九届三中全会在北京举行。会议专题研究了深化党和国家机构改革问题，通过《中共中央关于深化党和国家机构改革的决定》和《深化党和国家机构改革方案》，同意把《深化党和国家机构改革方案》的部分内容按照法定程序提交十三届全国人大一次会议审议。

《中共中央关于深化党和国家机构改革的决定》提出深化党和国家机构改革的目标是：构建系统完备、科学规范、运行高效的党和国家机构职能体系，形成总揽全局、协调各方的党的领导体系，职责明确、依法行政的政府治理体系，中国特色、世界一流的武装力量体系，联系广泛、服务群众的群团工作体系，推动人大、政府、政协、监察机关、审判机关、检察机关、人民团体、企事业单位、社会组织等在党的统一领导下协调行动、增强合力，全面提高国家治理能力和治理水平。既要立足实现第一个百年奋斗目标，针对突出矛盾，抓重点、补短板、强弱项、防风险，从党和国家机构职能上为决胜全面建成小康社会提供保障；又要着眼于实现第二个百年奋斗目标，注重解决事关长远的体制机

---

① 参见习近平：《关于深化党和国家机构改革决定稿和方案稿的说明》，《论坚持全面深化改革》，中央文献出版社 2018 年版，第 426 页。

制问题，打基础、立支柱、定架构，为形成更加完善的中国特色社会主义制度创造有利条件。《深化党和国家机构改革方案》就深化党中央机构、全国人大机构、国务院机构、全国政协机构、行政执法体制、跨军地、群团组织、地方机构等八个方面的改革作出全面部署。

一分部署，九分落实。这次深化党和国家机构改革是一场系统性、整体性、重构性的变革，力度规模之大、涉及范围之广、触及利益之深前所未有。为确保机构改革在党中央的直接领导下有序推进，中央成立了深化党和国家机构改革协调小组，负责指导协调督促中央一级新机构的组建工作、审批部门"三定"规定和省级机构改革方案、统筹协调和研究解决改革实施工作中的重大问题。各地区各部门坚决贯彻党中央决策部署，加大统的力度、明确改的章法、做好人的工作、执行严的纪律，改革任务如期推进。到 2018 年底，中央和国家机关机构改革落实到位，省级党政机构调整基本到位；2019 年 3 月底前，所有地方党政机构改革任务基本完成。改革后，党中央机构共计减少 6 个，其中，正部级机构减少 4 个、副部级机构减少 2 个。国务院机构共计减少 15 个，其中，正部级机构减少 8 个，副部级机构减少 7 个。党政合计，共计减少 21 个部级机构，其中，正部级 12 个，副部级 9 个。全国人大和全国政协各增加 1 个专门委员会。①

2019 年 7 月 5 日，中央召开深化党和国家机构改革总结会议，总结经验，对全面完成党的十八届三中全会部署的全面深化改革举措提出要求，强调要用好机构改革创造的有利条件，推动全面深化改革向纵深发展，以深化党和国家机构改革新成效，推动开创全面深化改革新局面。

---

① 参见习近平：《关于深化党和国家机构改革决定稿和方案稿的说明》，《论坚持全面深化改革》，中央文献出版社 2018 年版，第 445 页。

24. 打好决胜小康三大攻坚战

改革开放之后，我们党和国家以经济建设为中心，实施改革开放的国策，大力发展经济，在短短几十年内走完了一些资本主义国家两三百年才走完的历史进程，取得了举世瞩目的经济社会发展成就。随着经济社会的进一步发展，一方面，经济的快速发展必然使得国家在工业化、城市化、市场化、国际化进程中遇到的矛盾和问题更加集中地暴露出来，面临的风险考验更加严峻尖锐。另一方面，随着我国经济社会发展水平不断提高，人民美好生活需求日益广泛，不仅对物质文化生活提出了更高要求，而且在民主、法治、公平、正义、安全、环境等方面的要求日益增长。我国社会主要矛盾已经转化为人民日益增长的美好生活需要和不平衡不充分的发展之间的矛盾。经济社会快速发展中潜藏着大量风险，经济繁荣下生活着不少贫困群众，经济的发展伴随着巨大的生态环境代价。这些已经成为全面建成小康社会道路上的突出问题。从党的十九大召开到 2020 年，是全面建成小康社会决胜期。实现党提出的全面建成小康社会目标，必须着力解决这些突出矛盾和问题，实现更高水平的发展。2017 年 10 月 18 日，习近平在党的十九大报告中提出："紧扣我国社会主要矛盾变化，统筹推进经济建设、政治建设、文化建设、社会建设、生态文明建设，坚定实施科教兴国战略、人才强国战略、创新驱动发展战略、乡村振兴战略、区域协调发展战略、可持续发展战略、军民融合发展战略，突出抓重点、补短板、强弱项，特别是要坚决打好防范化解重大风险、精准脱贫、污染防治的攻坚战，使全面建成小康社会得到人民认可、经得起历史检验。"

防范化解重大风险、精准脱贫、污染防治，是我国经济由高速增长阶段转向高质量发展阶段后，必须迈过的三道关口。党的十九大以来，每年的中央经济工作会议和国务院政府工作报告都对打好三大攻坚战作出部署。2017 年 12 月 18 日至 20 日召开的中央经济工作会议确定，"今后 3 年要重点抓好决胜全面建成小康社会的防范化解重大风险、精准脱贫、污染防治三大攻坚战。打好防范化解重大风险攻坚战，重点是防控金融风险，要服务于供给侧结构性改革这条主线，促进形成金融和实体经济、金融和房地产、金融体系内部的良性循环，做好重点领域风险防范和处置，坚决打击违法违规金融活动，加强薄弱环节监管制度建设。打好精准脱贫攻坚战，要保证现行标准下的脱贫质量，既不降低标准，也不吊高胃口，瞄准特定贫困群众精准帮扶，向深度贫困地区聚焦发力，激发贫困人口内生动力，加强考核监督。打好污染防治攻坚战，要使主要污染物排放总量大幅减少，生态环境质量总体改善，重点是打赢蓝天保卫战，调整产业结构，淘汰落后产能，调整能源结构，加大节能力度和考核，调整运输结构。"2018 年的国务院政府工作报告对抓好决胜全面建成小康社会三大攻坚战提出更加具体的要求，强调"要分别提出工作思路和具体举措，排出时间表、路线图、优先序，确保风险隐患得到有效控制，确保脱贫攻坚任务全面完成，确保生态环境质量总体改善"。

2018 年 12 月 19 日至 21 日召开的中央经济工作会议指出，2019年的三大攻坚战要针对突出问题，打好重点战役。2019 年的国务院政府工作报告进一步指出，继续打好三大攻坚战，精准发力、务求实效。2019 年 12 月 10 日至 12 日召开的中央经济工作会议提出："要确保脱贫攻坚任务如期全面完成，集中兵力打好深度贫困歼灭战，政策、资金重点向'三区三州'等深度贫困地区倾斜，落实产业扶贫、易地搬迁扶贫等措施，严把贫困人口退出关，巩固脱贫成果。要建立机制，及时做好返贫人口和新发生贫困人口的监测和帮扶。要打好污染防治攻坚战，坚持方向不变、力度不减，突出精准治污、科学治污、依法治污，推动生态环境质量持续好转。要重点打好蓝天、碧水、净土保卫战，完善相关治理机制，抓好源头防控。我国金融体系总体健康，具备化解各类风险的能力。要保持宏观杠杆率基本稳定，压实各方责任。"①

　　围绕打好三大攻坚战，党和国家采取一系列重大举措。2019 年 1 月 21 日至 24 日，中央专门举办省部级主要领导干部坚持底线思维着力防范化解重大风险专题研讨班。习近平在开班式上就防范化解政治、意识形态、经济、科技、社会、外部环境、党的建设等领域重大风险作出深刻分析、提出明确要求。2018 年 6 月 15 日，《中共中央　国务院关于打赢脱贫攻坚战三年行动的指导意见》具体提出了脱贫攻坚的任务目标、工作要求和政策措施。2020 年 3 月 6 日，在新冠肺炎疫情防控的关键时刻，在中国打赢脱贫攻坚战还有 300 天的时间节点，习近平召开了决战决胜脱贫攻坚的座谈会。这次座谈会是习近平六年来召开的第七次座谈会，也是规模最大的一次座谈会。全国开到了各省、自治区、直辖市，中西部向中央签署脱贫攻坚责任书立下军令状的 22 个省一直开到了县。习近平对决战决胜脱贫攻坚、做好收官之年的工作作出新的部署，提出严格的要求。坚持铁腕治污，党的十八大以来，我国先后制定、修订 9 部生态环境法律和 20 余部行政法规，2015 年实施了"史上最严"的新环境保护法。

　　经过努力，三大攻坚战取得关键进展，精准脱贫成效显著，金融

① 《中央经济工作会议在北京举行》，《人民日报》2019 年 12 月 13 日。

风险有效防控，生态环境质量总体改善①。金融领域守住了不发生系统
性金融风险的底线。生态环境质量持续好转，山更绿、水更清、天更
蓝。脱贫攻坚取得了决定性进展，贫困人口从 2012 年底的 9899 万人减
到 2019 年底的 551 万人，贫困发生率由 10.2% 降至 0.6%，连续 7 年每
年减贫 1000 万人以上。② 习近平在 2020 年 3 月 6 日召开的决战决胜脱
贫攻坚座谈会上指出："今年脱贫攻坚任务完成后，我国将提前 10 年实
现联合国 2030 年可持续发展议程的减贫目标，世界上没有哪一个国家
能在这么短的时间内帮助这么多人脱贫，这对中国和世界都具有重大意
义。"联合国粮农组织减贫项目官员安娜·坎波斯表示，中国在减贫领
域为其他国家树立了榜样。印度夏马尔大学教授卡玛奇亚表示，中国的
脱贫攻坚战，不仅是中国消灭贫穷问题，更是为人类社会作出的巨大贡
献，为包括发达国家在内的所有国家作出了榜样，这是中国方案和中国
理念对世界的贡献。③

25. 把人民军队建设成为世界一流军队

强国必须强军，军强才能国安。我国正处在由大向强发展的关键阶
段，前所未有地走近世界舞台中央，前景十分光明，挑战也十分严峻。

---

① 参见《中央经济工作会议在北京举行》，《人民日报》2019 年 12 月 13 日。
② 参见习近平：《在决战决胜脱贫攻坚座谈会上的讲话》（2020 年 3 月 6 日），《人民
日报》2020 年 3 月 7 日。
③ 《中国减贫之路"优质高效"——国际人士积极评价中国脱贫攻坚成就》，《人民日
报》2018 年 2 月 1 日。

从安全环境看，世界处在新旧格局转换、新旧秩序更迭的关键时期，经济全球化进程出现波折，国际战略格局深度调整，全球治理体系变革加速推进，发展道路和发展模式竞争更加激烈，这些变化必然带来区域性甚至世界性的无序和混乱，我国安全和发展面临着更加复杂严峻的风险挑战。国防和军队建设是国家安全的坚强后盾，军事手段是实现伟大梦想的保底手段。把军队搞得更强大，这样底气才足、腰杆才硬。站在新的历史起点上，面对国家安全环境的深刻变化，面对强国强军的时代要求，党的十九大报告提出："把人民军队建设成为世界一流军队"，"全面贯彻新时代党的强军思想，贯彻新形势下军事战略方针，建设强大的现代化陆军、海军、空军、火箭军和战略支援部队，打造坚强高效的战区联合作战指挥机构，构建中国特色现代作战体系，担当起党和人民赋予的新时代使命任务。"

如何把人民军队建设成为世界一流军队呢？党的十九大报告提出，要坚持走中国特色强军之路，全面推进国防和军队现代化，并为实现国防和军队现代化明确了路线图、时间表和任务书：到2020年，基本实现机械化，信息化建设取得重大进展，战略能力有大的提升。在此基础上，全面推进军事理论现代化、军队组织形态现代化、军事人员现代化、武器装备现代化，力争到2035年基本实现国防和军队现代化，到本世纪中叶把人民军队全面建成世界一流军队。

国防和军队现代化建设是一个系统工程。必须坚持政治建军、改革强军、科技兴军、依法治军，更加注重聚焦实战、更加注重创新驱动、更加注重体系建设、更加注重集约高效、更加注重军民融合，努力构建联合作战指挥体系、新型军事管理体系、现代军事力量体系、新型军事训练体系、新型军事人才体系、国防科技创新体系、现代军事政策制度体系、军民融合发展体系。为此，党的十九大报告提出，"加强军队党的建设，开展'传承红色基因、担当强军重任'主题教育，推进军人荣誉体系建设，培养有灵魂、有本事、有血性、有品德的新时代革命军人，永葆人民军队性质、宗旨、本色。继续深化国防和军队改革，深化军官职业化制度、文职人员制度、兵役制度等重大政策制度改革，推进军事管理革命，完善和发展中国特色社会主义军事制度。树立科技是核心战斗力的思想，推进重大技术创新、自主创新，加强军事人才培养体系建设，建设创新型人民军队。全面从严治军，推动治军方式根本性转变，提高国防和军队建设法治化水平。"

围绕全面提高新时代备战打仗能力，党的十九大报告提出：扎实做好各战略方向军事斗争准备，统筹推进传统安全领域和新型安全领域军事斗争准备，发展新型作战力量和保障力量，开展实战化军事训练，加强军事力量运用，加快军事智能化发展，提高基于网络信息体系的联合作战能力、全域作战能力，有效塑造态势、管控危机、遏制战争、打赢战争。

强国往往是经济和军事共同作用的结果。经济建设是国防建设的基本依托。党的十九大报告强调：坚持富国和强军相统一，强化统一领导、顶层设计、改革创新和重大项目落实，深化国防科技工业改革，形成军民融合深度发展格局，构建一体化的国家战略体系和能力。完善国防动员体系，建设强大稳固的现代边海空防。

在习近平强军思想指引下，国防和军队现代化建设向着世界一流的奋斗目标扎实推进，在一些重大和关键领域取得重要进展。2019年10月1日，庆祝中华人民共和国成立70周年阅兵式在北京举行，由人民解放军、武警部队和民兵预备役部队约15000名官兵、580台（套）装备组成的15个徒步方队、32个装备方队，陆、海、空航空兵160余架战机组成12个空中梯队，东风-41核导弹、99A坦克、歼-20战斗机、巨浪-2 导弹等"强军利刃""强国之盾",依次接受党和人民检阅,展示了改革重塑的崭新风貌,展示了履行使命的综合能力,展示了建设世界一流军队的阶段成果。[①] 美国全国广播公司商业频道报道:中国借助阅兵彰显国威和振奋士气,一扫百年来受人欺凌的屈辱史。没有任何力量能够撼动中国的地位和阻挡中国人民和中华民族的前进步伐。[②]

26. 坚持和完善中国特色社会主义制度、推进国家治理体系和治理能力现代化

中国特色社会主义制度是当代中国发展进步的根本保证。当今世界正经历百年未有之大变局,国际形势复杂多变,改革发展稳定、内政外交国防、治党治国治军各方面任务之繁重前所未有,我们面临的风险挑战之严峻前所未有。我们要打赢防范化解重大风险攻坚战,必须坚持和完善中国特色社会主义制度、推进国家治理体系和治理能力现代化,运用制度威力应对风险挑战的冲击。

党的十八大以来,我们党把制度建设摆到更加突出的位置,强调"全面建成小康社会,必须以更大的政治勇气和智慧,不失时机深化重要领域改革,坚决破除一切妨碍科学发展的思想观念和体制机制弊端,构建系统完备、科学规范、运行有效的制度体系,使各方面制度更加成熟更

---

① 参见蔡志军:《阅兵总规模约 1.5 万人　是近几次阅兵中规模最大的一次》,人民网 2019 年 9 月 24 日,见 http://politics.people.com.cn/n1/2019/0924/c430139-31370740.html。

② 参见《外媒热议新中国成立 70 周年阅兵》,《大公报》2019 年 10 月 2 日,见 http://www.takungpao.com/news/232111/2019/1002/356730.html。

加定型"。① 党的十八届三中全会首次提出"推进国家治理体系和治理能力现代化"这个重大命题，并把"完善和发展中国特色社会主义制度、推进国家治理体系和治理能力现代化"确定为全面深化改革的总目标。党的十八届五中全会进一步强调，"十三五"时期要实现"各方面制度更加成熟更加定型，国家治理体系和治理能力现代化取得重大进展，各领域基础性制度体系基本形成"。党的十九大作出到本世纪中叶把我国建成富强民主文明和谐美丽的社会主义现代化强国的战略安排，其中制度建设和治理能力建设的目标是：到 2035 年，"各方面制度更加完善，国家治理体系和治理能力现代化基本实现"；到本世纪中叶，"实现国家治理体系和治理能力现代化"。党的十九届二中、三中全会分别就修改宪法和深化党和国家机构改革作出部署，在制度建设和治理能力建设上迈出了新的重大步伐。党的十九届三中全会指出："我们党要更好领导人民进行伟大斗争、建设伟大工程、推进伟大事业、实现伟大梦想，必须加快推进国家治理体系和治理能力现代化，努力形成更加成熟更加定型的中国特色社会主义制度。这是摆在我们党面前的一项重大任务。"经过全党共同努力，重要领域和关键环节改革成效显著，主要领域基础性制度体系基本形成，同时，这些改革举措有的尚未完成，有的甚至需要相当长的时间去落实，我们已经啃下了不少硬骨头但还有许多硬骨头要啃，我们攻克了不少难关但还有许多难关要攻克。这就需要我们党对坚持和完善中国特色社会主义制度、推进国家治理体系和治理能力现代化进行系统总结，提出与时俱进完善和发展的前进方向和工作要求。

2019 年 10 月，党的十九届四中全会作出《中共中央关于坚持和完

---

① 习近平：《关于〈中共中央关于坚持和完善中国特色社会主义制度　推进国家治理体系和治理能力现代化若干重大问题的决定〉的说明》，《人民日报》2019 年 11 月 6 日。

善中国特色社会主义制度、推进国家治理体系和治理能力现代化若干重大问题的决定》（以下简称《决定》），全面回答了我国国家制度和国家治理应该"坚持和巩固什么，完善和发展什么"这个重大政治问题，是坚持和完善中国特色社会主义制度、推进国家治理体系和治理能力现代化的政治宣言和行动纲领，是一篇马克思主义的纲领性文献。

《决定》提出，坚持和完善中国特色社会主义制度、推进国家治理体系和治理能力现代化的总体目标是，到我们党成立一百年时，在各方面制度更加成熟更加定型上取得明显成效；到2035年，各方面制度更加完善，基本实现国家治理体系和治理能力现代化；到新中国成立一百年时，全面实现国家治理体系和治理能力现代化，使中国特色社会主义制度更加巩固、优越性充分展现。《决定》聚焦坚持和完善支撑中国特色社会主义制度的根本制度、基本制度、重要制度，从坚持和完善党的领导制度体系，提高党科学执政、民主执政、依法执政水平；坚持和完善人民当家作主制度体系，发展社会主义民主政治；坚持和完善中国特色社会主义法治体系，提高党依法治国、依法执政能力；坚持和完善中国特色社会主义行政体制，构建职责明确、依法行政的政府治理体系；坚持和完善社会主义基本经济制度，推动经济高质量发展；坚持和完善繁荣发展社会主义先进文化的制度，巩固全体人民团结奋斗的共同思想基础；坚持和完善统筹城乡的民生保障制度，满足人民日益增长的美好生活需要；坚持和完善共建共治共享的社会治理制度，保持社会稳定、维护国家安全；坚持和完善生态文明制度体系，促进人与自然和谐共生；坚持和完善党对人民军队的绝对领导制度，确保人民军队忠实履行新时代使命任务；坚持和完善"一国两制"制度体系，推进祖国和平统一；坚持和完善独立自主的和平外交政策，推动构建人类命运共同体；坚持和完善党和国家监督体系，强化对权力运行的制约和监督等13个方面，明确了各项制度必须坚持和巩固的根本点、完善和发展的方向，并作出工作部署，第一次系统描绘中国特色社会主义制度的"图谱"。

"坚持"体现制度自信，"完善"体现改革创新。《决定》通过后，全党科学谋划、精心组织，认真抓好全会精神贯彻落实，毫不动摇坚持和巩固中国特色社会主义制度，与时俱进完善和发展中国特色社会主义制度和国家治理体系，严格遵守和执行制度。随着党的十九届四中全会精神的贯彻落实，必将推动中国特色社会主义制度更加成熟更加定型、不断得以坚持和巩固，推进国家治理体系和治理能力现代化，把制度优势更好转化为治理效能，让中国特色社会主义制度释放出更加强大的能量。

主要参考文献

1.《毛泽东选集》第一——四卷,人民出版社 1991 年版。

2.《毛泽东文集》第一——二卷,人民出版社 1993 年版。

3.《毛泽东文集》第三卷,人民出版社 1999 年版。

4.《毛泽东外交文选》,中央文献出版社 1994 年版。

5.《邓小平文选》第二卷,人民出版社 1994 年版。

6.《邓小平文选》第三卷,人民出版社 1993 年版。

7.《习近平谈治国理政》第二卷,外文出版社 2017 年版。

8.《习近平关于"不忘初心、牢记使命"重要论述选编》,中央文献出版社、党建读物出版社 2019 年版。

9. 中共中央文献研究室、中央档案馆编:《建党以来重要文献选编(1921—1949)》(第一——二十六册),中央文献出版社 2011 年版。

10. 中共中央文献研究室编:《建国以来重要文献选编》(全 20 册),中央文献出版社 1992—1998 年版。

11. 中共中央文献研究室编:《三中全会以来重要文献选编》,中央文献出版社 2011 年版。

12.《十八大以来重要文献选编》（上、中、下），中央文献出版社 2018
年版。

13.《十九大以来重要文献选编》（上），中央文献出版社 2019 年版。

14. 中共中央文献研究室编：《毛泽东年谱（一八九三——一九四九）》（上、
中、下），人民出版社、中央文献出版社 1993 年版。

15. 中共中央文献研究室编：《毛泽东年谱（一九四九——一九七六）》（第
一——六卷），中央文献出版社 2013 年版。

16. 中共中央文献研究室编：《周恩来年谱（一九四九——一九七六）》（上），
中央文献出版社 1997 年版。

17. 中共中央文献研究室编：《邓小平年谱（一九七五——一九九七）》，中
央文献出版社 2004 年版。

18. 中共中央党史研究室：《中国共产党的九十年》（全三册），中共党史出
版社、党建读物出版社 2016 年版。

后 记

　　本书由国防大学习近平新时代中国特色社会主义思想研究中心特约研究员、国防大学军事管理学院中共党史党建教研室教授、博士生导师杨玉玲牵头与刘志兵教授共同完成。杨玉玲教授撰写了前言及第一、二部分，刘志兵教授撰写了第三部分。

　　本书题材重大，内容要求准确、权威，在写作过程中重点参阅吸收了《中国共产党的九十年》《中国共产党简史》以及学界专家学者的研究成果。中央党史和文献研究院的专家审读了本书并提出了许多宝贵意见。本书得到了国防大学军事管理学院院长李延华少将、政委张天宝少将、副院长余广选少将的热情鼓励和支持。人民出版社编审曹春同志从选题策划到送审出版做了大量工作。谨在此表达诚挚的感谢。

　　在一百年的奋斗历程中，中国共产党作出过许许多多重大决策与抉择，深刻影响、决定了近代以来中国社会的历史走向和中国人民、中华民族的历史命运，深刻改变了世界发展的趋势和格局，本书力图准确、充分地给予展现，以满足大家的期待，但受知识与水平的限制，疏漏和不妥之处难免，敬请诸位专家学者、广大读者批评指正。

作　者

二〇二一年五月

责任编辑：曹　春

封面设计：汪　莹

图书在版编目（CIP）数据

百年剪影：党史中的一百个重要抉择／杨玉玲，刘志兵 编著 . —北京：
　　人民出版社，2021.6（2024.12 重印）

ISBN 978 – 7 – 01 – 023436 – 6

I.①百…　Ⅱ.①杨…②刘… 　Ⅲ.①中国共产党 – 党史 – 学习参考资料
　　Ⅳ.① D23

中国版本图书馆 CIP 数据核字（2021）第 118379 号

百 年 剪 影
BAINIAN JIANYING
——党史中的一百个重要抉择

杨玉玲　刘志兵　编著

人 民 出 版 社 出版发行

（100706　北京市东城区隆福寺街 99 号）

北京新华印刷有限公司印刷　新华书店经销

2021 年 6 月第 1 版　2024 年 12 月北京第 5 次印刷
开本：710 毫米 ×1000 毫米 1/16　印张：25.5
字数：330 千字

ISBN 978 – 7 – 01 – 023436 – 6　定价：88.00 元

邮购地址 100706　北京市东城区隆福寺街 99 号
人民东方图书销售中心　电话（010）65250042　65289539